DENIS SCHECK
▼▼▼
HELL'S KITCHEN
▼▼▼
STREIFZÜGE DURCH
DIE US-LITERATUR
▼▼▼

MAROVERLAG

Umschlag: Volker Pfüller

Fotonachweise:
Kathy Acker: Miriam Berkley; Paul Auster: Harald H. Schröder;
Saul Bellow: Kiepenheuer & Witsch; Harold Brodkey: Denis Scheck;
Sandra Cisneros: Galindo Studio; Douglas Coupland: Denis Scheck;
Don DeLillo: Brigitte Friedrich; Bret Easton Ellis: Miriam Berkley;
Richard Ford: Harald H. Schröder; Kate Millett: Kiepenheuer & Witsch;
Charles Simic: Marianne Fleitmann; Gilbert Sorrentino: Denis Scheck;
Robert Stone: Denis Scheck; Kurt Vonnegut: Jill Krementz

Wir danken dem Carl Hanser Verlag für die freundliche Genehmigung,
die Gedichte *Wunderkind; Unzureichende Erklärung* und *Osteuropäische Küche* abzudrucken. Die drei Gedichte sind entnommen aus:
Charles Simic *Ein Buch von Göttern und Teufeln*. Gedichte.
Aus dem Amerikanischen von Hans Magnus Enzensberger
© 1993 Carl Hanser Verlag, München, Wien

© 1994 by MaroVerlag, Benno Käsmayr, Augsburg
Alle Rechte vorbehalten

Originalausgabe:
1. Auflage Mai 1994

Gesamtherstellung: MaroDruck

Gedruck auf säurefreiem, alterungsbeständigem Werkdruckpaper

Die Deutsche Bibliothek – CIP-Einheitsaufnahme

Scheck, Denis:
Hell's kitchen : Streifzüge durch die US-Literatur / Denis Scheck.
- Orig.-Ausg. - Augsburg : Maro-Verl., 1994
 ISBN 3-87512-214-3

»Hinter der Eighth Avenue
begannen die anrüchigen Viertel.
Da war Hell's Kitchen,
die Reviere der irischen, deutschen
und italienischen Banden.
Billy the Kid kam dort zur Welt.
Hell's Kitchen war schlimmer
als der Wilde Westen.«

Jerome Charyn, Metropolis New York

VORWORT
▼▼▼

In Amerika, so heißt es, wird noch erzählt. Richtige Geschichten, fesselnd und spannend und prall aus dem Leben. Die Deutschen dagegen – immer zu kopflastig, alles Leichte wird ihnen schwer unter der Feder, wer mag das lesen? Warum nehmen sie sich nicht ein Beispiel an Updike und Roth, an Auster und Ford?

Das Lamento ist alt, die Namen austauschbar. Spätestens seit den 60er Jahren beschwören deutsche Verlagslektoren und Literaturkritiker die Vereinigten Staaten als jenen mythischen Ort, wo die guten, die erfolgreichen Erzähler herkommen. Geflissentlich vergessen oder verschwiegen wird dabei, wie schwer es viele dieser Autoren in USA hatten und haben. Richard Ford oder Paul Auster, T. C. Boyle, Gilbert Sorrentino oder Harold Brodkey – sie alle sind in Deutschland bekannter als in ihrem Heimatland, finden hier mehr Beachtung bei der Kritik und proportional mehr Leser. Fast ließe sich eine Tradition daraus ableiten – Djuna Barnes erging es ebenso, nicht anders Paul Bowles oder dem kürzlich verstorbenen Charles Bukowski.

Wer Amerikaner nach den Gründen für dieses transozeanische Gefälle fragt, erhält immer wieder die gleichen Antworten: In Deutschland funktioniere der Buchhandel noch, umhegten Feuilleton und staatlich subventionierte Institutionen das zarte Pflänzchen Literatur, sei das Klima für Übersetztes generell besser, die Konzentration der Verlage in seelenlose, ausschließlich profitorientierte Konzerne weniger weit fortgeschritten als in USA.

Würde Goethe es sich heute mit seinem »Amerika, du hast es besser« also noch einmal überlegen, wie Saul Bellow meint? Was Literatur anlangt, bestimmt. Die Programme der etablierten New Yorker Verlage wirken immer stromlinienförmiger, ohne Ambition für Experimentelles, weniger Verkaufsträchtiges. Doch es gibt sie, die interessante neue US-Literatur, und sie wird nicht nur von den Autoren der jüngeren Generation geschrieben.

1991 bin ich zum erstenmal längere Zeit in USA. Ein Freund hat mir den Sommer über seine kleine Wohnung auf der Ninth Avenue und 50th Street in Manhattan überlassen. Fünfter Stock, ohne Lift und Klimaanlage. Im August stecke ich manchmal den Kopf ins Eisfach des Kühlschranks. Während dieses Sommers und in den folgenden zwei Jahren lese ich mich durch Berge von Neuerscheinungen, bemühe mich in Gesprächen mit Schriftstellern, Agenten, Kritikern und Scouts um einen Einblick ins literarische Leben Amerikas. Bei einem dieser Interviews fragt mich Gary Fisketjon, Lektor im Verlag Alfred A. Knopf, wo ich untergekommen sein. Als ich ihm meine Adresse nenne, lacht er: »Hell's Kitchen! What a metaphor!« Jeder, der in den USA wage, die ausgetretenen Erzählpfade zu verlassen, gerate ins Abseits, lande früher oder später in Teufels Küche.

Teufels Küche – Hell's Kitchen: ein Bezirk zwischen der Ninth und Eleventh Avenue auf der Lower West Side Manhattans. Wo um die Jahrhundertwende die Wiege der Mafia stand, ist auch heute noch ein Zentrum der Prostitution und Drogenkriminalität. Hell's Kitchen ist aber auch der Bauch von New York. In der Nähe der Schlachthöfe sind unzählige billige Restaurants, Kneipen und Imbißstände entstanden. Sie bieten Traditionelles aus den Volksküchen dieser Welt, meist in abenteuerlichen Kombinationen, Litschi-Strudel, Pizza-Tacos, koscheres Curry oder Tortellini-Jambalaya heißen die typischen Gerichte. Gekocht wird für die Theatergänger des nahen Broadway, hauptsächlich aber für New Yorker mit wenig Geld: all die Studenten und Taxifahrer, Futonverkäufer und Fahrradboten, die in Wahrheit verhinderte Schauspieler, Musiker, Kameraleute sind – oder eben Schriftsteller.

Den Autorenporträts in Hell's Kitchen gingen Begegnungen mit über fünfzig amerikanischen Schriftstellern voraus. Douglas Coupland hat einen kanadischen Paß, ist seinem Literaturverständnis nach jedoch der amerikanischte von allen. Die Auswahl wurde ohne Rücksicht auf Geschlechter- oder Minderheitenproporz getroffen, einzige Gemeinsamkeit zwischen den Autoren ist, daß sie nicht in konventionellen Erzählmustern verharren, ihre literarische Heimat eher in Hell's Kitchen liegt als auf der schicken, aber langweiligen Upper West Side.

Die meisten Porträts basieren auf Interviews, die ich für den Deutschlandfunk in Köln und das Börsenblatt des deutschen Buchhandels führte. Einige Texte wurden in anderer Form in Zeitschriften veröffentlicht. Alle schildern subjektive Eindrücke, lassen die Autoren ausführlicher zu Wort kommen, als dies normalerweise möglich ist, konstruieren auf Grundlage dieser Gespräche und Kenntnis des Werks jene »Frankensteins«, von denen Harold Brodkey spricht. Ander als Brodkey und Don DeLillo glaube ich jedoch nicht, daß solche Impressionen zwangsläufig nur zum »Muzak der Kultur« beitragen können. Es sind Momentaufnahmen aus dem Leben von Schriftstellern, abhängig von der Tagesform des Porträtierten und des Porträtisten, unabgeschlossen und offen für weitere Entwicklungen.

KATHY ACKER:
DIE TOTEN SIND NICHT TOT
▼▼▼

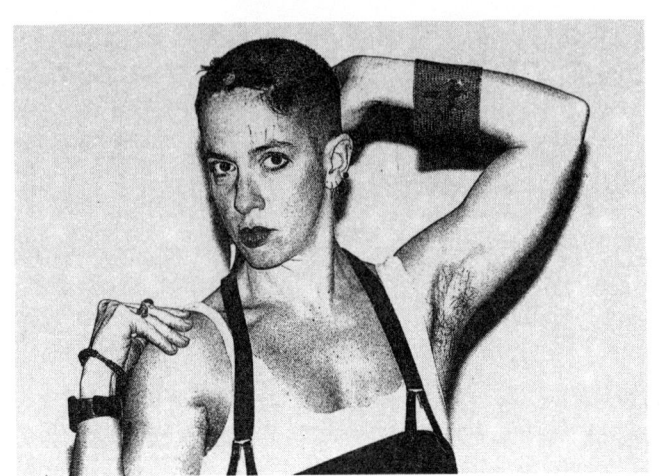

▼ ▼ ▼

Kathy Acker liebt Provokation. Als Bürgerschreck mit rotgefärbtem Stoppelhaar, der obligaten Lederjacke und einem Schmuddel-Outfit, das geschickt den Blick auf etliche Tätowierungen lenkt, rauscht sie ins Kölner Amerikahaus. Vorbei am Sternenbanner im Foyer, durch den Metalldetektor, der trotz ihres klobigen Schmucks nicht aufheult, die Treppe hinauf in den Vortragssaal. Dort präsentieren Gerhard Falkner und Sylvère Lotringer *AM LIT*, ein Textgebirge experimenteller amerikanischer Prosa und Lyrik, entstanden mit unverkennbarem Schielen auf Rolf Dieter Brinkmanns legendäre Anthologien der 60er *ACID* und *Silverscreen*. Der Galrev Verlag hat Herausgeber und einige Autoren des Bandes auf Publicitytour durch Deutschland geschickt; neben Acker lesen New Yorker Undergroundstars wie Lynne Tillman, Richard Hell und Eileen Myles, doch die meisten der an die hundert Zuhörer sind wegen Kathy Acker gekommen, wollen die »Queen des Post-Punk-Feminismus« erleben.

Sie werden enttäuscht. Der 46jährigen Acker steckt noch die gestrige Nacht in Hamburg in den Knochen, so zeigt sie wenig Lust, auf Postmoderne, Punk oder Feminismus einzugehen, und überhaupt sei die Queen-Sache bloß ein Reklamegag. »Mein Verlag hat sich diese Formulierung ausgedacht, damit sich meine Bücher besser verkaufen. Wir alle müssen nun mal leider das Spiel des Kapitalismus spielen. Wenn ich anfange, mich über das Verhalten meiner Verlage zu ärgern, kann ich mich gleich aufhängen.«

Gerade mit ihren deutschen Verlagen hatte Kathy Acker viel Pech. Zuerst erschien sie in schwacher Übersetzung bei Heyne im Taschenbuch, dann im kleinen Ravensburger Peter Selinka Verlag. Der ging inzwischen pleite, so daß zur Zeit nur ihr erster auf deutsch verlegter Roman *Harte Mädchen weinen nicht* lieferbar ist. Acker erzählt darin von der zehnjährigen Janey Smith, die nach einer Inzestbeziehung vor ihrem Vater flieht, durch das New York Ende der 70er Jahre irrt, Prostituierte wird, schließlich bei Jean Genet in Tanger landet und mit ihm nach Ägypten reist, wo sie in Luxor von Krebs zerfressen stirbt. Ähnlich irrwitzige Plots haben auch die anderen Romane Ackers – *Kathy auf Haiti*, *Große Erwartungen*, *Die Geschichte der Don Quixote* und *Im Reich ohne Sinne*. Daß sich die Inhaltsangaben dieser Bücher wie Nachrichten aus dem Tollhaus lesen, hat Methode: Acker will lineare Erzählformen wie den klassischen Entwicklungsroman ad absurdum führen. Ihre eigenwillige

Collagetechnik ist die konsequente stilistische Umsetzung dieser Absicht. Kathy Acker integriert reale und fiktive Personen in ihre Texte, läßt Pasolini aus dem Jenseits erzählen und George Bush in einem Testament seine Machtphantasien ausspinnen, erweckt Gestalten aus dem Werk anderer Autoren zu neuem Leben, spielt mal offen, mal versteckt mit Anspielungen und Zitaten, kombiniert diese Versatzstücke mit Zeichnungen und Piktogrammen. Daraus ergeben sich Texte wie bunte Flickenteppiche: anarchisch, frech – und manchmal leider auch beliebig.

Nach der Lesung frage ich Acker nach ihrem Schreibstil: »Ich arbeite hauptsächlich mit anderen Texten, die ich benutze. Benutze? Was rede ich – ich plagiiere auf Teufel komm raus! Ich dekonstruiere diese Texte und eigne sie mir so buchstäblich an. In meinen Romanen gibt es keine Fiktion, ich erfinde nichts.« Diesen Stil des literarischen Sampling entwickelte sie Anfang der 70er Jahre und wollte sich damit ganz bewußt von anderen Schriftstellern abheben, etwa den damals tonangebenden Lyrikern der Black Mountain School wie Robert Creeley, Robert Duncan und Charles Olson, die in einer eigenen, unverwechselbare Stimme des Autors die Voraussetzung jedes Schreibens sahen. »Als ich in New York Kontakt zu Literaten fand, sagte man mir, als Schriftsteller müsse man vor allem seine Stimme finden. Ich hörte in mich hinein und suchte nach meiner eigenen Stimme, fand aber nichts. Ich hörte nur Männer, die viel älter waren als ich und mir sagten: so ist die Welt, so ist die Wirklichkeit. Ich wollte niemandem vorschreiben, wie die

Wirklichkeit ist. Ich wollte nicht Gott spielen. Gleichzeitig wurde mir klar, daß diese Sache namens Kreativität eine Ware ist, die im Gefolge der industriellen Revolution aufkam. Vorher hatte diese Idee des ›Make it new‹, wie Ezra Pound sagt, nicht existiert. Früher gestaltete man vorgegebene Mythen um, zum Beispiel im klassischen griechischen Drama. Oder nehmen wir nur mal Fielding, der Samuel Richardson veräppelte und damit sagen wollte: Verschonen Sie uns bloß mit diesem Zeug, Mr. Richardson. Da gab es Leute, die mit den Texten anderer spielten, jemand schrieb eine Geschichte, die auf einem älteren Text basierte, und dann schrieb ein anderer etwas, das sich wiederum auf diese Geschichte bezog. Damals ging es beim Schreiben um Spiel und Befragung, heute will jeder seine Arbeit verkaufen und sich selbst als die einzig authentische Stimme, den wichtigsten Sprecher seiner Zeit vermarkten. Das hängt mir zum Hals raus. Mich freut es, wenn man meine Texte plagiiert. Das Ziel dabei ist nicht Übereinstimmung, es soll vielmehr so eine Art Kubismus entstehen. Außerdem macht es schlicht und einfach Spaß, einen Text von Faulkner zu benutzen, denn dabei höre ich Faulkner. Wir glauben, die Toten seien tot, aber das stimmt nicht. Wären die Toten wirklich tot, gäbe es keine Kultur. Für mich ist mein Schreiben eine Methode, mich der Wirklichkeit unserer Kultur zu vergewissern – daß wir gemeinsame Vorbilder haben, eine Geschichte, die uns verbindet.«

In der Erzählung *Ein junges Mädchen* läßt Kathy Acker einen Maler sagen: »Vielleicht genügt es – ich weiß allerdings nicht, wofür – wenn ein Gemälde des Horrors die Wahrnehmungsgewohnheiten seiner Betrachter durchbricht und niederreißt, so daß sie sehen, was ihr Verstand und ihre Herzen nicht sehen wollen, was aber real ist.« Da liegt es gefährlich nahe, Kathy Ackers Texte auf die bis zur Fadenscheinigkeit abgewetzte Formel vom Verstören-und-Aufbrechen-eingefahrener-Lesegewohnheiten zu bringen. Ließen sie es dabei bewenden, wären sie als Theorie spannender denn als Literatur – ein Eindruck, der sich bei Ackers längeren Romanen denn auch aufdrängt. Wer im Roman alte Wahrnehmungsgewohnheiten durchbrechen will, muß neue Wahrnehmungen anzubieten haben. Sicher geht in der Übersetzung notgedrungen etwas vom Palimpsest-Charakter ihres Schreibens verloren, wie sollte auch ein an Faulkner erinnerndes Echo entstehen, wenn es im Deutschen keinen authentischen Faulkner-Ton gibt?

Kathy Ackers literarischer Werdegang ist ungewöhnlich. 1947 in New York City geboren, wo sie auch aufwächst, wird sie nach dem Selbstmord ihrer Mutter in ein strenges Mädcheninternat gesteckt. Als Studentin der Altphilologie an der Brandeis University erlebt sie den Höhepunkt des Jugendprotests und der Bürgerrechtsbewegung der 60er Jahre. Doch in Brandeis ist nicht nur der Spaßguerilla Abbie Hoffman, sondern auch Herbert Marcuse, und Acker und ihr damaliger Mann gehören zu seinen Studenten. Als Marcuse zur University of California at San Diego wechselt, gehen die beiden mit ihm an die Westküste. Nach dem Abschluß ihres Studiums kehrt Acker nach New York zurück und findet Anschluß an die dortige Lyrikszene. Sie beginnt zu schreiben, aber ihre von William S. Burroughs und den Theorien des englischen Psychiaters Ronald D. Laing beeinflußten Texte stoßen auf Unverständnis. Entdeckt wird Kathy Acker denn auch nicht vom Literaturbetrieb, sondern vom Kunstmarkt; Sol LeWitt, der Begründer der Concept Art, setzt sich für sie ein und ermöglicht erste Veröffentlichungen bei Kunstverlagen. »Bildende Künstler konnten meine literarischen Experimente offenbar leichter nachvollziehen als Schriftsteller«, kommentiert Acker sarkastisch im Rückblick. In den 70er Jahren pendelt sie zwischen New York und San Francisco, wo sie heute am Art Institute der Stadt unterrichtet. 1978 gelingt ihr mit *Harte Mädchen weinen nicht* der Durchbruch.

Ihre Freundschaften mit Künstlern in New York und San Francisco lassen Acker die Regeln des kommerziellen Kunstmarkts kennenlernen, und sie weiß sie für sich zu nutzen. Ähnlich wie Tama Janowitz entwickelt sie ein wiedererkennbares Image, macht einen Markenartikel aus sich. Dazu gehören auch die gezielt gestreuten Gerüchte über ihre Vergangenheit, ihr Privatleben. Die Internatsschülerin sei in Peepshows aufgetreten, habe als Prostituierte gearbeitet – alles Wasser auf die Mühlen des von ihr verachteten Literaturbetriebs. Doch Ackers Texte auf die schrille Attitüde der Autorin zu reduzieren, wäre ein Mißverständnis. Alle ihre Romane und Erzählungen kreisen um Beziehungen, die immer wieder auftauchenden Matrosen, Seeleute und Piraten sind Chiffren des Begehrens. Ihre Geschichten über gescheiterte, unmögliche Lieben sind ebenso tollkühn wie die literarischen Mittel, mit denen Acker diese Geschichten erzählt. Da wechselt eine Erzählerin mitten im Satz das Geschlecht und wird zum Erzähler, findet die Heldin plötzlich eine persische Grammatik und lernt mit dem Leser auf dreißig Seiten Farsi, springt einem beim Umblättern eine angeblich von der Chase Manhattan Bank gesponserte Mitteilung ins Auge. Dieser provozierende Gestus ihrer Texte in Verbindung mit Ackers ungewöhnlichen Äußeren hat ihr in Deutschland den Ruf eingetragen, zum amerikanischen Underground zu gehören, doch Acker hält das für einen Mythos. »Ich weiß nicht mal, ob es so etwas wie einen literarischen Underground in den USA wirklich gibt. Meine Bücher erscheinen jedenfalls bei Pantheon Books, einer Unterabteilung von Random House, dem größten aller amerikanischen Verlage. So gesehen gehöre ich also ganz gewiß nicht zu irgendeiner Art Underground. Ich werde vom literarischen Establishment nicht gerade geschätzt, aber das ist ein anderes Thema.«

Warum schlägt ihr soviel Ablehnung entgegen, will ich wissen. »Ich habe diese Frage für mich selbst noch nicht abschließend beantwortet und kann nur Vermutungen darüber anstellen. Meine Rezensionen lesen sich wie die, die bis vor ein paar Jahren noch William Burroughs bekommen hat, vielleicht noch eine Spur gehässiger, weil ich eine Frau bin. Im Grunde mache ich etwas ganz Einfaches: ich arbeite mit bereits existierenden Texten und kombiniere sie neu. Ich erfinde nichts. Ich nehme zum Beispiel einen Text aus *Sol-*

diers of Fortune, einer Zeitschrift für Möchtegern-Rambos, und verwende ihn in einem anderen Kontext. Anscheinend macht das manche Menschen sehr wütend, wenn man einen solchen Text in einen elitären Roman einbaut und die Leute auf diese Weise vorgeführt bekommen, wie ihre Gesellschaft wirklich ist. Und daß eine Frau so etwas macht, läßt sie noch wütender werden. Die Leute wissen gern, woran sie sind. Das Vermischen von Genres, von Hoch- und Trivialliteratur, verunsichert sie. Wenn ich Pornographie schreibe, schön. Aber wenn ich Pornographie schreibe und mich im Strukturalismus auskenne, dann ist das ein rotes Tuch für die meisten. So erklärt sich wohl die Verwirrung, die meine Bücher auslösen, und die Leute mögen einen nicht sonderlich, wenn man sie verwirrt.«

Von William Burroughs stammt die Formulierung, das Wort sei ein Virus, ein Instrument zur Gedankenkontrolle. Burroughs zog daraus die Konsequenz, diese totalitäre Macht des Worts zu zerstören, indem er das Wort zerstörte, es durch die Technik des Cut-up oder Fold-in buchstäblich zerschnitt. Kathy Acker verbindet mit Burroughs nicht nur die Absicht, die Lähmung und Manipulation durch die bestehenden Diskursformen aufzuheben. »Burroughs hat sich bei seiner Cut-up-Technik im wesentlichen vom Zufall leiten lassen. Auch bei mir spielt das Zufallselement eine große Rolle. Wenn ich zu schreiben beginne, dann steht für mich am Anfang eine Frage oder eine bestimmte Idee, die mich nicht mehr losläßt. In jedem Fall ist es eine Obsession, entweder will ich etwas wissen oder es gibt etwas, das mich stört. Der nächste Schritt für mich ist dann, daß ich mir andere Texte vornehme. Ich kann nicht mit einer leeren Seite anfangen, mir fällt schon das Briefeschreiben und Ausfüllen von Formularen schwer, leere Seiten sind ein Problem für mich. Ich habe beim Schreiben also ein Buch vor mir liegen. Was ich mit diesem Text dann mache, ist ganz unterschiedlich. Manchmal schreibe ich ihn einfach ab und improvisiere wie ein Jazzmusiker, manchmal übernehme ich einen Teil des Plots und manchmal versuche ich, den Text in eine Sprache zu übersetzen, die ich gar nicht kenne, um ihn wirklich durch die Mühle zu drehen. Das alles sind im Grunde Methoden, einen Text zu versauen. Versauen heißt, mit dem Zufall zu spielen. Und der Zufall ist nun mal ein Teil der Wirklichkeit. Diese Methoden, mit dem Zufall zu arbeiten, interessieren mich brennend und sind sehr wichtig für mich.«

Am stärksten ist Acker immer dann, wenn sie sich auf ihre Erfahrung verläßt und zum Beispiel von Randexistenzen in New York erzählt, der Stadt der Flüchtlinge und Renegaten, der Alkoholiker und Amphetamin-Freaks. »In gewissem Sinne sind alle Schriftsteller Journalisten«, erklärt sie. »Es gibt natürlich viele Absichten, die man als Schriftsteller verfolgen kann. Manche schreiben nur zur Unterhaltung, und das stört mich überhaupt nicht. Ich habe keine absolute Vorstellung davon, was ein Schriftsteller ist. Ich jedenfalls stelle gern Fragen. Und das ist auch die Art Literatur, die ich gern lese. Ich schreibe, weil ich etwas erfahren möchte, nicht weil ich schon etwas weiß. Das Fragen ist für mich wichtiger als die

Antworten. Deshalb schätze ich auch immer mehr die Idee einer Kultur, in der man einen offenen Diskurs führen kann, ohne Übereinstimmung erzielen zu müssen, in der also eine echte Diskussion möglich ist. Wir haben in Amerika eine Machtübernahme durch die Rechte erlebt, und es ist obendrein eine fundamentalistisch christliche Rechte, die jede Möglichkeit zerstört, etwas in Frage zu stellen. Wir hatten in Amerika etwas, das man Demokratie nannte. Dabei gab es nie eine alternative Stimme, aber es gab immerhin den Anschein einer alternativen Stimme, den Anschein einer alternativen Literatur, den Anschein einer Chance zu sagen: Nein, wir wollen keinen Golfkrieg. Nein, wir wollen keinen Vietnamkrieg. Mit dem Beginn des Golfkriegs hat das aufgehört, bis auf *The Nation* hat es im Grunde keine alternativen Zeitschriften mehr gegeben. Während des Golfkriegs konnte keiner sagen, daß er gegen den Krieg sei. Das war wirklich ein Schock. Was wir jetzt dringend brauchen, sind andere Methoden, uns untereinander zu verständigen, sei es durch Lyrik oder Journalismus, denn man hat uns unsere Kommunikationsmittel weggenommen.«

Das mag nach Paranoia klingen, doch Acker hatte immer wieder Ärger mit der Zensur, auch in Deutschland, wo die Bundesprüfstelle für jugendgefährdende Schriften *Harte Mädchen weinen nicht* auf den Index setzte. Begründet wurde die Entscheidung damit, der naive Leser könne nicht immer zwischen Traum und Wirklichkeit der Protagonisten unterscheiden und überhaupt sei dieses Buch ausschließlich in der Sprache der Gosse verfaßt. Wäre dies nicht nur eines aus einer langen Reihe skandalöser Fehlurteile, man könnte am Verstand der beamteten Moralschützer zweifeln; so aber sind die letzten Zweifel ausgeräumt. Bis heute ist der Roman nur in einer zensierten Version erhältlich.

Neben staatlichen und selbsternannten Tugendwächtern mußte sich Acker aber auch mit Plagiatsvorwürfen auseinandersetzen. In der Erzählung *Tote Puppe Demut*, einem Text von gerade 32 Seiten, entwickelt sie nicht nur ihre Poetik, sondern schildert auch die Stationen eines absurden Streits mit dem Kitschautor Harold Robbins, der sich von ihr plagiiert sah. Offenbar hatte Acker vier Seiten aus einem Roman Robbins in *Kathy auf Haiti* eingebaut. Dort findet sich auch so etwas wie eine feministische Utopie Kathy Ackers: »Eines Tages wird es eine neue Welt geben müssen. Eine neue Frau. Oder eine neue Welt für Frauen, denn die Welt, die wir wahrnehmen, das, was wir wahrnehmen, macht uns zu dem, was wir sind. In dieser Zukunft wird die Frau eine starke Kriegerin sein: frei, unnachgiebig, stolz, fähig, ihr eigenes Schicksal zu bestimmen, fähig, jedem in die Eier zu treten, fähig, jedem gottverdammten Drecskerl die Fresse zu polieren, der ihr erzählt er liebt sie sie ist das Schönste auf der ganzen Welt sie ist die größte Künstlerin die rumläuft sie fickt sie ein bißchen verprügelt, sich dann weigert mit ihr zu reden, und fähig zu ficken (zu lieben und geliebt zu werden), soviel sie will. In dieser Zukunft wird die Frau schön sein, und überhaupt wird sie ne ganz heiße Nummer sein, deren Augen Feuer sprühen, die hart arbeitet, die ehrlich ist und schonungslos offen, die totale Ehrlichkeit verlangt. Greta Garbo in *Königin Christine*. Aber bis es soweit ist, überlegt sich Kathy, ist die Lage beschissen.«

In Ackers Romanen wimmelt es von solch programmatischen Passagen, doch den Stimmen, die sie vortragen, ist nie zu trauen, die Kathy des Texts zerfällt in zahllose Ichs, die gleichberechtigt nebeneinander stehen, und nie ist sie auf das eine Ich beschränkt, gegen das Kathy Acker anschreibt: das eigene. Schon die Postulierung einer »in sich geschlossenen Figur«, wie sie das nennt, erscheint Kathy Acker als Totalitarismus, als Komplizenschaft bei jener Verschwörung der Wichtigtuer, die den Spielplatz Literatur in einen Friedhof der Selbstgewißheit verwandeln wollen. Dabei versteht sich Acker durchaus als politische Autorin: »Für mich ist alles politisch, auch das Persönliche, dieses alte Klischee aus den 60er Jahren, in denen ich aufgewachsen bin, klingt in meinen Ohren immer noch wahr. Wir leben in einer politischen Welt, genauso wie wir in einer sexuellen Welt leben.« Kathy Acker zählt sich zwar zu den postmodernen Autoren der USA, widerspricht aber der gängigen amerikanischen Auffassung von Postmoderne, die sich oft auf das modische Anythinggoes beschränkt. »Daß postmodern quasi zu einem Synonym von apolitisch wurde, scheint eine Erfindung von uns Amerikanern zu sein. Ich bin nicht sicher, ob das Werk von Michel Foucault so gesehen überhaupt zur Postmoderne gezählt werden sollte, denn apolitisch ist es sicher nicht. Als man in Amerika auf die neue französische Theorie aufmerksam wurde, hat man sie entpolitisiert. In Wahrheit gibt es natürlich keine Entpolitisierung, der Versuch dazu bedeutet immer, der amerikanischen Rechten in die Hände zu arbeiten, und das ist in diesem Fall auch passiert. Ich halte postmodern für keinen negativen Begriff. Eines der Probleme der Moderne war, daß man den Unterschieden zwischen den Menschen nicht genügend Beachtung geschenkt hat – die Rassenproblematik oder die Unterschiede zwischen den Geschlechtern kamen im Credo der Moderne schlicht nicht vor. Schon im Wort Postmoderne wird ja deutlich, daß es zwischen der Moderne und diesem Neuen noch eine starke Verbindung gibt. Ende der 60er Jahre und Anfang der 70er haben wir eine Reihe von Veränderung erlebt, zum Beispiel im Fortschrittsbegriff der Moderne, in der Unterscheidung zwischen Kunst und Kitsch oder in dem, was wir unter der ›eigentliche Bedeutung‹ eines Kunstwerks verstehen. All das ist heute umstritten und wird in Frage gestellt. Vielleicht ist die Postmoderne nicht mehr als eine Methode, über die Fragen zu reden, die von der Moderne Ende des 20. Jahrhunderts unbeantwortet geblieben sind. Als Bataille zu schreiben begann, merkte man, daß der Kommunismus zu einer Art Totalitarismus führte, also suchte man nach anderen Gesellschaftsformen. Und ich glaube, wir sind heute in einer ähnlichen Lage, wir wollen weder die westliche, kapitalistische Demokratie noch diesen totalitären Kommunismus, aber wir haben keine Sprache, in der wir darüber reden können, *was* wir wollen. Wir müssen neue Lebensformen entwickeln und nach Diskursen suchen, die nicht auf dem Absoluten basieren, und die Postmoderne bietet uns die Chance dazu.«

■■■

BIBLIOGRAPHIE

The Childlike Life of the Black Tarantula / I Dreamt I Was a Nymphomaniac! / Imagine, The Adult Life of Toulouse Lautrec, 1975.
Kathy Goes to Haiti, 1978, in der Übersetzung von Barbara Jung und Sabine Sassmann als *Kathy auf Haiti* bei Peter Selinka 1991.
Blood and Guts in High School, 1978, in der Übersetzung von Uschi Gnade als *Harte Mädchen weinen nicht* bei Heyne 1985.
Great Expectations, 1978, in der Übersetzung von Uschi Gnade als *Große Erwartungen* bei Heyne 1988.
My Death, My Life, by Pier Paolo Pasolini, 1984, in der Übersetzung von Uschi Gnade als *Mein Tod, mein Leben – Die Geschichte des Pier Paolo Pasolini* bei Heyne 1987.
Don Quixote, 1986, in der Übersetzung von Barbara Jung und Sabine Sassmann als *Die Geschichte der Don Quixote – Ein Traum* bei Peter Selinka 1988; diese Übersetzung erschien überarbeitet von Joachim Körber 1988 unter gleichem Titel im Taschenbuch bei Heyne.
Lulu Unchained, (Drama), London 1985.
Empire of the Senseless, 1988, in der Übersetzung von Barbara Jung und Sabine Sassmann als *Im Reich ohne Sinne* bei Peter Selinka 1989.
In Memoriam to Identity, 1990.
Hannibal Lecter, My Father, 1992
Tote Puppe Demut, in: *Mobil. Prosa der amerikanischen Avantgarde seit 1945,* herausgegeben von Dirk Görtler. Edition Isele, 1990.
A Young girl, in der Übersetzung von Nora Matocza als *Ein junges Mädchen,* in: *AM LIT. Neue Literatur aus den USA,* herausgegeben von Gerhard Falkner und Sylvère Lotringer. Druckhaus Galrev, 1992.

PAUL AUSTER:
BLOW-JOB MIT LEIBNITZ
▼▼▼

▼▼▼

»Mit einer falschen Nummer fing es an, mitten in der Nacht läutete das Telefon dreimal, und die Stimme am anderen Ende fragte nach jemandem, der er nicht war.« Der erste Satz aus Paul Austers erstem Roman *Stadt aus Glas* erzählt eine wahre Geschichte, nur die Namen wurden verändert. Im Roman klingelt das Telefon bei Daniel Quinn und jemand verlangt Paul Auster vom Detektivbüro Auster zu sprechen; in der Realität meldete sich der Anrufer spät abends bei Paul Auster in Brooklyn und fragte nach der Pinkerton Detektei. »Am nächsten Abend wiederholte sich der merkwürdige Anruf, die gleiche Stimme wollte mit jemand von der Pinkerton Detektei sprechen«, erzählt mir Paul Auster. »Ich antwortete natürlich wieder, daß er falsch verbunden sei, aber als ich aufgelegt hatte, grübelte ich darüber nach, was passiert wäre, wenn ich einfach ›Ja‹ gesagt hätte. Das war der Ausgangspunkt für *Stadt aus Glas*.«

Auch ich spreche mit Paul Auster am Telefon. Geplant war es anders, ich wollte den 46jährigen Verfasser der *New York-Trilogie* in Brooklyn treffen, vielleicht mit ihm zusammen einige Schauplätze seiner Geschichten besuchen. Aber Mitte August ist Auster wie viele New Yorker, die es sich leisten können, vor der Hitze in der Stadt nach Neuengland geflohen; in einem Sommerhaus in Vermont schreibt er an einem neuen Roman. Nichts wäre mir lieber, als aus dem Glutofen meiner Bude in Hell's Kitchen raus aufs Land zu kommen, aber ich muß das Telefon hüten. Morgen soll ich Bret Easton Ellis treffen, der wegen *American Psycho* einige Morddrohungen erhalten hat und daher abgetaucht ist. Seine Agentin hat nur versprochen, ihn aufzutreiben und an unser vor Monaten verabredetes Interview zu erinnern.

Die meisten Photos auf den Schutzumschlägen der Bücher Paul Austers zeigen einen ernst dreinblickenden, athletischen Mittdreißiger mit vollem schwarzem Haar und dunklen Ringen unter den Augen. »Du hast immer so ein tiefernstes Gesicht gemacht«, sagt eine Freundin zu Peter Aaron in *Leviathan*, Austers neuestem Roman, der wie alle vorangegangenen deutlich autobiographische Bezüge aufweist. »Ich weiß noch, wie ich gedacht habe, daß du ein sehr ernsthafter Mensch sein mußt. Einer dieser jungen Männer, die sich entweder umbringen oder die Welt verändern.« Erst auf neueren Aufnahmen wirkt Auster gelöster, statt Sakko und Krawatte trägt er nun eine schwarze Lederjacke, und die verdrossene Miene ist einem entspannten Lächeln gewichen. Dazu hat er allen Grund, denn mit seiner *New York*

Trilogie schaffte Auster das, wovon die meisten Autoren träumen: den großen, den internationalen Erfolg, in seiner Einhelligkeit höchstens vergleichbar dem Echo auf *Flauberts Papagei*, dem furiosen Roman des Briten Julian Barnes. New Yorker Kritiker wollten in Auster einen amerikanischen Kafka ausgemacht haben, in London pries man ihn als Genie, in Frankreich hatte er als renommierter Übersetzer von Mallarmé, Blanchot und Joubert ohnehin ein Heimspiel und in Deutschland fühlten sich Rezensenten an Swift und Beckett erinnert.

Da erscheint es fast ironisch, daß Auster in Europa bekannter ist als in seinem Heimatland, denn dort schlägt sich das Lob der Kritiker nicht in der Auflage seiner Bücher nieder. Ich frage ihn, ob er nicht manchmal mit Neid auf Verfasser von Retortenbestseller wie Michael Crichton, Stephen King oder Judith Krantz blickt. »Diese Leute sind populäre Entertainer, sie wenden sich an ein ganz anderes Publikum als ich, daher habe ich nicht das Gefühl, daß ich mit ihnen konkurriere. Ich habe nichts gegen sie, solche Leute gab es in der Literatur schon von Beginn an. Als Nathaniel Hawthorne, ein Autor, den ich sehr verehre, 1851 *Der scharlachrote Buchstabe* veröffentlichte, wurden davon ganze 1500 Exemplare verkauft. Und schon damals schrieben in Amerika Autoren, deren Romane Auflagen von über 150.000 Stück erzielten, bloß spricht über die heute niemand mehr. Heute gibt es populäre Unterhaltung und ernste Literatur, und zwischen diesen beiden Welten findet so gut wie kein Austausch statt. Für mich ist es sonnenklar, daß der sogenannte literarische Roman immer mehr an den Rand gedrängt wird. Manchmal beunruhigt mich das, aber was will man machen? Ich kann nur weiterhin meine Arbeit tun und hoffen, daß meine Bücher Leser finden. Als ich mit dem Schreiben von Prosa begann, hatte ich große Probleme, einen amerikanischen Verlag zu finden. Das Manuskript von *Stadt aus Glas* wurde überall abgelehnt. Damals habe ich geglaubt, das Buch würde niemals einen Verlag finden, ich hatte mich schon damit abgefunden. Allerdings hat mich das nicht davon abgehalten, weiter zu schreiben. Schließlich finden die Bücher dann meist doch einen Verlag, aber die Wartezeit kann manchmal sehr quälend sein. Die Buchproduktion in den USA ist riesengroß, wahrscheinlich werden ohnehin viel zu viele Bücher veröffentlicht.«

Die drei Romane von Paul Auster, die international für so viel Furore sorgten, erschienen auf deutsch 1989 unter dem Titel *Die New York-Trilogie* bei Rowohlt im Taschenbuch; zwei Jahre zuvor hatte Hoffmann und Campe versucht, Auster mit der Veröffentlichung des ersten Bandes *Stadt aus Glas* durchzusetzen, was aber nicht so recht gelingen wollte, jedenfalls sah man nach dem enttäuschenden Verkaufsergebnis davon ab, die beiden anderen Kurzromane der Trilogie, *Schlagschatten* und *Hinter verschlossenen Türen*, folgen zu lassen.

Die New York-Trilogie liest sich, als hätten Raymond Chandler und Nathalie Sarraute einen Sohn namens Paul Auster gezeugt, der den klassischen amerikanischen Detektivroman mit dem Nouveau roman verschmelzt. Zwar sind die Teile der *New York-Trilogie* durch zahlreiche Motive miteinander verknüpft, der eigentliche Zusammenhalt der Romane ist letzlich aber die Frage nach der eigenen Identität. Rimbauds berühmter Satz »Je est un autre« liegt als unausgesprochene Leitidee allen drei Geschichten zugrunde, Quinn, Blue und der namenlose Erzähler von *Hinter verschlossenen Türen* verlieren sich beim Versuch, sich zu finden.

In *Stadt aus Glas* wird der Krimiautor Daniel Quinn mit einem Privatdetektiv verwechselt und erhält den Auftrag, einen modernen Kaspar Hauser namens Peter Stillman vor seinem Vater zu beschützen. Dieser Vater ist ein übergeschnappter Harvard-Professor, der seinen Sohn völlig isoliert in einer dunklen Kammer aufwachsen läßt, weil er herausfinden will, welche Sprache vor dem Turmbau zu Babel gesprochen wurde; sei diese natürliche Sprache des Paradieses erst einmal gefunden, so der Wahn des Professors, würde Amerika zum neuen Garten Eden. Als sein Vater Jahrzehnte später aus einer psychiatrischen Anstalt entlassen wird, fürchtet Stillman junior um sein Leben und wendet sich an Quinn. In der Verkleidung eines Stadtstreichers beschattet Quinn den alten Mann auf dessen bizarren Streifzügen durch Manhattan. Auch als Stillman plötzlich verschwindet und der Kontakt zu seinen Auftraggebern abreißt, arbeitet Quinn besessen weiter und vertraut die Ergebnisse seiner zunehmend irrealen Recherche einem roten Notizbuch an. Schließlich ist Quinn nicht mehr in der Lage, sich aus der selbstgewählten Tarnung als Penner zu befreien, zurück bleibt nur das rote

Notizbuch, aus dem der auf den letzten Seiten des Romans auftauchende Erzähler die Geschichte rekonstruiert.

In *Schlagschatten* wird dieses Spiel mit Versatzstücken des Kriminalromans noch weiter getrieben, hier signalisieren schon die Namen der Protagonisten – Blue, Black, White –, daß sie als bloße Platzhalter in einer Versuchsanordnung dienen. Der Privatdetektiv Blue erhält von dem mysteriösen Mr. White den Auftrag, einen Schriftsteller namens Black zu überwachen und einmal wöchentlich einen Bericht über dessen Aktivitäten zu verfassen. Blacks Verhalten ist völlig unauffällig. Gerade diese Alltäglichkeit ist es, die Blue an den Rand des Wahnsinns führt. Auch in *Schlagschatten* löst sich die Grenze zwischen Beobachter und Beobachtetem unmerklich auf: »Sieh ihn dir nur an, sagt sich Blue. Er ist das traurigste Geschöpf der Welt. Und dann, in dem Augenblick, in dem er diese Worte sagt, versteht er, daß er auch von sich selbst spricht.« Anders als Quinn kann sich Blue am Ende jedoch aus seiner Zwickmühle befreien, es kommt zum Showdown mit Black.

»Ursprünglich wollte ich nur den ersten Roman schreiben«, erzählt mir Auster über die Entstehung der Trilogie. »Es sollte eine Art Hommage für meine Frau Siri Hustvedt werden, eine fiktive Autobiographie, die darstellt, wie mein Leben ohne sie verlaufen wäre. Deshalb mußte ich persönlich in dem Roman auftreten. Aber als ich etwa in der Mitte von *Stadt aus Glas* angelangt war, erinnerte ich mich an ein Theaterstück, das ich sechs oder sieben Jahre zuvor geschrieben hatte. Ich war mit dem Stück nie zufrieden gewesen und hatte es in der Schublade verschwinden lassen. Dann entdeckte ich plötzlich Parallelen zwischen *Stadt aus Glas* und meinem alten Drama und sah es mir wieder an. Als Stück taugte es wirklich nichts, aber beim Lesen bekam ich Lust, mich noch einmal damit zu beschäftigen. Ich schrieb es zu dem Mittelteil der Trilogie um, und als ich damit fertig war, hatte ich immer noch eine Menge Material übrig – Reflexionen über Schreiben und Biographie und die Wechselwirkung zwischen beidem. Diese Teile wanderten dann in das dritte Buch, *Hinter verschlossenen Türen*.« Darin geht es um einen namenlos bleibenden jungen Kritiker, der von der Frau seines Jugendfreundes Fanshawe einen Brief mit der Bitte um ein Treffen erhält. Er soll das literarische Werk Fanshawes herausgeben, der seit sechs Monaten verschwunden ist und einen ganzen Schrank voll mit unveröffentlichten Manuskripten hinterlassen hat. Fawnshawes Bücher ist sensationeller Erfolg beschieden, doch an die Existenz des echten Verfassers will niemand glauben – alle halten den Kritiker für den wahren Autor, der sich hinter der Fiktion eines Herausgeber verberge. Auch privat schlüpft der Kritiker in die Haut seines Freundes, heiratet dessen Frau und adoptiert ihren Sohn. Das geborgte Leben geht so lange gut, bis sich der Vermißte meldet und ankündigt, er werde sich sieben Jahre nach seinem Verschwinden umbringen. Obwohl der Kritiker schließlich ein Treffen mit Fanshawe in Boston arrangieren kann und dieser tatsächlich Selbstmord begeht, bleibt am Ende des Romans »alles offen, unvollendet«.

Paul Auster nimmt seinen Protagonisten früher oder später alles, was sie haben. Dieses Motiv der Entäußerung ist schon in seiner seit 1974 entstandener Lyrik angelegt. In einem *Credo* betitelten Gedicht aus *Facing the Music* heißt es: »das Auge wird entdecken, daß wir / nur das sind, was uns weniger gemacht hat / als wir sind.« Um den Hauptfiguren seiner Romane diese Entdeckung zu ermöglichen, muß sie Paul Auster an den Nullpunkt menschlicher Existenz führen; alle seine Antihelden ziehen früher oder später einen radikalen Schlußstrich unter ihr bisheriges Leben, werden zu Aussteigern, Stadtstreichern oder führen ein Nomadendasein on the road.

Ganz so dramatisch wie das Leben seiner Romanfiguren ist Austers Biographie nicht verlaufen, doch für einen amerikanischen Schriftsteller seiner Generation ist sie abenteuerlich genug. Paul Auster wird 1947 in Newark, New Jersey, geboren und verbringt dort auch seine Kindheit; die Eltern stammen aus jüdischen Einwandererfamilien, die zu Beginn des Jahrhunderts Österreich verlassen und sich an der amerikanischen Ostküste angesiedelt hatten. In dem 1982 veröffentlichten Text *Die Erfindung der Einsamkeit* unternimmt Auster eine Recherche in das Leben seines Vaters Sam Auster, ausgelöst durch dessen überraschenden Tod 1979. Mittels loser Assoziationsketten versucht er, das Porträt eines Unsichtbaren zu zeichnen, scheitert aber immer wieder an der eigentümlichen Distanz des Vaters, bis er zufällig auf ein lange gehütetes Familiengeheimnis der Austers stößt: die Ermordung seines Großvaters durch die eigene Frau. Aus dieser Tragödie, die der sechsjährige Sam Auster 1919 miterleben mußte, wird seine spätere Unnahbarkeit verständlich, diese gläserne Mauer, an der alle versuchten Annäherungen des Sohnes an den Vater wirkungslos abprallen.

Sam Auster geht mit seinem Sohn gelegentlich in jüdische Restaurants in Newark; dort, schreibt Paul Auster, sei ihm, »der als amerikanischer Junge erzogen wurde, der von seinen Vorfahren weniger wußte als über Hopalong Cassidys Hut«, regelmäßig schlecht geworden, während sein Vater Knishes, Borschtsch und Piroggen aß. Ich will wissen, ob er sich als jüdischer Autor sieht: »Ja, aber nicht nur als das. Was mein Schreiben betrifft, halte ich mich eher für einen Amerikaner, der zufällig Jude ist, nicht für einen jüdischen Autor, der zufällig in amerikanischem Englisch schreibt.«

Die Beziehung zu seinem Vater wird nicht nur in dem Erinnerungsbuch über Sam Auster thematisiert, sie ist ein zentrales Motiv von Austers Schreiben; die Frauengestalten in seinen Texten bleiben dagegen blaß und wirken wie Schablonen, meist erfährt man nicht mehr über sie als das, was Paul Auster in *Die Erfindung der Einsamkeit* über seine Mutter schreibt: »Nach der Scheidung meiner Eltern brach alles auseinander; meine Mutter fing ein neues Leben an«.

Austers vertrackte, in lakonischem Tonfall erzählte Geschichten lesen sich wie Variationen der einen großen Geschichte über die Suche nach dem Vater und dem eigenen Ich, über den Verlust dieses Ichs und über die Erkenntnis, daß das Leben von einer Kette absurder Zufälle beherrscht wird. So lassen sich selbst thematisch so unterschiedliche Bücher wie die Dystopie *Im Land der letzten Dinge* und der Schelmenroman *Mond über Manhattan* als Teile eines größeren Werks verstehen. Ich frage Auster, ob dieser Zusammenhang von ihm beabsichtigt ist: »Nein, überhaupt nicht. Auch ich bin eher erstaunt über diese inhaltliche Verknüpfung zwischen meinen Büchern. Obwohl die Charaktere und Situationen in den einzelnen Romanen ganz unterschiedlich sind, gibt es eine Reihe von Gemeinsamkeiten zwischen den Büchern – die Personen haben ähnliche Erlebnisse und werden von ähnlichen Obsessionen getrieben. Alle meine Bücher scheinen um dieselben Fragen zu kreisen, offenbar sind dies die Themen, die mir unter den Nägeln brennen und mich nicht mehr loslassen. Anders ausgedrückt: nicht ich erfinde die Geschichten, die Geschichten finden mich. Ich suche nicht nach Stoff für meine Bücher, der Stoff dringt aus der Tiefe meines Unterbewußtseins an die Oberfläche. Dafür gibt es bestimmt schlaue psychologische Erklärungen, aber ich interessiere mich nicht sonderlich dafür, dem Ursprung meiner Ideen nachzuspüren – letztlich wird man doch immer nur auf verdrängte Erinnerungen aus der Kindheit verwiesen.«

Paul Austers Kindheit im Amerika der 50er Jahre dreht sich um drei Dinge: Fernsehen, Kino und Baseball; er wird als All-American Boy erzogen. »Ich gehöre zur allererste Generation, die vor dem Fernseher aufgewachsen ist. Mein Vater besaß ein Elektrogeschäft, daher hatten wir schon früher als die meisten Amerikaner einen Fernseher. Obwohl ich als Kind viel Zeit vor der Flimmerkiste verbracht habe, kann ich ehrlich gesagt nicht feststellen, daß sich das irgendwie auf mich ausgewirkt hat. Kino hat mich viel mehr geprägt als Fernsehen. Ich war immer ein leidenschaftlicher Kinogänger und muß Tausende Filme gesehen haben. Die große Liebe meines Lebens ist aber Baseball. Ich habe selbst gespielt und zwischen meinem siebten und vierzehnten Lebensjahr an wenig anderes gedacht – Baseball war mein ein und alles. Auch jetzt habe ich noch eine große Schwäche für dieses Spiel. Während meiner Zeit in Paris Anfang der 70er Jahre habe ich versucht, davon loszukommen, aber so einfach ist das nicht. Als ich nach Amerika zurückkam, erlitt ich einen schweren Rückfall und war wieder mit Feuer und Flamme dabei.«

In Frankreich lebt Auster vier Jahre. Nach seinem Studium an der prestigeträchtigen Columbia University in New York, wo er vergleichende Literaturwissenschaft und Anglistik belegt, jobbt er eine Zeitlang als Matrose im Golf von Mexiko; das Gesparte reicht für ein Ticket nach Paris. »Frankreich war das logische Ziel für einen jungen Amerikaner, der eine Zeitlang aus den USA abhauen wollte. Ich kannte die Sprache, außerdem interessierte mich die französische Lyrik. Als Teenager hatte ich zu schreiben begonnen, vor allem Gedichte. Mein erster Leser war mein Onkel, der Lyriker und Übersetzer Allen Mandelbaum. Er lebte früher in Italien und hat Vergil und Dante, aber auch Giuseppe Ungaretti und Eugenio Montale übersetzt. Dieser Onkel hat mir sehr geholfen, denn er war ein sehr strikter Kritiker und ließ mir nichts durchgehen. Irgendwann habe ich dann Ezra Pounds Diktum gelesen, daß es eine gute Übung für Lyriker sei, Gedichte zu übersetzen. Ich habe Pound beim Wort genommen und einfach damit angefangen. Freilich war das Übersetzen für mich zunächst eher eine Methode, das Gelesene zu verstehen, ich dachte gar nicht daran, es professionell zu machen und meine Übersetzungen zu veröffentlichen.«

Noch während seines Studiums in New York übersetzt Auster Lautréamont, den Vorläufer der französischen Surrealisten. Es folgen weitere Übertragungen ins Englische, hauptsächlich Lyrik, aber auch ein Sachbuch über Drahtseilakrobatik von Philip Petit. Hat das Übersetzen sein Schreiben beeinflußt? »Für meine Texte von heute würde ich das verneinen. Allerdings war mir das Übersetzen früher einmal sehr wichtig. Ein junger Schriftsteller kann dabei die handwerkliche Seite des Schreibens lernen ohne den ständigen Druck, von Grund auf originell und kreativ sein zu müssen. Natürlich stellt auch eine Übersetzung große sprachliche Anforderungen, aber durch den vorgegebenen Text erhält man einen gewissen Halt, so daß man sich nicht immer an den eigenen Haaren aus dem Sumpf ziehen muß. Beim Übersetzen lernt man, mit Worten zu spielen, und darauf kommt's beim Schreiben schließlich an. Außerdem wird man damit vertraut, am Schreibtisch zu sitzen und einen Stift in der Hand zu halten, man trainiert die Ausdauer und Beharrlichkeit, die für einen Schriftsteller unumgänglich sind.«

Im zweiten Teil von *Die Erfindung der Einsamkeit* reflektiert Auster weiter über den Zusammenhang von Übersetzen und Schreiben: »Während der meisten Zeit seines Lebens als Erwachsener hat er sein Geld damit verdient, die Bücher anderer Schriftsteller zu übersetzen. Er sitzt an seinem Schreibtisch und liest das betreffende Buch in französisch. Dann nimmt er seinen Federhalter und schreibt dasselbe Buch in englisch. Es ist zugleich dasselbe Buch und nicht dasselbe, und das Seltsame dieses Tuns beeindruckt ihn bis auf den heutigen Tag. Jedes Buch ist ein Bild der Einsamkeit... Wenn A. sich in seinem Zimmer hinsetzt, um das Buch eines anderen zu übersetzen, ist es, als dringe er in die Einsamkeit dieses anderen ein und mache sie zu seiner eigenen. Aber das ist doch gar nicht möglich. Denn sobald seine Einsamkeit durchbrochen ist, sobald sie von jemand anderem mitgetragen wird, ist es keine Einsamkeit mehr, sondern eine Art Kameradschaft. Obwohl nur der eine Mensch im Zimmer ist, sind es im Grunde zwei. ... Und dann dämmert ihm, daß alles, was er im Buch der Erinnerung aufzuzeichnen versucht, alles was er bisher geschrieben hat, nichts anderes ist als eine Übersetzung einiger Augenblicke seines Lebens«.

Schreiben als Aufhebung existentieller Einsamkeit, das weist Literatur die Funktion eines riesigen Trostsystems zu. Dies mag die eigentümliche Ruhe erklären, die von Austers Texten ausgeht, selbst wenn sie von Apokalyptischem handeln wie *Im Land der letzten Dinge*, das im Untertitel einmal *Anna Blume Walks Through the Twentieth Century* heißen sollte. Vielleicht ist dies auch eine Reaktion auf die

Begegnung mit Samuel Beckett, den Auster Anfang der 70er Jahre in Paris kennenlernt. Beckett ist der Schriftsteller, den Auster neben Kafka am meisten bewundert, doch die Bekanntschaft mit ihm wirkt zunächst lähmend, Auster fühlt sich eingeschüchtert, sieht sich zu einem Epigonenschicksal verdammt. »Der Einfluß von Beckett war so stark, daß ich glaubte, mich nicht mehr davon befreien zu können«, räumt Auster in einem Interview ein. Was Austers spätere Prosa mit Becketts Werk verbindet ist die Tendenz zur Enteignung, beide legen ihre Figuren Schicht um Schicht bloß. »Beckett, der mit wenig beginnt, hört mit noch weniger auf«, schreibt Auster 1975 über sein Vorbild, ein Satz, der sich auf sein eigenes Werk übertragen läßt, denn auch Auster zieht seine Protagonisten aus bis aufs Hemd.

Nach der Begegnung mit Beckett schreibt Auster keine Prosa mehr, sondern konzentriert sich ganz auf Lyrik. Zwischen 1974 und 1977 veröffentlicht er drei Gedichtbände in den Vereinigten Staaten, die zwar wohlwollend rezensiert werden, aber kaum Beachtung finden. Noch in Paris gibt Auster unter dem Titel *Living Hand* zusammen mit seiner ersten Frau Lydia Davies, ebenfalls einer Übersetzerin, eine Lyrikzeitschrift heraus. Bald sind die aus Amerika mitgebrachten Reserven erschöpft, die Zeitschrift muß eingestellt werden. 1974 kehrt Auster zurück nach New York.

Die nächsten Jahre sind von großer materieller Not bestimmt. Statt Texte zu übersetzen, für die er sich begeistert, muß Auster Brotarbeiten erledigen, sich als Ghostwriter verdingen, und verdient selbst so kaum das Lebensnotwendigste. Die Zeit, die ihm für Eigenes bleibt, nutzt er für kurze Essays, die meist im *New York Review of Books* erscheinen. Auster schreibt über seine Idole Kafka und Paul Celan, über den schizophrenen Schriftsteller Louis Wolfson, dem er Anregungen für *Stadt aus Glas* verdankt, über Hugo Ball, die amerikanischen Lyriker John Ashbery und Laura Riding und über Knut Hamsuns Roman *Hunger*, der ihm den Titel für seine spätere Essaysammlung leiht (*The Art of Hunger*) und in dessen Protagonisten er sich nur allzugut einfühlen kann: »Er macht sich Sorgen wegen der Miete, wegen seiner zerlumpten Kleider, wegen der nächsten Mahlzeit, von der er nicht weiß, woher sie kommen soll. Er leidet. Er verliert fast den Verstand. Er steht immer nur einen Schritt vor dem Zusammenbruch ... Es gibt keinen Ausweg: um zu schreiben, muß er essen. Aber wenn er nicht schreibt, hat er nichts zu essen. Und wenn er nichts zu essen hat, kann er nicht schreiben.«

Solche Existenzängste sind Auster Ende der 70er Jahre nicht fremd, inzwischen ist er Vater eines Sohns, in seiner Ehe mit Lydia Davies kriselt es. Das Jahr 1979 bringt die Wende. Durch den plötzlichen Tod seines Vaters erhält er eine kleine Erbschaft, die ihm die materielle Voraussetzung schafft, sich ganz aufs Schreiben zu konzentrieren; gleichzeitig ist der Tod des Vaters Anstoß für Austers ersten veröffentlichten Prosatext, *Die Erfindung der Einsamkeit*. Später bezeichnet er es als »schreckliche Gleichung«, daß sein Vater sterben mußte, um ihm dem Stoff für das erste Buch zu liefern, das er nicht nur für die Schublade schreibt.

Die Erfindung der Einsamkeit bedeutet eine literarische Befreiung für Auster, endlich kann er all die Romanideen ausführen, die ihn bereits mit Anfang Zwanzig umtrieben, die er damals aber noch nicht umsetzen konnte, weil ihm die schriftstellerischen Mittel fehlten. »Fast and lean« möchte er schreiben, schnörkellos und immer auf das Wesentliche konzentriert. So entstehen zwischen 1985 und 1990 die Romane der *New York-Trilogie* sowie *Im Land der letzten Dinge*, *Mond über Manhattan* und schließlich *Die Musik des Zufalls*, eine existentialistische Parabel, in der sich Auster von Becketts erdrückendem Einfluß schon so weit löst, daß er mit der Figur des Jack Pozzi Becketts Pozzo ironisch Reverenz erweisen kann. Trotz aller übergreifender Motive verblüffen diese in schneller Folge entstandenen Bücher gerade durch ihre Verschiedenheit, in jedem Roman arbeitet Auster mit einer ganz neuen Palette literarischer Ausdrucksformen.

Deutschsprachige Kritikern konnten sich mit Austers stilistischen Volten nicht anfreunden. Viele, die seine postmoderne Rätselprosa der *New York-Trilogie* bewundert hatten, fühlten sich nach der Veröffentlichung von *Mond über Manhattan* und *Die Musik des Zufalls*, zwei Romanen mit überbordend-barocken Plots um Sinnsucher, Pokerspieler und Glücksritter, hintergangen, als seien sie einer Mogelpackung aufgesessen. War Auster etwa doch nur ›Beckett light‹? Die *Süddeutsche* mochte Auster nun keine »literarische Entdeckung« mehr nennen, sondern bloß noch einen »Modeautor«. Die *Zeit* monierte, Auster beschwöre »so etwa jedes zweite literarische Motiv der europäischen Moderne herauf«. Und die *Neue Zürcher Zeitung* bemängelte, Auster möge gefälligst mehr und origineller leiden, denn »Sinn- und Ziellosigkeit der menschlichen Existenz« seien »als Grundthema nicht eben neu«, seine Romane hinterließen »lediglich Irritation und Leere«.

»Ich will mich nicht wiederholen, sondern jedesmal etwas anderes machen«, verteidigt sich Paul Auster. »Mir ist zwar klar, daß am Ende doch immer wieder die gleichen Obsessionen zu Tage treten, aber ich möchte sozusagen für jedes Buch eine andere Tonart wählen. *Mond über Manhattan* könnte man einen sentimentalen Roman nennen, eine Art Komödie. Die *New York-Trilogie* ist dagegen viel trockener und verkopfter. *Im Land der letzten Dinge* wird von einem ganz harschen Ton bestimmt, und *Die Musik des Zufalls* ist wieder anders. Dennoch sind alle diese Bücher ein Teil von mir.«

Wer Auster auf einen bestimmten Stil oder eine Thematik festlegen will, verkennt die Mittlerfunktion, für die Auster durch Biographie und literarische Neigung prädestiniert ist und die den eigentlichen Reiz seines Werks ausmacht. Paul Auster ist ein Grenzgänger zwischen Europa und Amerika, zwischen Genre- und Hochliteratur, am stärksten immer dort, wo er bisher für unvereinbar Gehaltenes spielerisch miteinander verbindet, etwa europäische Philosophie mit dem Drive amerikanischer Erzählkunst wie in *Die Erfindung der Einsamkeit* bei der Beschreibung eines Blow-job, der Anlaß zu einem Exkurs über die Leibnizsche Monadentheorie wird:

»Eines Abends machte er sich ohne besonderen Grund auf den Weg, streifte durch die unbelebte Gegend der West Fifties und trat schließlich in eine Oben-ohne-Bar. Er setzte sich an einen Tisch und trank ein Bier, und plötzlich saß eine aufreizend nackte junge Frau neben ihm. ... Sie verständigten sich darauf, daß sie ihm den Penis lutschen sollte, denn dafür behauptete sie ein spezielles Talent zu haben. ... Als er wenige Augenblicke später einen langen pulsierenden Samenstrom in ihren Mund entlud, hatte er, genau in dieser Sekunde, eine Vision, die danach immer weiter in ihm fortstrahlte: daß jede Ejakulation etliche Milliarden Samenzellen enthält – also etwa ebensoviel, wie es Menschen auf der Erde gibt –, was bedeutet, daß jeder Mann das Potential einer ganzen Welt in sich birgt. Aus dem, wäre dies möglich, die ganze Bandbreite der Möglichkeiten erstehen könnte: eine Brut von Idioten und Genies, von Schönen und Mißgestalteten, von Heiligen, Katatonikern, Dieben, Börsenmaklern und Seiltänzern. Demnach ist jeder Mann die ganze Welt, denn er trägt die Gene einer Erinnerung an die ganze Menschheit in sich. Oder in Leibniz' Worten: ›Jede lebendige Substanz ist ein fortwährender lebendiger Spiegel der Welt.‹«

Bibliographie

Unearth, 1974.
Wall Writing, 1976.
Fragments from Cold, 1977.
Facing the Music, 1980, eine Auswahl daraus erschien in der Übersetzung von Martin Zingg in *Akzente*, 37. Jahrgang, Heft 4.
White Spaces, 1980.
The Art of Hunger, 1982, stark erweiterte Neuauflage 1992.
The Invention of Solitude, 1982, in der Übersetzung von Werner Schmitz als *Die Erfindung der Einsamkeit* bei Rowohlt 1993.
City of Glass, 1985, in der Übersetzung von Joachim A. Frank als *Stadt aus Glas* bei Hoffmann und Campe, 1987.
Ghosts, 1986, in der Übersetzung von Joachim A. Frank als *Schlagschatten* in dem Rowohlt-Taschenbuch *Die New York Trilogie* 1989.
The Locked Room, 1986, in der Übersetzung von Joachim A. Frank als *Hinter verschlossenen Türen* in dem Rowohlt-Taschenbuch *Die New York Trilogie* 1989.
In the County of Last Things, 1988, in der Übersetzung von Werner Schmitz als *Im Land der letzten Dinge* bei Rowohlt 1989.
Disappearances. Selected Poems 1970 – 1979, 1988.
Moon Palace, 1989, in der Übersetzung von Werner Schmitz als *Mond über Manhattan* bei Rowohlt 1990.
Ground Work. Selected Poems and Essays 1970 - 1979, London 1990.
The Music of Chance, 1990, in der Übersetzung von Werner Schmitz als *Die Musik des Zufalls* bei Rowohlt 1992.
Leviathan, 1992.

SAUL BELLOW:
DER NÄCHSTE TEST – AMERIKA
▼▼▼

▼▼▼

Phileas Fogg hätte sich hier wie zu Hause gefühlt: der New Yorker Lotus Club strahlt jene Mischung von Effizienz und Eleganz aus, die Jules Vernes pedantischer Weltreisender zu schätzen wußte. Doch vorbei sind die Zeiten, wo im Lotus Club auf der Upper East Side Manhattans nur die Crème de la crème der Stadt verkehrte. Während ich in der Lobby auf Saul Bellow warte, erzählt mir ein betagter Doorman, daß der Nobelpreisträger von 1976 auf Reisen nach New York immer hier absteige. Von so erlauchten Gästen könne freilich niemand leben, deshalb sei man leider gezwungen, den traditionsreichen Club auch für Nichtmitglieder zu öffnen und die prunkvollen Räume an Hochzeitsgesellschaften zu vermieten. Der Doorman sagt das, als sei nun, da den Barbaren Tür und Tor des Lotus Club geöffnet sind, der Untergang New Yorks nur mehr eine Frage der Zeit.

Saul Bellow ist ein kleiner Mann mit weißem Haar in

einem grauen Anzug und offenem Hemd; man merkt ihm nicht an, daß er die Achtzig schon fast erreicht hat, früher muß er sehr gutaussehend gewesen sein. Wenn er lacht, was häufig der Fall ist, wird eine kleine Lücke zwischen seinen Vorderzähnen sichtbar, ungewöhnlich in Amerika, dem Land der perfektesten Zähne der Welt. Obwohl er die meiste Zeit seines Lebens als Dozent an Universitäten verbracht hat, haftet seinen Bewegungen nichts Behäbig-Professorales an, ihre Quirligkeit erinnert eher an einen Autoverkäufer.

Bellow führt mich zu einer Sitzgruppe in einem museal wirkenden Salon; über seinem tiefen Fauteuil, in dem er fast zu versinken scheint, hängt ein großes Ölgemälde in historisierendem Stil, auf dem Tom Wolfe im obligaten weißen Anzug als Dandy posiert. Bellow bemerkt meinen Blick, zieht eine dünne Drahtbrille hervor, schaut kurz auf das Bild und verzieht angewidert den Mund. Ob wir uns vielleicht woanders …? Schließlich finden wir einen Tisch in einem Kaminzimmer im ersten Stock.

Eine Literaturagentin hat mir erzählt, daß ein Journalist zur Zeit an einer unautorisierten Biografie über Bellow arbeitet. Skandalsüchtige und kassenträchtige Enthüllungsgeschichten sind Mode auf dem amerikanischen Buchmarkt, bisher waren ihre Opfer aber Politiker und Filmstars, keine Literaten. Als Bellow von dem Projekt erfuhr, erteilte er seinen Freunden Redeverbot, um das Buch zu verhindern. Ich frage ihn, ob solch ungebetene Schnüffelei in seinem Privatleben der Preis sei, den er als Schriftsteller für die internationale Anerkennung zahlen müsse. »Mit Anerkennung hat das nichts zu tun, es ist eher eine Form von Ausbeutung. Mir wäre es lieber, man würde mich in Ruhe lassen. Früher blieben Schriftsteller zu Lebzeiten von Biografen verschont, heutzutage machen sie sich über einen her, solange man noch spüren kann, wie schmerzhaft das ist.« Das hat Bellow schon vor einigen Jahren erfahren müssen, als seine damalige Freundin Ruth Miller eine Biografie über ihn schrieb (*Saul Bellow: A Biography of the Imagination*, St. Martin's Press 1991); nachdem er Miller zunächst über Jahre unterstützt hatte, verweigerte er ihr später die Erlaubnis, aus seinen an der University of Chicago deponierten Manuskripten zu zitieren. Was Bellow an der Vorstellung einer Biografie über sich quält, ist das Endgültige, die Abgeschlossenheit, die ein solches Werk suggeriert. Je älter Bellow wird, desto unangenehmer spürt er den heißen Atem der wißbegierigen Nachwelt im Nacken, desto kleiner erscheint der Spielraum, der ihm noch bleibt. Dagegen wehrt er sich: »Wenn man auf den Straßen Chicagos groß geworden ist, stellt man keine große Erwartungen an sich. Man denkt nicht an eine ruhmreiche Zukunft oder daß man einmal ein Denkmal werden könnte – ein Denkmal seiner selbst, seiner Kultur, seines Landes. Ich habe das schon als Heranwachsender für Unfug gehalten, und in gewisser Weise denke ich darüber auch heute noch so.«

Natürlich ist sich Bellow bewußt, daß er spätestens seit dem Nobelpreis ein solches Denkmal ist. Doch das ändert nichts an seiner Lust, den Sockel, auf dem er steht, immer wieder kräftig zum Wackeln zu bringen – mit zunehmend provozierenden Statements, verpackt in ein Alterswerk, das wachsende Bitterkeit kennzeichnet. Die europäische Friedensbewegung? Von Moskau ferngesteuert. Glasnost und Perestroika? Ein Trick, um die westliche Welt vor der kommunistischen Gefahr einzulullen. Ökologische Katastrophen von Bhopal bis Tschernobyl? Schrecklich, aber mehr Menschen sterben an gebrochenem Herzen als an radioaktiver Strahlung. Diese Sentenz, ebenso zynisch wie wahr, legt Bellow dem Protagonisten seines bislang letzten großen Romans in den Mund und leitet daraus den Titel des Buchs ab: *More Die of Heartbreak*.

Die Vielschreiberin Joyce Carol Oates steht keineswegs allein, wenn sie Bellow angesichts solcher Positionen einen zunehmend egozentrischen, vor Selbstmitleid triefenden Reaktionär schilt. In den letzten Jahren bescheinigte die amerikanische Kritik, einig wie selten, ihrem Vorzeige-Literaten, daß er auf der falschen Seite stehe – zu weit rechts. Übersehen, verdrängt oder schlicht böswillig ignoriert wurde dabei, daß die in Bellows Romanen enthaltenen Philippiken gegen den Verfall von Sitte, Anstand und Moral im 20. Jahrhundert, gegen modischen Nihilismus und seelische Verarmung einem idealistischen Furor entspringen, den Bellow letzten Endes immer der Lächerlichkeit preisgibt. Mit anderen Worten, Bellow, seit je ein großer Humorist, schreibt Rollenprosa. Seit Anfang der 70er Jahre geraten ihm seine Antihelden – der einäugige Arthur Sammler aus *Mr. Sammler's Planet*, Charlie Citrine und Von Humboldt Fleischer aus *Humboldt's Gift*, Albert Corde aus *Dean's December*,

Benn Crader und Kenneth Trachtenberg aus *More Die of Heartbreak* – immer mehr zu Karikaturen des Intellektuellen als weltfernem Gehirntier. Das schließt nicht aus, daß es zahlreiche autobiografische Parallelen zwischen Bellow und seinen literarischen Gestalten gibt und daß ihm diese häufig – zu häufig, meinen viele Bellow-Leser – als bloßes Sprachrohr dienen. Die naive Gleichsetzung von Protagonist und Autor geht bei Bellow jedoch nicht auf. Ich frage, ob er sich mit seinem Humor bei der Kritik mißverstanden sieht. »Wenn ich mir einige Besprechungen meiner Bücher ansehe, muß ich einräumen, daß sie mir Rätsel aufgeben. Ich glaube, Humor ist die einfachste aller Möglichkeiten, international für Verwirrung zu sorgen. Wenn ein Kritiker nicht den spezifischen Humor eines Landes oder eines Autors teilt, kann er leicht auf den Gedanken verfallen, daß man über die Stränge schlägt und gegen den heiligen Ernst verstößt, dessen sich Schriftsteller gefälligst zu befleißigen haben. Allerdings hatte man in Amerika schon immer sehr wenig Respekt vor diesem typisch europäischen Standpunkt. Ich halte meinen Humor für ausgesprochen amerikanisch – mit dieser Art von Humor bin ich aufgewachsen, man findet ihn in der Politik, im Journalismus, in Filmen und in Büchern, im Sport und in allen anderen Bereichen. Er gehört zum Nationalcharakter dieses Landes. Und ich finde nicht, daß ich auf diesen Humor verzichten sollte, nur um irgendwelche Rezensenten hier oder im Ausland zufriedenzustellen.«

Saul Bellows Humor ist ein amerikanisch-jüdischer, geprägt von der Erfahrung des Außenseitertums und der

Großstadt, darin verwandt dem Humor eines Philip Roth, eines Bernard Malamud oder eines Woody Allen. Stärker noch verbindet die Genannten die feste Verwurzelung in der europäischen Tradition – ihr gemeinsamer Ahnherr heißt Franz Kafka –, ihr Pochen auf die Relevanz des Individuums und ihre Vorliebe für mittlerweile leicht anachronistisch anmutende jüdische Stadtneurotiker, die mit einem Bein immer noch in der Alten Welt stehen (Ausnahme in Bellows Werk ist sein einziger nichtjüdischer Protagonist, der Schweinezüchter und spätere Regenkönig Eugene Henderson). Und wie Malamuds und Roths Romane und Allens Filme durchzieht auch Bellows Werk gleich einem roten Faden die Frage, was es heißt, als Jude in Amerika zu leben.

Deutlich wie nie hat Bellow diese Frage in der Novelle *Bellarosa Connection* gestellt, seinem neuesten längeren Text, 1989 erschienen. Es ist die Geschichte eines Geretteten. Im Mittelpunkt stehen drei amerikanische Juden, die sich unterschiedlich weit von ihrer Herkunft entfernt haben. Da ist der namenlos bleibende Erzähler, Sohn russischer Einwanderer, der mit der Gründung eines »Mnemosyne Instituts« ein Vermögen macht und dessen Motto lautet: »Erinnern heißt leben«. Erinnerung ist denn auch das Schlüsselwort der Novelle – der Erzähler erinnert sich an seinen Freund Harry Fonstein. Weil eine Untergrund-Organisation Fonstein nach Amerika schleust, entkommt der polnische Jude den Gaskammern. Hinter dieser Rettungsaktion steht der Broadway-Produzent Billy Rose, doch Fonstein versteht den Namen zunächst falsch, und so wird für ihn daraus die

›Bellarosa Connection‹. In der Neuen Welt will Fonstein seinem Retter danken. Aber Billy Rose, der erfolgreiche Showbiz-Mann, verweigert sich Fonstein, dem das Hautgout des galizischen Städels anhaftet. An Rose heranzukommen wird für Fonstein zur fixen Idee.

Der Erzähler, Harry Fonstein, Billy Rose – drei amerikanische Juden, drei Stadien der Assimilation. Doch Bellows Sorge gilt nicht nur dem Erhalt der jüdischen Traditionen in den USA. »Was wir in den Vereinigten Staaten beobachten, läßt sich inzwischen auf das ganze zivilisierte Europa und den Westen insgesamt übertragen – nämlich die Entstehung einer gigantischen Konsumgesellschaft, deren Interesse sich auf das Materielle, Profitable, Vergnügungsträchtige und so weiter beschränkt. Ich habe den Eindruck, daß den Menschen dadurch ihre Religion, ihre Philosophie und ihre ethischen Systeme langsam entgleiten – sie haben schlicht ihre Gültigkeit verloren. Lassen Sie mich ein wenig ausholen, um das zu verdeutlichen. Ich meine die Verwirklichung der ewigen Menschheitsträume – dem Mangel, der Not und der Armut ein Ende zu setzen, das war das Ziel der Philosophen der Aufklärung. Wenn man Locke oder Hobbes liest, stellen sie einem in ihren Schriften Frieden, Schutz und den Genuß der angenehmen Dinge des Lebens auf einem bestimmten Niveau in Aussicht. In dieser Hinsicht sind die Pläne der Aufklärung erfüllt worden, ganz besonders in den Vereinigten Staaten, wo den Europäern zu diesem Zweck ein ganzer leerer Kontinent zur Verfügung stand. Wie wir inzwischen wissen, wurde in unserem Jahrhundert dieser Kontinent mit

Hilfe einer sich rasch weiterentwickelnden Technik ausgebeutet. Diese Bezwingung der Natur und diese Technik sind die entscheidenden Kräfte, die das Leben in einem Land wie den USA bestimmen – wie inzwischen auch in England, Frankreich, Deutschland, Italien und sogar weniger hochentwickelten Ländern wie den Balkanstaaten und so weiter. Allen Völkern geht es mittlerweile um ein und dasselbe. Meine Aussage in der Novelle bezog sich auf die Juden, aber sie läßt sich genausogut auf alle anderen übertragen. Schließlich befinden sich alle in der gleichen Lage – aus den Kathedralen, den Schlössern, Palästen und den Denkmälern sind inzwischen Touristenattraktionen geworden. Goethe sagte einmal: ›Amerika, du hast es besser.‹ Aber wäre er Zeuge dessen geworden, was heute hier geschieht, hätte er sich das wohl noch einmal überlegt. Wir stehen im Begriff, die elementarsten Wünsche der Menschheit zu befriedigen, wir erleben, wie die Intelligenz und Phantasie des Menschen auf die moderne Welt übertragen wird. Dies ist seit der Mitte unser Jahrhunderts die faszinierendste Entwicklung überhaupt, denn heute stellen wir fest, daß wir diese Entwicklung nicht beherrschen – im Gegenteil, sie beherrscht uns. Und was sie mit uns machen wird, weiß kein Mensch, nicht einmal die Literaturkritiker deutscher Zeitungen.«

Kulturkritische Betrachtungen wie diese sind typisch für den Menschen wie für den Schriftsteller Saul Bellow, sie gehen ihm genauso flott über die Lippen wie sie ihm aus der Feder strömen. Den Seitenhieb auf deutsche Kritiker will er sich nicht verkneifen, denn bei diesen stießen seine letzten

Bücher auf weniger Wohlwollen als in früheren Jahren. Matthias Matussek etwa qualifizierte im *Spiegel* Bellows *Mehr noch sterben an gebrochenem Herzen* als »halbgares Gedanken-Gulasch« ab, für die *Frankfurter Allgemeine* monierte Matthias Wegner, daß »sich der große alte Mann in den letzten Jahren immer mehr in den Netzen seines Narzißmus verfangen hat und und im dichten Wald seiner Bildung die einzelnen Bäume nicht mehr richtig erkennt«, und in der *Zeit* wollte Reinhard Baumgart in der Novelle *Ein Diebstahl* gar eine »Stammtischsuada, hier borniert konservativ bis zart reaktionär« ausmachen.

Bellows Alterswerk irritiert. Die wertekonservativen Protagonisten seiner Romane liegen quer zu ihrer Zeit. Waren Bellows frühe Helden noch Zauderer am Rande der Gesellschaft wie *Der Mann in der Schwebe* aus seinem ersten Roman von 1944 oder der Redakteur Asa Leventhal aus *Das Opfer*, stehen im Mittelpunkt seiner berühmteren Bücher wie *Der Regenkönig*, *Herzog* oder *Der Dezember des Dekans* schon Professoren oder doch mindestens Millionäre, arrivierte, aber unglückliche, zwiespältige Menschen. Dies setzte ihren Schöpfer der Kritik aus, ein Apologet der oberen Zehntausend, ein Vordenker der Neokonservativen geworden zu sein.

Bellow zu diesen Vorwürfen: »In einem Land wie den Vereinigten Staaten ist man von Geburt an zur Bedeutungslosigkeit verdammt. Wenn man doch etwas aus sich macht, dann entweder aus eigener Kraft und nach eigenen Maßstäben, oder man richtet sich nach dem allgemeinen Maßstab, also Geld und Berühmtheit. Letzteres hat mich nie interessiert.«

Dennoch kritisierte Günter Grass 1986 auf einer PEN-Konferenz in New York, Bellow vergesse bei seinen Innenansichten aus der Welt des Establishments das soziale Elend auf den Straßen Amerikas. Bellows Retourkutsche ließ nicht lange auf sich warten. Ein Jahr später verewigte er den Unkenrufer als Teil der internationalen Schickimicki-Gesellschaft, die Matilda, die ehrgeizige und prestigesüchtige Geldadlige aus *More Die of Heartbreak*, in ihrem Haus zu empfangen hofft: »Visitors passing through, people like Dobrynin, Kissinger, Marilyn Horne, ballet dancers, Günter Grass – on the road, and no better place to kill an evening – would discover a civilized haven.«

Als ich Bellow im Lotus Club auf seine Auseinandersetzung mit Grass anspreche, reagiert er zunächst ablehnend. Grass habe seine Bücher offenbar nicht gelesen und sei nur nach New York gekommen, um vorgefaßte Meinungen bestätigt zu bekommen – mehr gebe es dazu nicht zu sagen. Ich hake nach, ob Bellow denn nie daran gedacht habe, das moralische Gewicht seines Nobelpreises zu nutzen, um gegen die himmelschreienden sozialen Mißstände in seinem Land zu protestieren, wie dies etwa Heinrich Böll in Deutschland versucht habe? »In Europa gibt es die Tradition des Schriftstellers, der zugleich der Seher, der Wissende und der Weise ist. Dies geht wohl in die Zeit der Aufklärung zurück, als Autoren und Philosophen sich in diesem Bereich einen Ruf erwarben. Während der Revolutionszeit des

18. Jahrhunderts waren die Voltaires und Diderots und wie sie alle hießen im Grunde keine Schriftsteller, sondern Moralisten, Politiker und Visionäre. Daher ist es in Europa gang und gäbe geworden, Rat und Aufklärung beim Schriftsteller zu suchen. In Amerika ist es dazu nie gekommen, uns amerikanischen Autoren blieb der Zugang zu dieser Sphäre stets verwehrt. Ich kann mich jedoch erinnern, daß schon während meiner Jugend, wenn irgendwo auf der Welt etwas Bedeutendes passiert ist, die Journalisten loszogen und Interviews von renommierten Schriftstellern wie George Bernhard Shaw oder H. G. Wells einholten. Und wenn man ihre Ansichten im Rückblick analysiert, erkennt man, daß sie hundertprozentig falsch lagen. Vom historischen Standpunkt aus sind diese Autoren in einer wenig beneidenswerten Lage, denn heute ist deutlich erkennbar, wie sehr Shaw und Wells zum Beispiel Stalin bewundert haben – ein wirklich erbärmliches Schauspiel. Was nun Schriftsteller in der Politik betrifft, da haben Sie in Deutschland zahllose Beispiele aus den 20er und 30er Jahren, und auch diese Leute haben ein sehr schwaches Bild abgegeben. Ich denke an Lion Feuchtwanger, Bertolt Brecht und all die anderen, die in die Sowjetunion gefahren sind und Lügen verbreitet haben. Ein anderes Beispiel ist Romain Rolland, der diese Rolle des Pazifisten und Weltverbesserers in Frankreich und ganz Europa gespielt hat. Auch er hat die Sowjetunion besucht und ist völlig hereingefallen auf das, was er zu sehen bekam. Daher habe ich schon vor langer Zeit den Entschluß gefaßt, dieses Spiel nicht mitzuspielen. Mein Eindruck ist,

daß Günter Grass auf diesem Irrweg einfach weitergeht. Natürlich hätten wir alle gern den Schriftsteller mit dem prophetischen Blick, aber keiner der von mir genannten Schriftsteller besitzt diese Sehergabe, auch nicht Günter Grass. Und sie wird von einem Schriftsteller auch nicht erwartet.«

Wenn Bellow gegen Pazifisten und Weltverbesserer wettert, hat dies nicht nur mit dem anderen Rollenverständnis des Schriftstellers in Amerika zu tun, wo man – warum auch? – Autoren keine größere politische Kompetenz zubilligt als Apothekern oder Rechtsanwälten. Hinter diesen Attacken gegen die Handlungsreisenden des guten Gewissens steckt auch die Auseinandersetzung mit der eigenen Biografie. Bellows Anfänge als Schriftsteller fallen mit der Gründung der New Yorker literarischen Vierteljahreszeitschrift *Partisan Review* 1934 zusammen, die zunächst einen orthodox marxistischen Kurs verfolgte und danach mit dem Trotzkismus sympathisierte. Im *Partisan Review* veröffentlichte Bellow seine ersten Erzählungen und Essays, und die politische Entwicklung der Zeitschrift folgt mit einiger zeitlicher Verzögerung Bellows eigener: »In meiner Jugend war ich sehr am Marxismus interessiert. Zuerst war ich Sozialist, aber das hat mich nicht sonderlich befriedigt, und dann wurde ich Kommunist, bis ich herausfand, was das eigentlich bedeutete. Tatsächlich wurde mir das schon Anfang der 30er Jahre klar, als sich Stalin mit den Nazis gegen die Sozialdemokraten verbündete. Von da an war der Kommunismus für mich erledigt. Danach habe ich es einige Jahre mit dem Trotzkismus versucht, aber auch der machte mich nicht recht glücklich. Mit Ende zwanzig hatte ich dieses Kapitel abgeschlossen. Erst in diesem Alter wußte ich allmählich die Stabilität der Vereinigten Staaten als politisches System zu schätzen.«

Am Anfang von *Bellarosa Connection* läßt Bellow den Erzähler über sein Pensionärsdasein sinnieren: »Wenn man die Handschuhe an den Nagel gehängt (oder das Messer in die Scheide gesteckt) hat, will man an seinem Lebensabend nicht gerade das weiterbetreiben, was man sein Leben lang betrieben hat: Was anderes, was anderes – ein Königreich für etwas anderes!«

Der Erzähler kommt zu dem Schluß, da er in der »Erinnerungsbranche« sei, könne es für ihn keine Ruhestand geben außer im Tod. Auch Schriftsteller sind in der Erinnerungsbranche, treibt Bellow dennoch die Lust auf Veränderung? »Es gibt Zeiten, wo einen die Einrichtung des eigenen Innenlebens anödet – die Möblierung des eigenen Ichs erscheint sozusagen verwohnt und zerschlissen.« Bellow lacht und fährt fort, in seinem Alter sei die wünschenswerteste Veränderung, den ganzen persönlichen Krempel loszuwerden, seine ›hangups‹. Wie man das denn auf Deutsch übersetzen könnte? Als ich »Komplexe« vorschlage, schüttelt er den Kopf und sagt, das sei ihm zu psychologisch – »I don't go for that sort of thing.«

Kennzeichen von Alterswerken ist oft die Ironie - doch die gab es bei Bellow schon immer. Wirklich neu in Bellows letzten beiden Büchern sind die starken Frauengestalten.

War es in *Ein Diebstahl* Clara Velde, die durchgestylte New Yorker Karrierefrau mit dem hohen Männerverschleiß, so ist es in *Bellarosa Connection* Sorella Fonstein. Fett und fürsorglich, ist sie der Inbegriff der jüdischen Mame, »ein Mount Everest der Lipoide«. Doch hinter – oder unter – diesen Fleischmassen verbirgt sich »eine Löwin«, die auch dann noch weiterkämpft, als ihr Mann längst aufgegeben hat, zu einem Gespräch mit seinem Retter Billy Rose zu kommen. Und Sorella ist es auch, der Bellow die zentrale Frage seiner Novelle in den Mund legt: »Die Juden konnten alles überleben, womit Europa sie bombardierte. Ich meine die Glücklichen, die übrigblieben. Aber jetzt kommt der nächste Test – Amerika. Können sie sich auch da noch behaupten, oder werden die USA sie überfordern?«

Bellow sieht das amerikanische Judentum in Gefahr zu verschwinden. Die Zahl der Mischehen wachse von Generation zu Generation, erklärt er, die Verbindung zu den Traditionen seien fast schon abgerissen. Ich wende ein, daß dies auch auf die Katholiken in Amerika zutreffe und zudem nicht ausschließlich negativ sein müsse – offenbar besitze die amerikanische Gesellschaft doch auch etwas sehr Verführerisches, wenn so viele Menschen bereitwillig ihre Herkunft abstreifen und darin aufgehen wollten. »Ja, aber warum wird das nur von den Juden verlangt? Nur die Juden müssen sich assimilieren, um sich vor dem Haß der anderen zu schützen.« Ich frage, was ihm sein Judentum bedeute und ob er nicht auch die Faszination der American Way spüre. Bellow reagiert unwirsch, wittert hinter meiner Frage

Schubladendenken. Er sei Schriftsteller, Amerikaner und Jude – dies seien weder einander ausschließende noch erschöpfende Kategorieren. Schließlich geht er aber doch darauf ein, was den Reiz der amerikanischen Kultur für ihn ausmacht: »Ich glaube, die Amerikaner fühlen sich aus historischen Gründen dazu berufen, Pioniere der Zukunft zu sein. Amerika hat ein Bewußtsein des eigenen utopischen Charakters. Die Amerikaner wissen, daß ihr Land ein Projekt ist, ein bedeutendes Projekt in der Geschichte der Menschheit. Wir stehen dabei im Mittelpunkt. Wir sind die Auserwählten, es ist unsere Show. Die USA sind der Versuch, all die Dinge zu verwirklichen, von der die Menschheit seit Urzeiten geträumt hat. Natürlich schlägt das die Menschen in Bann, es ist faszinierend für den Rest der Welt und fasziniert auch die Amerikaner. Meine Beschreibung ist allerdings recht differenziert, bestimmt würden das die wenigsten Amerikaner so ausdrücken. Aber jeden Tag nimmt der Durchschnittsamerikaner die Zeitung zur Hand, und was bekommt er zu lesen? Was andere Menschen bei diesem großen Unternehmen vorhaben – Menschen wie er. Dieses Wir-Gefühl setzt sich fort bis an die Spitze des Landes, denn die Leute im Weißen Haus sind auch nicht anders als er, abgesehen von der Tatsache, daß es Berufspolitiker sind – sie teilen erkennbar die Schwächen und Untugenden und die Ignoranz der Mehrheit der Bevölkerung in diesem Land, und auch sie wissen nicht besser als sonst jemand, was eigentlich vor sich geht.«

Vielleicht sind Bellows Analysen des American way of

life deshalb so scharfsichtig, weil er als Einwandererkind in die USA kam, der 1915 in einem Vorort von Montreal geborene Sohn eines Kaufmanns aus dem russischen Petersburg siedelte als Neunjähriger mit seiner Familie von Kanada nach Chicago über. Chicago sollte Bellows Stadt fürs Leben bleiben, hier spielen viele seiner Romane, hier wohnt er noch heute, inzwischen emeritierter Professor an der University of Chicago und Mitglied des Comittee on Social Thought. Ich frage ihn nach der gewandelten Bedeutung der USA für Europa nach dem Fall der Mauer: »Amerika gibt im Moment keine gute Figur ab, das Land hat einfach zu viele Probleme, die außer Kontrolle geraten sind. Aber in der Geschichte des modernen Europas haben die USA eine bedeutende Rolle gespielt. Es begann mit dem Ersten Weltkrieg und setzte sich im Zweiten Weltkrieg fort, wo die amerikanische Kriegsbeteiligung entscheidend war. Später schien es den Amerikanern aus politischen Gründen opportun, Europa unter dem Marshall-Plan wieder aufzubauen, daher übte diese räumlich so weit entfernte Macht einen Einfluß auf die Geschehnisse in Europa aus, der selbst die kühnsten Erwartungen überstieg, die man sich im 19. oder sogar noch zu Anfang des 20. Jahrhunderts über die Rolle der Vereinigten Staaten machen konnte. Auch der Kalte Krieg war daran beteiligt, denn Europa war für seine Verteidigung in großem Umfang auf die Vereinigten Staaten angewiesen. Es ist nur natürlich, daß dies alles Spuren hinterlassen hat. Die Vereinigten Staaten haben seit den 60er Jahren des vergangenen Jahrhunderts keine Kriege im eigenen

Land geführt, es waren immer Konflikte im Ausland, in die die USA verwickelt wurden. Amerika hat den Kontinent gebändigt, die bedeutenden Industrien und Metropolen hervorgebracht und wurde im 19. Jahrhundert zum Synonym für Massenware, zum Inbegriff all dessen, was man für barbarisch, unzivilisiert und vulgär hielt. Nach dem Zweiten Weltkrieg wurde Amerika dann für Europa und andere Länder plötzlich ein Beispiel, es zeigte den Weg an, der für die Menschheit in der Moderne vorherbestimmt war.«

Wieder so eine historische Tour d'horizon, wie sie Bellow auch gern in seine Bücher einflicht. Daß er die Kriege gegen die Indianer zu erwähnen vergißt ist ebenso bezeichnend für Bellows Weltbild wie seine frühere Formulierung, Amerika sei vor der Besiedlung durch die Europäer ein »leerer Kontinent« gewesen.

Meines Wissens wurde noch nie versucht, einen von Bellows Romanen zu verfilmen – das Resultat wäre grotesk. Von allen bedeutenden zeitgenössischen Autoren Amerikas ist Bellow der intellektuellste, seine bildungsbefrachteten, zitierwütigen Antihelden räsonieren über Gott und die Welt, haben die gesamte westliche Geistesgeschichte auf ein Fingerschnippen hin präsent, heben immer wieder zu belehrenden Monologen an – bisweilen langatmig, aber nie langweilig. Im Vergleich zu den weitschweifenden Ausführungen in den Romanen wirken Bellows Novellen regelrecht entschlackt, vom Bildungsballast früherer Bücher befreit. Was treibt den alten Mann Saul Bellow, weiter zu schreiben? Etwa doch die Hoffnung, mit seinen Büchern die Welt zu verändern? Aus Bellows Antwort spricht die gleiche Resignation wie aus den wehmütigen Erläuterungen des Doorman zur Geschichte des Lotus Club: »Im Moment müßte man wohl eher fragen, ob man mit Büchern noch etwas zur Erhaltung der Welt beitragen kann. Die Antwort darauf ist ein uneingeschränktes Ja. Was nun die Veränderung der Welt betrifft ... Seit einigen Jahrhunderten liegen Veränderungen in den Händen bestimmter Intellektueller. Auch die amerikanische Revolution wurde von Intellektuellen gemacht, von Anhängern Montesquieus, Rousseaus und John Lockes, gebildeten Menschen also. Zufälligerweise waren es gute gebildete Menschen. In unserem Jahrhundert haben Ideologien, die ja Bücherprodukte sind und von Intellektuellen geschaffen werden, die russische Revolution von 1917 möglich gemacht. Über 70 Jahre waren erforderlich, um den dadurch angerichteten Schaden wieder rückgängig zu machen. Ich bin also keineswegs zuversichtlich, was die Macht von Büchern und Intellektuellen angeht, eine günstige Veränderung der Welt herbeizuführen. Dafür habe ich zuviel vom Gegenteil erlebt.«

■ ■ ■

BIBILOGRAPHIE

Dangling Man, 1944, in der Übersetzung von Walter Hasenclever als *Der Mann in der Schwebe* bei Kiepenheuer & Witsch 1969.
The Victim, 1947, in der Übersetzung von Walter Hasenclever als *Das Opfer* bei Kiepenheuer & Witsch 1966.
The Adventures of Augie March, 1953, i. d. Übers. v. Alexander Koval als *Die Abenteuer des Augie March* bei Kiepenheuer & Witsch 1956.
Seize the Day, 1956, in der Übersetzung von Walter Hasenclever als *Das Geschäft des Lebens* bei Kiepenheuer & Witsch 1962.
Henderson the Rain King, 1959, in der Übersetzung von Herbert A. Frenzel als *Der Regenkönig* bei Kiepenheuer & Witsch 1960.
Herzog, 1964, in der Übersetzung von Walter Hasenclever unter dem Originaltitel bei Kiepenheuer & Witsch 1965.
The Last Analysis, 1965, (Drama) in der Übersetzung von Walter Hasenclever als *Die letzte Analyse* bei Kiepenheuer & Witsch 1968.
Mosby's Memoirs and Other Stories, 1968, in der Übersetzung von Walter Hasenclever als *Mosbys Memoiren* bei Kiepenheuer & Witsch 1973.
Mr. Sammler's Planet, 1969, in der Übersetzung von Walter Hasenclever als *Mr. Sammlers Planet* bei Kiepenheuer & Witsch 1971.
Humboldt's Gift, 1975, in der Übersetzung von Walter Hasenclever als *Humboldts Vermächtnis* bei Kiepenheuer & Witsch 1976.
To Jerusalem and Back, 1976, in der Übersetzung von Walter Hasenclever als *Nach Jerusalem und zurück* bei Kiepenheuer & Witsch 1977.
The Dean's December, 1982, in der Übersetzung von Walter Hasenclever als *Der Dezember des Dekans* bei Kiepenheuer & Witsch 1982.
Him With His Foot in His Mouth, 1984, in der Übersetzung von Walter Hasenclever als *Der mit dem Fuß im Fettnäpfchen* bei Kiepenheuer & Witsch 1986.
More Die of Heartbreak, 1987, in der Übersetzung von Helga Pfetsch als *Mehr noch sterben an gebrochenem Herzen* bei Kiepenheuer & Witsch 1989.
A Theft, 1989, in der Übersetzung von Willi Winkler als *Ein Diebstahl* bei Kiepenheuer & Witsch 1991.
The Bellarosa Connection, 1989, in der Übersetzung von Helga Pfetsch als *Bellarosa Connection* bei Kiepenheuer & Witsch 1992.
Something to Remember Me By, 1989, in der Übersetzung von Leonore Schwarz als *Damit du dich an mich erinnerst* bei Kiepenheuer & Witsch 1993.

HAROLD BRODKEY:
DIE SPRACHE
DER METAMORPHOSE
▼▼▼

▼ ▼ ▼

Harold Brodkey hat ein Büro im Himmel. Der Himmel liegt im 18. Stock eines Hochhauses auf der 43. Straße zwischen der 5. und 6. Avenue in Manhattan, in den Redaktionsbüros des ehrwürdigen Wochenmagazins *The New Yorker*. Grelles Weiß empfängt, wer aus dem Aufzug in die Empfangshalle tritt, ein Psychiatrie-Weiß, vielfach gespiegelt und durch die indirekte Beleuchtung verstärkt, das in den Augen schmerzt, ins Hirn knallt und Schwindel erregt. Hier arbeitet Harold Brodkey als Redakteur jener köstlichen Bleiwüste, die sich beharrlich allen Modernisierungstendenzen widersetzt und Woche für Woche über das kulturelle Leben der Stadt berichtet – präzis, stupend gebildet, stockkonservativ und immer ein wenig weltfern wie der durch ein Monokel einen Schmetterling fixierende Dandy, der zum Markenzeichen des *New Yorker* wurde. Bezeichnend, daß auf den Lesepulten in den Gängen zwischen den Büros immer noch die graulederne zweite Auflage des Wörterbuchmonstrums *Webster's* von 1939 liegt, nicht die 21 Jahre später erschienene vinylblaue dritte, in der zwar viele Neologismen verzeichnet stehen, die aber weniger Wert auf die stilistische Qualität ihrer Beispielsätze legt.

»Es gibt ernsthafte Menschen, die behaupten, mich gebe es gar nicht«, hat Harold Brodkey 1988 einer amerikanischen Journalistin gesagt. Alles Quatsch. Drei Jahre später steht er vor mir, ein Mann von imponierender Größe mit dem Profil eines römischen Kaisers aus dem zweiten Jahrhundert, als der Keim zum Untergang des Imperiums schon gelegt war und auch Kaiser anfingen, Bärte zu tragen. Braungebrannt, in blauem T-Shirt, heller Hose und Collegeslippern wirkt er, als käme er gerade vom Segeln. Als ich ihn auf seine körperliche Fitneß anspreche, führt er mich zu einer Wandkarte und zeigt mir stolz die Lage seines neuerworbenen Wochenendhäuschens, da fahre er regelmäßig zum Wandern raus. Er spricht mit der vollen, leicht nasalen Stimme des Harvardzöglings, der er ist, formuliert bedächtig, läßt sich viel Zeit; jeder Satz, den er in den nächsten zwei Stunden sagt, ist druckreif.

Ein Wust von Legenden rankt sich um diesen Harold Brodkey. Von einer Affäre mit Marilyn Monroe wird gemunkelt, auch von homosexuellen Eskapaden; er lebe völlig zurückgezogen, hört man, dann wieder heißt es, er sei einer der umtriebigsten Partygänger New Yorks. Fest steht jedenfalls, daß Brodkey am 25. Oktober 1930 in Staunton, Illinois, als Sohn einer russisch-jüdischen Familie unter dem

Namen Aaron Roy Weintraub geboren wird. Nach dem Tod seiner Mutter Ceil 1932 adoptieren ihn Doris und Joseph Brodkey; Doris ist eine Cousine seines leiblichen Vaters Max Weintraub, der sein Geld mit Gelegenheitsarbeiten und als Lumpensammler verdient und ihr angeblich 350 Dollar für das Baby abnimmt. Bei seinen Adoptiveltern lebt Brodkey in University City, Missouri, wo ihm in der Grundschule bei einem Intelligenztest ein überragender IQ attestiert wird. Als Harold dreizehn Jahre ist, stirbt sein Stiefvater nach langem Siechtum, kurz darauf auch Doris Brodkey. Die Nachbarn füttern den Jungen durch, bis er 1947 nach Harvard geht und ein Medizinstudium beginnt, das er nach einem Jahr wieder an Nagel hängt; statt dessen verlegt sich Brodkey auf die Literatur. An der Universität lernt er seine erste Frau Joanna Brown kennen, nach dem Studienabschluß heiraten sie und ziehen in den Mittelwesten, wo Brodkey kurze Zeit als Lehrer arbeitet. 1953 erhält er eine Stelle in der Personalabteilung des Fernsehsenders NBC in New York, im gleichen Jahr wird er Vater eine Tochter. 1960 läßt er sich scheiden.

Damit sind nicht nur die wichtigsten Stationen von Brodkeys ersten 30 Lebensjahren skizziert, sondern auch die wesentlichen Themen seines Schreibens: Brodkey ist wie kein zweiter amerikanischer Schriftsteller im privaten Kosmos der eigenen Biografie gefangen, variiert die gleichen Schlüsselmomente seines Lebens immer wieder neu: Kindheitsmotive vor allem, den Tod seiner Mütter Ceil und Doris, die Adoption, seine Jugend als jüdischer Außenseiter, als potentielles Genie oder verkrachte Existenz. In seinen autobiografischen Erinnerungstexten – meist versteckt er sich hinter dem Alter ego Wiley Silenowicz – bedient er sich der gleichen Methoden wie der texanische Theaterguru Robert Wilson: der atemberaubenden Verlangsamung, Hyperpräzisierung, des literarischen Zooms. Brodkey schreibt Zeitlupenprosa. Die Erzählung »Sein Sohn in seinen Armen: beglänzt und sehr weit oben« ist das Paradebeispiel für diese Dehnung des Augenblicks, auf 28 Seiten werden verschiedene Gelegenheiten geschildert, wie Wiley von seinem Vater hochgehoben und auf den Armen getragen wird. Dabei geht es Brodkey weniger um eine Analyse, an deren Ende irgend etwas geoffenbart würde, als vielmehr um eine Art geistige Zusammenschau von Empfindungen, Gedanken, Motivationen, Haltungen des Kinds und seiner Außenwelt, die in diesem Falle alle um den Vater kreisen. Anders als bei Wilson erschöpft sich Brodkeys Fixierung auf ein relativ kleines Repertoire von Themen jedoch nicht in der leeren Wiederholung des Immer-Gleichen; spannend werden seine unterschiedlichen Blickwinkel auf dieselben Geschehnisse, weil sich an ihnen exemplarisch die Veränderung der Wahrnehmung durch das Alter ablesen läßt.

Brodkeys Büro im Neonhimmel des *New Yorker* ist eine winzige, fensterlose Kammer, deren Wände drei Seiten seines ausladenden Schreibtischs begrenzen. Als ich mein Bandgerät aufbaue, schüttelt er den Kopf, will eine Aufzeichnung des Gesprächs nicht zulassen. Ich rette mich mit dem Hinweis, daß ich in einer geplanten Funksendung über ihn schlecht als sein Bauchredner auftreten könne. Dafür hat er Verständnis. Er erklärt mir seinen Widerwillen gegen solche Pflichtübungen des Autorenberufs. »Interviews zu geben, eine Persönlichkeit des öffentlichen Lebens zu sein, erfordert ein bestimmtes Talent. Das ist ein Handwerk für sich, eine echte Kunst. Wenn man jung genug anfängt, lernt man das. Ich habe aber erst sehr spät damit angefangen und muß sagen, daß ich jedesmal einen beträchtlichen Widerwillen überwinden muß, mein Glück auf die Probe zu stellen. Bisher ist es mir gelungen, einen großen Skandal zu vermeiden, aber ich weiß nicht, wie lange ich das noch schaffe. Außerdem kriege ich wahrscheinlich einen Schreikrampf, wenn ich mich noch einmal ›Ich‹ sagen höre. Der Autor wird in solchen Artikeln und Interviews immer aus dem Zusammenhang gerissen und als Einheit präsentiert. Hier ist der Mensch, steht dann dort zu lesen, und da ist das Werk. Aber im wirklichen Leben gibt es so was nicht. Da steht beides, Mensch und Werk, ständig in einer Wechselbeziehung. Wenn man allein ist, dann will man sich verstecken oder hat vielleicht gerade niemand, der mit einem reden möchte, aber man ist nie so allein wie bei einem Interview, wo man ein in sich abgeschlossener Mensch zu sein hat. Wenn jetzt noch jemand anderes anwesend wäre, der zu meinem normalen Leben gehört, würde ich eher wissen, wer ich bin.«

Welchen Ruf er in Deutschland habe, will er wissen. Ich antworte, der erste Band seiner »Stories in an Almost Classical Mode« sei geradezu euphorisch besprochen worden, selten habe ein Autor, ein ausländischer zumal, mit einem

Erzählungsband so viel Wirbel ausgelöst. Natürlich weiß er das alles längst, aber er will es trotzdem noch mal hören, lächelt wohlgefällig, als ich ihm aufzähle, in welchen Zeitungen was über ihn zu lesen stand, angefangen bei Matthias Matusseks großer Reportage im *Spiegel*. Ich frage Brodkey, was er von dem Mythos hält, der sich um seine Person rankt. »Anfangs hat mich das lediglich verwirrt. Ich hatte keine Ahnung, daß es so einen Mythos um mich gab. Wenn überhaupt, dann hielt ich das für einen Witz. Und die Leute, mit denen ich Umgang hatte und die mich kannten, redeten nicht über so was, deshalb habe ich mir darüber auch nie Gedanken gemacht. Mir war klar, daß ich einen gewissen Ruf hatte, aber bis zu meiner Reise nach Deutschland war ich sicher, daß dieser Ruf sich auf die Texte gründete, die ich veröffentlicht hatte. Man muß sich diesen Literaturbetrieb ja wie viele kleine Königreiche vorstellen, da gibt's den Fürsten von diesem und Grafen von jenem Ländchen, Herzöge und Prinzen, und dann auch Frauen, die Marquise von Soundso und die Herzogin von Demunddem, und die haben alle ihr kleines Reich. Entweder man gehört selbst dazu oder man ist zumindest mit einigen von ihnen verbündet. Ich stand da aber immer ein wenig außerhalb. Anfangs habe ich gedacht, das mit dem Mythos sei eine ziemlich komplizierte amerikanische Symbolik, die mit den Spielchen des Literaturbetriebs nichts zu tun habe. Was da genau passiert ist, weiß ich eigentlich auch nicht. Man hat mir ein gewisses Maß an Beachtung geschenkt, was mich sehr verwirrt hat. Es war nicht so, daß ich damit nicht gerechnet hatte. Aber zwischen Erwartung und Wirklichkeit besteht ein gewaltiger Unterschied. Ich war einfach unerfahren. Es ist mir sehr schwergefallen, mit der Vorstellung zu leben, daß ich in der Öffentlichkeit bekannt war. Als ich zum erstenmal davon erfuhr, unmittelbar vor dem Erscheinen der *Stories in an Almost Classical Mode* hier in den USA, saß ich mit meiner Frau und einem Freund in einem Restaurant. Der Freund erzählte uns den ganzen Klatsch, er sagte einige Dinge über mich und meine Texte, und ich bin in Ohnmacht gefallen.«

Eine Ohnmacht? Ich glaube, mich verhört zu haben, und hake in einer von Brodkeys langen Pausen nach. »Doch, doch, man hat mich aus dem Restaurant zwei Straßen weiter nach Hause tragen müssen. Das ist fast schon symbolisch. Sobald man von den Medien beachtet wird, setzt der gesunde Menschenverstand aus. Da heißt es dann von X, Y oder Z plötzlich, der trinkt zuviel und ist launenhaft. Dabei hat jeder von uns doch fünfzig Freunde, auf die haargenau dasselbe zutrifft. Warum regen wir uns also auf, wenn es um jemand wie Judy Garland geht? Wenn es um andere Menschen geht, fällt es mir sehr leicht, so etwas zu durchschauen, aber wenn ich selbst betroffen bin, kommt mir das schon ein wenig eigenartig vor, auch deshalb, weil es so spät in meinem Leben geschieht. Mit der Zeit habe ich mich daran gewöhnt, aber es war seltsam, ich bin dadurch verändert worden. Es gibt eine mythische Sprache, die Sprache der Metamorphose, und wenn die Leute über einen reden, das Werk diskutieren oder einen fotografieren, geschieht etwas Merkwürdiges, denn plötzlich bist du nicht mehr du selbst.

Dieser Teil von einem hat bis zu diesem Moment gar nicht existiert. Und wenn das entsprechend häufig geschieht, entsteht mit der Zeit ein anderes Ich. Dieses andere Ich ist eigenartig komplett, in gewissem Sinne ist es fast wie die aus Zeus' Haupt geborene Athene. Der Reporter besucht mich und wir reden ein paar Stunden, aber der Beitrag wird nicht als kurze Begegnung, als Gespräch präsentiert. Der Beitrag wird dazu benutzt, einen ganzen Menschen zu erschaffen, nicht unbedingt einen Frankenstein, aber so etwas Ähnliches – einen Sechs-Millionen-Dollar-Mann oder einen Terminator. Dieser Beitrag entpuppt sich dann plötzlich als Dichtung, bestehend zum Großteil aus Gerüchten, auch Angst und Bewunderung spielen eine kleine Rolle, und obwohl sehr wenig daran wahr ist, jedenfalls nicht meiner Vorstellung der Wahrheit entspricht, entsteht dabei ein Bild von mir, das so komplett ist wie sonst nichts auf der Welt. Ich selbst nehme mich schließlich immer nur bruchstückhaft wahr. In diesem Moment, während wir reden, geht mir durch den Kopf: Ich rede, ich muß zum Zahnarzt, ich muß noch zwei Bücher wegschicken, ich muß noch zur Bank wegen eines Kredits, wahrscheinlich gehe ich heute abend essen, habe ich genug Geld eingesteckt? Alles, was ich von mir weiß, definiert mich in Beziehung zu meiner Familie, meiner Frau, meinem Kind, meinen Stiefkindern, meinen Enkeln und meinen Freunden, aber ein bestimmter Teil von mir hat sich durch die mir geschenkte Beachtung verändert.

Es gibt zwei Kategorien von Berühmtheit. Die eine basiert auf echten Kontakt, das heißt Kenntnis des Werks oder

Bekanntschaft mit der Person. Unter die andere, bedeutend größere Kategorie fallen all jene Menschen, die vielleicht mal bei einer Lesung gewesen sind oder auch nur ein Foto gesehen und sich den Namen gemerkt haben. Und das Merkwürdige daran ist, daß die zweite Kategorie stets ein abgeschlossenes und endgültiges Bild von einem hat. Man muß nur noch sterben, dann kann diese Schublade geschlossen werden. Die anderen Menschen, die das Werk gelesen haben und die Leute, die einen seit langem kennen, halten die Schublade dagegen offen. Der Mensch, der zwischen diesen beiden Stühlen sitzt, ist immer in Versuchung, sich seinem Werbe-Image anzunähern, weil es so einheitlich und in gewissen Sinne weniger labil ist. Dieses andere Ich hat immer weniger Gewissensbisse als der richtige Mensch.«

Eine halbe Stunde ist vergangen. Ich bin verblüfft und wie betäubt von Brodkeys Wortkaskade, diesem aus dem Hut gezauberten Kurzessay über Formen und Folgen der Berühmtheit. Brodkey merkt das und lächelt verschmitzt. Ob das nicht genug sei für den Funk? Er würde jetzt eigentlich viel lieber richtig reden. Hinter den gelbgetönten Gläsern seiner goldenen Brillenfassung blitzen seine Augen vergnügt. Ihm ist natürlich klar, daß ich ohne Bandgerät keine drei Sätze davon behalten könnte. Also überhöre ich die Frage, drehe die Kassette um, das Band läuft weiter. Versteht er sich als jüdischer Schriftsteller, will ich wissen. »Nein, aber ich bin nicht sicher, ob sich meine Unterscheidung in eine andere Sprache übersetzen läßt. Ich bin Jude und in Amerika aufgewachsen, ich bin ein amerikanischer Schriftsteller. Im Englischen hat das Wort jüdisch mehrere Bedeutungen, aber im allgemeinen bezeichnet man damit jemanden, der jüdische Dinge macht. Und das trifft das, was ich versuche, nun gerade nicht. Ich bin Jude, und ich glaube, man merkt das auch, aber im idiomatischen amerikanischen Englisch klingt da noch eine Menge anderes mit. Was wiederum nicht heißt, daß ich nicht jüdisch bin. Lassen Sie mich ein Beispiel geben – Philip Roth ist jüdisch, meine Texte haben ihre Wurzeln in Amerika, England und Europa, sind aber von einem Juden geschrieben. Aber vielleicht hat diese Unterscheidung für jemand anderen keinerlei Bedeutung.«

Ich komme auf das heikelste Thema zu sprechen, das man in Brodkeys Gegenwart anschneiden kann: seinen Roman. Mitte der 50er Jahre schrieb er einige Kurzgeschichten, die 1958 in dem schmalen Bändchen *First Love and Other Sorrows* erschienen, für das er den Prix de Rome erhielt. Dann veröffentlichte Brodkey dreißig Jahre kein Buch mehr. In großen zeitlichen Abständen tauchte im *New Yorker* immer mal wieder eine brillante Erzählung auf, und dies genügte, ihm den Ruf eines amerikanischen Prousts einzutragen, der, so raunte es allenthalben, an einem Jahrhundertbuch schriebe, dem autobiografischen Roman *Party of Animals*. Es sei ein epochales Werk, von Anspruch und Umfang mit nichts vergleichbar, was die amerikanische Literatur je gesehen habe, und gerade diese Einzigartigkeit bereite dem Autor unbeschreibliche Qualen. So hörte man von Brodkeys Verleger und seinen Freunden, allen voran von Gordon Lish, als Herausgeber und Kritiker die graue Eminenz des literarischen Lebens in New York. Doch im Laufe der Jahre wurde Brodkeys unvollendeter Roman immer mehr zum running gag der Verlagsindustrie. Die Erwartungshaltung hatte sich so gesteigert, daß es die *New York Times* 1976 schon eine Meldung für wert befand, Brodkey habe das Manuskript nun endlich abgeliefert. Aber wie so oft schon zuvor – und danach – erwies sich auch dies als Ente.

In einer Gesellschaft, die so großen Wert auf die Magie der großen Namen legt wie die amerikanische, bleibt die Literatur vom Starkult nicht ausgenommen. Als Schriftsteller, der nicht schreibt, wurde Brodkey zum Star. Hat er es denn nach dreißig Jahren nicht satt, immer wieder nach diesem Buch gefragt zu werden? Brodkey widerspricht: »Ich schreibe seit 1953 hauptberuflich, in diesem Sinne sind es also fast vierzig Jahre. Die Idee, einen langen Roman zu schreiben, in dem es um bestimmte Figuren und bestimmte Ereignisse geht, stammt wohl aus dem Jahre 1959. Aber das Buch enthält überhaupt nichts mehr aus dieser Anfangszeit. Oder doch, eine Szene gibt es, die habe ich 1959 geschrieben, und einen Teil davon habe ich jetzt in den Roman übernommen. Die Szene hat mir nie gefallen, aber hin und wieder habe ich versucht, sie umzuschreiben. Im November letzen Jahres war sie dann endlich so, daß sie im Zusammenhang ihre Funktion erfüllt, zumindest hoffe ich das. Es ist aber nicht so, daß ich 40 Jahre ununterbrochen an dem Roman geschrieben habe. Jetzt ist der Roman fertig und wird im Herbst erscheinen.«

Brodkey zeigt mir die Fahnen, nicht ohne sich das kleine

Hintertürchen offenzuhalten, daß es sich um einen unkorrigierten Andruck voller Fehler handele, den er noch einmal bearbeiten müsse. *The Runaway Soul*, steht als Titel auf dem voluminösen Packen. Ich lese die ersten Sätze. Das Buch beginnt mit der Beschreibung einer Geburt, genauer, einer Doppelgeburt: ein Junge kommt zur Welt und ein Bewußtsein.

»I was slapped and hurried along in the private applause of birth – I think I remember this. Well, I imagine it anyway – blind boy's rose-and-milk-and-gray-walled (and salty) aquarium, the aquarium overthrown, the uproar in the woman-barn ... the fantastic sloppiness of one's coming into existence, one's early election, one's senses in the radiant and raw stuff of howlingly sore and unexplained registry in the new everywhere, immensely unknown, disbelief and shakenness, the awful contamination of actual light. I think I remember the breath crouched in me and the leaping out yowlingly: this uncancellable sort of beginning.

The other birth – of a mind shaped like a person – all that skull buzz and mumble – a mind starting up, a mind that wants so much to know the truth that it makes the effort and takes the shape of a boy – and comes into existence: only a first draft at first, sketchy, watercolored, clichéd – cardboard air, a symbolic wrist, a painted eyebrow – a tattered, half–real boy as proud as a mind: an apple-eater in an unspecific light: two differently born creatures, one guy. Imagine the twists of suspense in being in two different autobiographical narratives at the same time.«

Von dieser Sprache geht eine Musikalität aus, an der man sich besaufen kann wie an Sibelius. Doch Brodkey ist es nie ums bloße Wortgeklingel gegangen, auch wenn er sagt, daß ihm, je älter er werde, der Rhythmus und der spezifische Klang seiner Sätze immer wichtiger werde. Im Zentrum seines autobiographischen Schreibens steht immer eine Frage, ein Mißtrauen gegen die »Museumsvitrine meiner Erinnerung«, wie er es in der Erzählung »Hofstedt und Jean – und andere« nennt. In »Unschuld«, jener berühmten 54 Seiten langen Geschichte vom mühseligen Weg einer Studentin namens Orra zu ihrem ersten Orgasmus, findet sich eine Passage, die als schriftstellerisches Credo von Harold Brodkey gelten kann:

»Ich mißtraue allen Zusammenfassungen, jedem raffenden Durchgleiten der Zeit, jedem zu hochgegriffenen Anspruch, unter Kontrolle zu haben, was man erzählt; ich glaube, wer zu verstehen behauptet, dabei aber ersichtlich gelassen bleibt, wer mit Emotion zu schreiben behauptet, diese Emotion aber nur gemächlich aus der Erinnerung holt, der ist einfach ein Narr und ein Lügner. Verstehen heißt zittern. Sich wirklich erinnern heißt wiedereintauchen und zerrissen werden.«

Brodkey setzt sich und seine Leser diesem schmerzlichen Prozeß der um Verständnis bemühten Erinnerung in seinen Texten immer wieder aus. Das ist wohl auch der Grund, warum er sich so oft mißverstanden glaubt: »Es gibt eine

Reihe von Gründen für die seltsamen Reaktionen auf meine Texte. Wenn sie auf Bewunderung oder Zuneigung stoßen, scheinen sie im Leser eine Vielzahl von autobiografischen Exkursen auszulösen. Und nur sehr wenige Leser sind so diszipliniert oder interessiert, sich vor Augen zu führen, daß ihre Reaktionen nicht der Text sind. Deshalb wenden sie auf den Text Bezeichnungen an, die zwar auf ihre Reaktionen zutreffen, nicht aber auf das, was auf dem Papier steht. Dies verstärkt noch den Eindruck, daß ich mich als Autor dem Leser entziehe. Aber ich glaube, selbst wenn das geschieht und die Leser sich dessen gar nicht bewußt sind, ist ihnen insgeheim doch klar, daß hier etwas Mythisches vorgeht. Für sie besitzt der Text diese fast magische Eigenschaft, von ihnen zu handeln oder vom wahren Leben, als wäre er das Protokoll eines wirklich stattgefundenen Gesprächs, dabei ist er das nicht und kann es auch nicht sein. Das ist also nicht mein Fehler. So etwas passiert einfach. Hinzu kommt etwas anderes, das ich mir möglicherweise selbst zuzuschreiben habe. Vor langer Zeit, zwanzig oder dreißig Jahre ist das jetzt her, bin ich zufällig auf etwas gestoßen, nämlich daß praktisch jeder einen noch ungeschriebenen Roman in der Schublade hat. Das war kein Werbegag – ich habe kein Geld daran verdient –, aber es schlug ein. Ich werde jetzt also diesen Roman veröffentlichen, und danach einen zweiten und einen dritten, und dennoch werde ich für den Roman berühmt sein, den ich noch nicht geschrieben habe. Der Erzählungsband ist in Deutschland öfter besprochen worden als in Frankreich, England oder den Vereinigten Staaten. In diesen anderen Ländern stand immer noch der Mythos im Mittelpunkt der Kritik, nicht der eigentliche Text.« Doch mit der Zeit, fügt Brodkey selbstbewußt hinzu, werde er sich auch dort durchsetzen.

Brodkey ist gerade von einer Lesereise durch Deutschland zurückgekehrt. Ich frage nach seinen Eindrücken. »Ich bin dort zum erstenmal gewesen. Es ähnelt sehr meiner Heimat – überbevölkert, schrecklich überbevölkert. Es ist ein Land, wie es die Vereinigten Staaten zu werden versprachen, als ich ein Kind war, aber dann haben wir einen etwas anderen Weg eingeschlagen. Ich habe den Eindruck, daß Deutschland im Moment einer der wichtigsten Orte der Welt ist, weil dort die alten Denkweisen auf die Probe gestellt werden. Deutschland muß vielgestaltig, pluralistisch werden oder es geht unter. Und das weiß auch jeder, ob man es nun so ausdrückt wie ich oder anders. Dieses Land hat die vielleicht ausgeprägteste verborgene gesellschaftliche Disziplin auf der Welt, ein Gefühl der Zusammengehörigkeit. Die alten Provinzen existieren ja noch, Thüringer erkennen einander als Thüringer. Aber es gibt auch ein Gefühl für das Deutschsein, für Zusammengehörigkeit, das Fremde zu Außenseitern werden läßt. Doch das wird nicht mehr lange so weitergehen können. Die Ostdeutschen sind kulturell sehr verschieden von den Westdeutschen. Und dann ist da noch ganz Osteuropa. Ich glaube, Deutschland kann vielleicht die Rolle übernehmen, die in den letzten Jahrzehnten Amerika gespielt hat, indem es immer differenzierter wird, pluralistischer, relativistischer, moderner, was immer das besagt, progressiver.«

Kurz vor unserem Gespräch hat Georg Stefan Troller für das ZDF einen Film über Brodkey gedreht. Er will wissen, ob Troller sich in Deutschland wirklich eines so guten Renommees erfreue, wie er gehört habe. Als ich es bestätige, strahlt Brodkey und richtet sich auf, als habe ihm die positive Auskunft buchstäblich den Rücken gestärkt. Wie bei seiner Frage nach den deutschen Besprechungen seiner Erzählungen braucht er diesen Zuspruch von außen. Darin mag man Eitelkeit sehen, und ein wenig eitel ist Brodkey sicher auch, doch es ist eher die Sucht des Außenseiters nach Anerkennung, die in solchen Fragen zum Ausdruck kommt.

Ich frage, wie er sich erklärt, daß er in Deutschland viel erfolgreicher ist als in seinem Heimatland. Diese Formulierung will er nicht gelten lassen, er habe in Amerika fast genausoviel Erfolg wie in Deutschland. Dann hebt er zu einer ausführlichen Antwort an, wieder so ein Kurzessay, diesmal über den Literaturbetrieb diesseits und jenseits des Atlantiks. »Ich glaube, in Deutschland gibt es im Moment keine vorherrschende literarische Strömung. Der Untergang des Kommunismus war auch der Untergang der letzten literarischen Gruppierung. Vielleicht hatte ich auch schon früher einen Namen in Deutschland, aber ich hätte dort nicht veröffentlicht werden und auf das gleiche Interesse stoßen können. Im literarischen Leben dort herrschte anscheinend gerade eine Phase relativer Stille. Konkurrenzsituationen liegen mir nicht besonders. Offenbar habe ich einen Moment erwischt, wo die Leute auf meine Texte reagieren können. Ich bin nicht überrascht, eigentlich erwarte ich das immer. Mein Besuch in Deutschland wurde für mich mehr und mehr zu einem Traum. Weil ich Jude bin und dieses Land Deutschland war, spielte auch Schmerz eine Rolle. Ich bin immerzu gegen Wände gelaufen oder an irgendwas angestoßen. Ich glaube, ich werde mich am Ende durchsetzen. Es wird mehr Leute geben, die ähnliche literarische Theorien vertreten wie ich. Vielleicht hat Deutschland nur deshalb schneller reagiert, weil es in einer größeren Krise steckt.

Der Hauptunterschied liegt darin, daß hier in den USA die literarischen Fraktionen, die kleinen Königreiche, von denen ich zuvor gesprochen habe, mir feindselig gesonnen waren, und zwar aus einer ganzen Reihe von Gründen, die alle kompliziert und schwer zu erklären sind, aber mit politischen und literarischen Streitfragen zu tun haben. Wäre das Echo auf die Geschichten anders ausgefallen, hätten sie als fast so gut, aber zweitklassig gegolten, wäre alles anders gekommen.

Deshalb läßt sich logisch folgern, daß da offenbar noch etwas anderes eine Rolle gespielt haben muß. Anscheinend üben meine Texte auf andere literarische Strömungen eine aggressive oder repressive Wirkung aus, die irgendwo im Unterbewußten durchaus beabsichtigt sein könnte. Ich lebe nicht in Österreich, ich veröffentliche keine Manifeste, ich gehöre zu keiner Gruppe. Das ist jetzt eine Vereinfachung, aber ich kann mit Fug und Recht behaupten, daß in den Vereinigten Staaten die meisten ernsthaften Schriftsteller und die meisten ernsthaften Lektoren an dem interessiert sind, was ich mache, und ähnlich darauf reagieren wie die

Leute in Deutschland. Das Problem liegt an den Medien. Hierzulande lassen sich auch die intellektuelleren Teile der Medien von bestimmten Reaktionen nicht beeinflussen. Sie machen ihre eigene Gesetze, haben eigene Idole. In Deutschland hört man auf die Leute, die meine Sachen mögen, während man sie hier in den Vereinigten Staaten schlicht übergeht, das ist der eigentliche Unterschied.

Ich kann nur wiederholen, daß ich nicht genau weiß, welchen Ruf ich hier oder in Deutschland habe. Ein Renommee ist wie die Haut auf dem Rücken, man kann sie kaum sehen, auch wenn man sich noch so verrenkt. In Deutschland wurde ich mit einer gewissen Höflichkeit oder Aufrichtigkeit empfangen, und erst als ich nach Berlin kam, war es ein bißchen so wie in den Vereinigten Staaten, da gab es ein bißchen mehr Mißtrauen, die unausgesprochene Frage lautete: Wer bist du eigentlich? Berlin wird natürlich von Cliquen beherrscht, da tobt ein ständiger Kleinkrieg zwischen verschiedenen literarischen Theorien. Dennoch war auch dort die Reaktion typisch deutsch. Das ist noch so eine angloamerikanische Besonderheit. Wenn man in England oder Amerika als Person in Erscheinung tritt, ob nun in der Literatur oder in der Politik, dann erarbeitet man sich nicht allmählich eine bescheidene Reputation, sondern man wird zu einem Zankapfel, man löst eine Diskussion aus, und diese Diskussion bleibt auch dann noch lebendig, wenn man schon längst tot ist. Hierzulande streiten wir immer noch um Emily Dickinson und ob man ihr ihre eigenwillige Zeichensetzung zugestehen soll. Die Debatten über Wallace

Stevens, Edgar Allan Poe, Melville und Henry James sind immer noch im Gange. In England sieht es ein wenig besser aus, weil man da noch Sinn für den Kanon hat, der realistisch betrachtet im Grunde die Bücher umfaßt, die von Leuten mit irgendeiner Verbindung zu Oxford oder Cambridge geschätzt werden. Doch wenn man in Frankreich, Deutschland oder Italien als Autor eine gewisse Beachtung findet, nimmt man eben einen Platz in der Literatur ein und damit ist der Fall erledigt. Das heißt nicht, daß der Rang jedes einzelnen Buchs schon feststeht oder daß den Leuten gefällt, was man schreibt. Als Rilke starb, sagte Musil, er sei neben Goethe der zweite große deutsche Dichter. Aber ich kenne keinen einzigen Deutschen, der heute noch Rilke mag. Das bedeutet freilich nicht, daß Rilke ein schlechter Dichter ist, er ist nicht umstritten, es ist eine Frage des persönlichen Geschmacks. Vielleicht ist er im Moment einfach unmodern, seine Qualitäten stehen jedenfalls außer Zweifel. Die Franzosen haben mir auf typisch französische Weise einen Platz eingeräumt, und die Italiener sind wohl gerade dabei, aber nur hier in den Vereinigten Staaten bin ich umstritten, und das finde ich schon höchst eigenartig.«

Brodkey hält inne, mißtrauisch, wie ich auf das Gesagte reagiere. Ich frage ihn, ob er es nicht langweilig fände, einen Platz im literarischen Pantheon einzunehmen. Will er nicht lieber umstritten sein wie in Amerika, als kanonisiert auf einem Podest zu stehen und das öde Dasein eines modernen Klassikers zu führen? »Unter Umständen wäre mir letzteres lieber. Dann hat man mehr Zeit zum Schreiben und ist nicht dauernd so durcheinander. Schließlich hat mich meine Mutter nicht großgezogen, damit ich ein nationaler Zankapfel werde. Ich habe damit nicht gerechnet. Was ich mir genau erwartet habe, weiß ich auch nicht. Ich habe eher gedacht, daß ich ein Bestseller-Autor wie John O'Hara oder so jemand werde. Mir ist klar, daß ich da nie sehr realistisch war. Ich verstehe diese Kontroverse nur beschränkt. Offenbar ist es nicht so, daß ich mit meiner Zeit und meinen Zeitgenossen in Einklang stehe, was ich erwartet hatte und mir angenehm gewesen wäre. Statt dessen bin ich die Ausnahme, ein Autor, der anders als die anderen ist. Es gibt da einige merkwürdige Parallelen – ich bin als Kind adoptiert worden und habe als Erzähler meines Romans ebenfalls ein Adoptivkind gewählt, weil ich befürchtete, ich könnte das Aufwachsen mit eigenen Eltern völlig falsch beschreiben, wenn ich nicht aus der Sicht von jemandem erzähle, der beobachten kann, wie andere Kinder ihre Eltern haben, während er keine hat. Allein und anders als die anderen zu sein ist ein immer wiederkehrendes Freudsches Motiv meiner Biographie. Dies nun von der Kritik wiederholt zu sehen, läßt es mir weder überzeugender erscheinen noch vertrauter, sondern fremder. Der Trubel um mich herum wirkt auf mich immer bizarrer. Falls er plötzlich ganz aufhören sollte, würde er mir wohl fehlen. Vielleicht haben Sie recht, vielleicht stumpft man eher ab, wenn man akzeptiert wird, als wenn man umstritten ist. Aber eigentlich bin ich da anderer Meinung.«

Ist Geld heute noch ein Problem für Brodkey? Bei einem

Telefongespräch zur Vorbereitung des Interviews begrüßte er mich in New York mit der Feststellung, es könne wenig Schöneres geben, als auf Spesen durch die Welt zu reisen. Als ich ihm seine Illusionen über meine Reisespesen raubte, schlug er vor, wir könnten ja unsere Brieftaschen vergleichen, und wer weniger drin habe, dürfe die des anderen behalten. Es scheint an ihm zu nagen, daß er nicht die Auflagenerfolge von Bestsellerautoren erzielt. Braucht er Geld? »Diese Antwort muß ich dreiteilen. Wenn man älter wird und Großvater ist, hat man plötzlich kein Geld für bestimmte Dinge – man will schließlich seinen Kindern helfen und anderen nicht zur Last fallen. Gleichzeitig steigen aber auch die Ausgaben für die Krankenversicherung und so weiter. Geld ist also schon ein Problem. Zweitens wehre ich mich gegen das, was ich heute, ob nun richtig oder falsch, als Mythologisierung meiner Person begreife, indem ich frage: Aber wo ist denn das Geld?

Und drittens habe ich in meinem ganzen Leben noch nie etwas nur wegen des Gelds gemacht, was mich von vielen meiner Zeitgenossen unterscheidet, auch von vielen Leuten, mit denen ich zur Schule gegangen bin oder die ich liebe. Aber in unserer heutigen Gesellschaft besitzt Geld diese außergewöhnliche Realität als Zeichen persönlicher, familiärer und nationaler Macht. Es ist wirklich ganz schrecklich, aber ich schäme mich, daß ich nicht mehr Geld habe. Es fällt mir wirklich sehr schwer, das zu sagen, aber falls es denn stimmt, daß ich ein Mythos bin, dann schäme ich mich, ein Mythos und dennoch nicht reich zu sein. Wenigstens ist das eine Art Beweis für meine relative Unschuld, denn wenn ich das alles geplant hätte, wäre es bestimmt anders gelaufen. Ich hätte gern einen Sponsor, einen Mäzen oder einen Lehrstuhl, irgendeine Rolle in diesem Land. Ich wäre sehr gern ein Bestseller-Autor. Durch den Niedergang des Verlagswesens muß man heute nicht mehr ganz so viele Exemplare verkaufen, um einen Bestseller zu haben. Bisher habe ich davon noch nicht profitiert, aber vielleicht kommt das noch. Ich bin mir nicht sicher, wie groß der Leserkreis sein kann, wenn es um echte Literatur geht. Legen Sie mich bitte nicht auf die genaue Zahl fest, aber ich glaube, als George Eliot »Middlemarch« schrieb, einen der großen englischen Romane des 19. Jahrhunderts, wurden davon ungefähr 15.000 Exemplare verkauft, und das Buch galt in seiner Zeit als Riesenerfolg, als Bestseller. Und obwohl ich natürlich weiß, daß sich das Verlagswesen seit damals verändert hat, bin ich nicht davon überzeugt, daß der Kreis der ernsthaften Leser wesentlich größer geworden ist. Ich habe das Gefühl, die äußerste Grenze liegt so ungefähr bei 100.000 Exemplaren.«

An den Wänden des Büros hängen Dutzende Einladungen zu Partys. Die brauche er, erklärt mir Brodkey, um sich zu vergewissern, daß er noch lebe, daß es jenseits der Welt seines Computermonitors noch eine andere Welt gebe. Mir fällt eine Einladung zu einem gemeinsamen Fest von Jay McInerney und Bret Easton Ellis ins Auge. Obwohl Brodkey für seine gegen Kollegen gerichtete Sottisen berüchtigt ist, hat er während des ganzen Gesprächs kein böses Wort über einen lebenden Autor gesagt. Überschwenglich lobt er seine deutsche Übersetzer, insbesondere die deutschen Übertragungen von »Bookkeeping« und »Hofstedt and Jean – and Others«, die sogar besser seien als das Original. Ungehalten reagiert er nur, als ich ihm erzähle, ein Übersetzer habe »Largely an Oral History of My Mother« an den Verlag zurückgeben, weil er einfach keinen Zugang zu der Geschichte fand. »Wieso keinen Zugang? Das ist mir unbegreiflich. Kann der Mann nicht lesen?« Auch als ich ihn nach seiner Meinung zu jüngeren amerikanischen Schriftstellern frage, äußert sich Brodkey ausdrücklich lobend über Autoren wie Paul Auster, Ellis und McInerney, nimmt sie ihn Schutz vor der Kritik, ihren Texten hafte der Hautgout des Creative Writing an. »Viele junge Autoren, die ich schätze, haben solche Kurse besucht. Ich selbst habe fünf oder sechs Kurse in Creative Writing gegeben und vor langer Zeit in Harvard auch einmal zwei solche Kurse besucht. Ich habe den Eindruck, daß es in den meisten amerikanischen Schreibkursen darum geht, zu lernen, wie man denkt. Manchmal soll den Studenten auch beigebracht werden, ihre Gedanken aufs Papier zu bringen, damit sie veröffentlicht werden und kommerziellen Erfolg haben. Die in solchen Kursen gestellten Fragen nach Diskursebenen, wer das Publikum ist und was die Erzählung ausmacht, berühren im allgemeinen eher die Grundlagen der Linguistisk als das eigentliche Handwerk des Schreiben. Diese Kurse sind für den Verstand ungeheuer wichtig, wie wichtig sie für das Schreiben sind, weiß ich nicht. In meinem Fall waren sie nicht völlig unnütz, ich habe während dieser Zeit geschrieben, aber ich bin in eine Konkurrenzsituation zu meinen Professoren geraten. Wenn man nicht schreibt wie sie, ist das natürlich ein Problem. Und wenn man für sein Alter verhältnismäßig gut schreibt, wird dieses Problem bald übermächtig. Man muß innerhalb eines Bezugssystems zum Leser schreiben, es sei denn, man ist von Haus aus reich, und selbst dann bleibt einem nichts anderes übrig. Natürlich sind nacht alle Leser gleich, ich unterscheide da zum Beispiel die Gruppe der Primärleser, das sind Lektoren, Agenten, wichtige Kritiker und Autoren, die andere Autoren lesen und sie beurteilen. Wenn man veröffentlicht werden will, muß man diese Gruppe berücksichtigen. In Italien und in Deutschland gab es bis vor kurzer Zeit eine Geschichte von Stadtstaaten, was zu einer nicht-monolithischen Kultur führte. Die Rivalität zwischen den einzelnen Regionen Deutschlands ist auch heute noch vorhanden. Das Publikum in Köln ist anders als das Publikum in Hamburg, und das Publikum in Hamburg anders als im restlichen Deutschland. Dies führt zu einem Wettbewerb, der wiederum für eine gewisse Klarheit sorgt. Wenn das amerikanische System einen Nachteil hat, dann den, daß es einfach zu monolithisch ist. Das führt zur Dominanz bestimmter einflußreicher Kreise – X unterrichtet Creative Writing und ist allgemein beliebt, X kann einem einen Job oder eine Möglichkeit zur Veröffentlichung verschaffen, und dies gibt X zuviel Einfluß hinter den Kulissen. Der Autor sollte durch den Markt beeinflußt werden, aber durch den Markt im Sinne von Adam Smith. Wenn sich eine Mode ausbreitet und alle jungen Autoren plötzlich in der gleichen Art schreiben, dann kann man durchaus sagen, daß etwas nicht stimmt. Doch selbst in solchen Phasen gibt es in der Regel Widerstandsnester, Autoren, die auf andere Weise schreiben. In gewissem Sinne mangelt es dem amerikanischen System heute vielleicht an Vielfalt. Wenn man bedenkt, daß Sherwood Anderson und Faulkner Freunde waren, oder daß Faulkner, Hemingway and T. S. Eliot gleichzeitig geschrieben haben ... Aber das ist im Verschwinden begriffen, es gibt zu wenige Verlage, zu wenige Kritiker und zu wenige Zeitungen, die Rezensionen veröffentlichen.«

Brodkey sagt das resigniert, aber ohne Pathos, wirkt wie ein letzter Überlebender aus einer verdämmernden Zeit, der untergegangenen Welt der wahren Leser. Was ihm das Lesen bedeutet, will ich abschließend von ihm wissen. »Man kann Schriftsteller werden, weil man gerne liest, und letztlich ist das Lesen in gewisser Hinsicht dem Schreiben überlegen. Es zählt im Grunde nicht zu den menschlichen Dingen, sondern zu den Letzten Dingen. Das heißt nicht, daß es nirgendwohin führt. Lesen ist eine Erfahrung, die sich nicht nach normalen Maßstäben beurteilen läßt. Wenn man sehr angespannt ist, kann einem ein höchst albernes Buch viel Spaß bereiten. Dann stellt man es ins Regal und leiht es einem Freund, wenn der mal angespannt ist. Aber man macht sich keine falsche Vorstellung von dem Buch, es wird nicht überbewertet. Ein ernsthaftes Buch verleiht einem eine gewisse Kraft. Dieses Buch stellt man ebenfalls ins Regal und empfiehlt es Freunden. Auf diese Weise wird ein Buch mit der

Zeit bekannt und kommt zu einem bestimmten Ruf. Aber die Medien ignorieren das alles. Sie erfinden Genres, zum Beispiel den Horrorroman, und das ist eben kein Genre, ein Genre ist immer noch die Kurzgeschichte oder der Roman, und ein Roman, der sich mit Horror befaßt, ist und ein bleibt ein Roman. Es gibt immer noch genug Menschen, die schreiben, nur die Leser werden immer seltener. In Seattle, Köln, München oder Jerusalem finden Sie noch ein Publikum von außergewöhnlicher Intelligenz und Auffassungsgabe. Und das Publikum dort besteht nicht aus Schriftstellern oder Leuten, die Kritiken schreiben. Aber das konkrete Lesen, das eigentliche Ziel des Büchermachens, der Literaturkritik und dieses ganzen Rummels rund ums Buch, hat man irgendwie aus den Augen verloren. Man kann das nicht lehren. Lesen ist etwas, das man – bitte das schmutzige Wort zu entschuldigen – für seine Seele tut.«

▼▼▼

Nachschrift:

Das Gespräch mit Harold Brodkey fand im Sommer 1991 statt. Im Herbst des Jahres erschien tatsächlich sein Roman unter dem Titel *The Runaway Soul* und wurde von den US-Kritikern unerbittlich verrissen. Am 21. Juni veröffentlichte Brodkey im *New Yorker* einen »To My Readers« überschriebenen Text, in dem er bekannt gab, daß er an Aids erkrankt sei.

»Ich bin zweiundsechzig, und es ist ökologisch vernünftig zu sterben, solange man noch produktiv ist, zu sterben und anderen Platz zu machen, alt wie jung. Ich habe nicht immer geschätzt, was ich damals hatte, aber jetzt ist mir bewußt, daß die Vorhaltungen, glücklich verliebt zu sein, ziemlich der Wahrheit entsprachen, und in sexueller Hinsicht Glück gehabt zu haben ebenso. Und geistig Glück und gelegentlich auch Glück mit den Menschen zu haben, mit denen ich arbeite. Zu Liebe und Sex habe ich keine traurigen Geschichten zu bieten. Und ich glaube, daß meine Arbeit weiterleben wird. Und ich bin müde, sie zu verteidigen, müde, mein Leben daran zu geben. Mein Leben aber hat mir gefallen.«

Der Brief endet mit den Worten: »Betet für mich.«

BIBLIOGRAPHIE

First Love and Other Sorrows, 1958, in der Übersetzung von Elisabeth Schnack als *Erste Liebe und andere Sorgen* bei Diogenes, 1959.
Stories in an Almost Classical Mode, 1988, in der Übersetzung von Karin Graf, Dirk van Gunsteren, Jörg Laederach, Helga Pfetsch, Thomas Piltz, Angela Präsent, Harry Rowohlt, Susanna Rademacher, Hans Wollschläger in zwei Bänden als *Unschuld* und *Engel* bei Rowohlt 1990 und 1991.
The Runaway Soul, 1991.
To My Readers, 1993, in der Übersetzung von Eike Schönfeld am 17.7.1993 in der *Süddeutschen Zeitung*.
Prophane Friendship, 1994, in deer Übersetzung von Angela Präsent als *Profane Freundschaft* bei Rowohlt 1994

SANDRA CISNEROS:
DIE KRIEGE BEGINNEN HIER
▼▼▼

▼▼▼

San Antonio feiert. Kurz vor dem Cinco de Mayo, dem mexikanischen Nationalfeiertag, gibt die Millionenstadt im Süden von Texas ihre amerikanischen Prätentionen endgültig auf. San Antonio zur Zeit der großen Fiesta Ende April, das ist eine katholische Version Amerikas und die Disneyland-Version Mexikos – ein Mexiko ohne institutionalisierte politische Korruption, ohne die Kriminalität und schmierige Prostitution der Städte jenseits des Tortilla-Vorhangs. Menschenströme wälzen sich durch die enge Innenstadt rund um die Alamo-Mission, für Texaner ein Ort mit dem Symbolcharakter der Thermopylen. Hier haben Davy Crokkett und Jim Bowie mit 180 anderen Verteidigern während der texanischen Revolution gegen eine erdrückende Übermacht der Mexikaner gekämpft und bei der Erstürmung der Mission am 6. März 1836 ihr Leben verloren. Es ist, als wollten die Mexikaner während der Fiesta ihren Sieg, den einzigen in der Geschichte der beiden Länder, noch einmal feiern: Prunkbarken mit Trachtengruppen fahren auf dem San Antonio River, zahllose Mariachi-Kapellen ziehen durch die Straßen, an jeder Ecke stehen Buden mit Quesadillas, Fajitas und Nachos. Inmitten der Miasmen von Friteusen und Folkloristen wie eine Erlösung ein metallisch harter Gitarrensound. Auf einem kleinen Platz spielt eine Band *Born in the USA*, und obwohl die wenigsten im Publikum das von sich behaupten können, wird der Refrain begeistert mitskandiert.

Sandra Cisneros wohnt unter den Menschen, über und für die sie schreibt: achtzig Prozent der Bevölkerung San Antonios sind Chicanos, Amerikaner mexikanischer Abstammung. Vor kurzem hat Cisneros für die *New York Times* einen Artikel über ihre Heimatstadt geschrieben, erst seither kennt man sie hier. »In San Antonio wird nicht viel gelesen, für Literatur hat diese Stadt keinen Sinn«, erzählt sie mir auf der Fahrt vom Hotel zu ihrem Haus. Bislang habe man sie meistens mit einer Tochter von Henry Cisneros verwechselt, dem ehemaligen Bürgermeister San Antonios. Der sorgt gerade für Schlagzeilen, weil er einen Mann geohrfeigt hat, der seine Mama beleidigte. In der Tageszeitung *San Antonio Light* habe ich am Morgen eine Karikatur mit zwei Straßenschildern gesehen: die allgegenwärtige Warnung vor Umweltverschmutzung DON'T MESS WITH TEXAS (TEXAS HIGHWAY DEPT.), ergänzt um eine neue Variante: DON'T MESS WITH MY MOMMA! (HENRY CISNEROS). Sandra Cisneros amüsiert sich über diese Politposse, weil sie für Chicanos so typisch sei: »Wenn jemand deine Mama beleidigt, ist jedes politische Kalkül vergessen.«

Cisneros fährt einen Pickup, hinter dessen Steuer die zierliche Frau mit dem vollen schwarzen Haar und dem mexikanischen Silberschmuck fast verschwindet. Auf diesen Lieferwagen mit offener Ladefläche ist sie besonders stolz. »So ein Auto fahren hier in der Gegend sonst nur Männer, aber es ist ein praktischer Wagen und gibt mir ein gutes Gefühl.«

Unterwegs zeigt sie mir einige Schauplätze ihrer Geschichten: einen Waschsalon namens *Kwik Wash*, das *Torres Taco Haven* gegenüber, ein mexikanisches Kino, eine Devotionalienhandlung neben einer Kapelle für die Virgen de Guadelupe, ein Ice House. Eishäuser, so heißen die traditionellen Kneipen hier, wenig mehr als Unterstände mit ein paar Bänken und Tischen und einem Schuppen, gerade groß genug für einen riesigen Kühlschrank, der für kaltes Bier sorgt.

Sandra Cisneros wohnt in einem kleinen Holzhaus am Fluß im King-William-Viertel, dem historischen Teil San Antonios. Hier, unter den Arrivierten der Stadt, findet man wenige Chicanos. Die meisten wohnen auch Anfang der 90er Jahre noch in den windschiefen Hütten der Barrios, der Latino-Slums, und träumen den amerikanischen Traum, weniger den vom kometenhaften Austieg, als den vom kleinen Glück, Träume von der Art, wie sie Sandra Cisneros in *Little Mircales, Kept Promises* beschreibt, einer Erzählung aus lauter Stiftungsgebeten:

»Lieber San Antonio de Padua,

Kannst du mir bitte helfen, einen Mann zu finden, bei dem man nicht Krämpfe kriegt. In Texas gibt es keinen, das schwör ich dir. Besonders nicht in San Antonio.

Kannst du etwas für die gebildeten Chicanos tun, die nach Kalifornien gehen müssen, um einen Job zu kriegen. Was meine Schwester Irma sagt, stimmt wahrscheinlich: ›Wenn du keinen Mann abgekriegt hast, als du noch auf dem College warst, dann kriegst du keinen mehr.‹

Ich wäre dir sehr dankbar, wenn du mir einen Mann schicken könntest, der Spanisch spricht und zumindest seinen Namen richtig aussprechen kann. Und bitte einen, der sich nur als ›Hispanisch‹ bezeichnet, wenn er sich in Washington, D. C. um ein Stipendium bewirbt.

Bitte schick mir einen richtigen Mann. Ich meine einen, der sich nicht schämt, wenn man sieht, daß er kochen oder saubermachen oder für sich selber sorgen kann. Nicht einen, der noch nie allein gelebt, noch nie selbst Unterwäsche gekauft, sich noch nie seine Hemden gebügelt, ja noch nicht mal seine Tortillas warmgemacht hat. Mit anderen Worten, schick mir keinen wie meine Brüder, die meine Mutter durch ihr dauerndes Chichi verhätschelt, oder ich schick ihn postwendend zurück.

Ich stell deine Statue so lange auf den Kopf, bis du ihn mir schickst. Ich habe mich einfach zu lange mit zu vielem abgefunden, und ich bin einfach zu intelligent, zu stark, zu schön und zu selbstsicher, um etwas Geringeres zu verdienen.

Ms. Barbara Ybañez, San Antonio«

Cisneros lacht, als ich sie auf diese Stelle anspreche – doch, doch, ein wenig autobiografisch sei das schon, vor allem der letzte Satz. Die spielerische Vermischung von Amerikanischem mit Mexikanischem, von radikalem Feminismus mit dem Engagement für die Rechte der Chicanos prägt nicht nur den literarischen Stil von Sandra Cisneros. Für sie ist es der Chicana Way of Life, und der äußert sich in ihrem Schreiben genauso wie in ihrer Kleidung oder in der Einrichtung ihres Apartments. Da steht ein Altar für die Jungfrau von Guadalupe neben dem Gemälde einer mexikanischen Punkerin, eine Schaufensterpuppe trägt eine aufwendige mexikanische Tracht, ihren Kopf schmückt eine Baseball-Mütze. Cisneros hat sich eine persönliche Religion zusammengebastelt, eine wilde Mischung aus heidnischen Elementen und dem Jungfrauen-Kult der katholischen Kirche. »Wie fast alles in meinem Leben habe ich auch meine Religion neu erfinden müssen. Wenn mich jemand besucht und mich noch nicht ganz so gut kennt, lösen die vielen Bilder der Virgen de Guadelupe in meiner Wohnung meistens Erstaunen aus. Ich muß dann immer erklären, daß sie überhaupt nichts mit der römisch-katholischen Kirche zu tun haben. Alle organisierten Religionen sind vom Patriarchat bestimmt und daher für Frauen zerstörerisch. Aber zu den Teilen meiner Kultur, aus denen sich Kraft schöpfen läßt, zählt die Vorstellung, daß Gott in Gestalt einer braunen Frau erschienen ist. Die Virgen de Guadalupe ist für mich Gott, nicht die Mutter Gottes. Diese europäische Vorstellung von der Jungfrau Maria als Langmütige, Leidende und Sanfte ist viel zu passiv. Die Virgen de Guadelupe ist das genaue Gegenteil davon. Wenn man sie im Licht der mexikanischen Revolution oder des Landarbeiteraufstands betrachtet, entdeckt man eine große Kreative, die viele Attribute der präkolumbischen Göttinnen in sich vereint, eine Frau voller Tatendrang und Willen zur Veränderung. Deshalb ist sie für mich das Symbol des mexikanischen Volkes schlechthin, ein anderer Name für all die Dinge in der Welt, die gut sind, eine positive Energie. Vielleicht sind diese Energie auch wir selbst oder unsere künstlerischen Anstrengungen.«

Sandra Cisneros hat nicht immer so gedacht. 1954 als Tochter einer in Amerika geborenen Mutter mexikanischer Abstammung und eines mexikanischen Vaters in Chicago geboren, wurde sie anders als die meisten Chicano-Kinder von ihren Eltern als Freidenkerin erzogen. Während der mexikanischen Revolution hatte ihr Großvater, ein armer Landarbeiter, die Korruption der katholischen Kirche miterlebt und seine Kinder daher mit einer sehr skeptischen Einstellung zur Religion erzogen. Diese Einstellung übertrug sich auf ihre Mutter, die sie und ihre sechs Brüder jeweils eigene Wege zur Spiritualität finden ließ. »Mir geht es heute um die Versöhnung traditioneller religiöser Vorstellungen mit feministischen Überzeugungen. Lange Zeit habe ich jede Form von Spiritualität abgelehnt und als einzige Form von Transzendenz nur die Kunst gelten lassen. Erst während der letzten Jahre habe ich mich mit meiner Vergangenheit so weit ausgesöhnt, daß in meinem Wohnzimmer sogar ein echter Altar steht. Früher hätte ich so etwas nur als Antiquität geduldet, heute ist das für mich ein sehr spiritueller Ort. Aber ich übernehme solche traditionellen Bilder und Vorstellungen nicht einfach, ich verändere sie. Genau das mache ich auch in meinen Geschichten – es geht mir um eine neue Sicht auf unser kulturelles Erbe.«

Lange Zeit hat Sandra Cisneros versucht, so zu schreiben wie ihre Kommilitonen am renommierten Creative Writing-Seminar der University of Iowa, wo sie Ende der 70er Jahre studierte. Da lag eine harte Kindheit als einzige Tochter einer armen Familie mit sechs Söhnen hinter ihr, unzählige Umzüge von einem Barrio Chicagos ins andere und viele längere Aufenthalte bei ihren Großeltern in Mexiko. »Es war sehr wichtig, daß ich immer wieder in Mexiko gelebt habe. Ich kannte Mexico City und auch das Landesinnere, daher wußte ich, aus was für einem Land meine Eltern stammten und welche Geschichte es hatte. Mir konnte niemand weismachen, daß Mexiko nicht auch gute Seiten hat. Wir waren in meiner Familie immer sehr stolz auf Mexiko, wir betrachteten dieses Land mit dem verklärten Blick von Exilanten – die Nationalhymne rührte uns zu Tränen. Anders als viele meiner Chicano-Freunde, die ohne persönliche Beziehung zu Mexiko aufgewachsen sind, habe ich mich meiner Abstammung nie geschämt. Ich schämte mich allerdings für unsere Armut. Hinter meinen pubertären Assimilierungsversuchen steckte nie der Wunsch, meine mexikanischen Wurzeln zu verleugnen, sondern immer die Scham, daß wir so arm waren.« Im Rückblick nennt Cisneros diese

Zeit ihre »kolonisierte Phase«. Die Ablehnung ihrer Herkunft habe sich vor allem in Kleinigkeiten geäußert, etwa in den amerikanischen Spitznamen, die sie sich gab, in ihrer Kleidung, ihrem Musikgeschmack. »Zum Teil steckte dahinter ein natürliches Verlangen nach Anerkennung, man will als Teenager so wie die anderen sein. Erst als ich älter wurde, merkte ich, welche Gefahren das in sich barg und wie kolonisiert ich mich verhalten hatte. Irgendwann bin ich dann aufgewacht und habe gemerkt, daß ich in doppelter Weise unterdrückt wurde – erstens als Frau und zweitens als Amerikanerin mexikanischer Abstammung. Es gibt viele Formen der Sklaverei und Kolonisierung, und genauso differenziert ist auch der Prozeß, in dessen Verlauf man sich dieser Unterdrückungsmechanismen bewußt wird.«

Der Schlüsselmoment war für Sandra Cisneros eine Diskussion in ihrem Creative Writing-Seminar in Iowa. »Wir haben über Kindheitserinnerungen gesprochen, jeder sollte beschreiben, in welchen Häusern wir mit unseren Familien gelebt hatten. Alle erzählten von Kellern, Erkern, Dachböden, dem ersten eigenen Zimmer, manche erwähnten Swimmingpools und Doppelgaragen. Erst da wurde mir bewußt, daß ich nie in solchen Häusern gelebt hatte, daß mein Leben radikal anders verlaufen war als das der Leute, mit denen ich studierte. Als Kind lebte ich in Gegenden, die wie Kriegsschauplätze aussahen, da gab es lauter ausgebrannte Häuser und Trümmergrundstücke. Damals habe ich den Entschluß gefaßt, über diese Erfahrungen zu schreiben, und zwar in einer Sprache, die wirklich meine eigene war.«

Diese Sprache entwickelt Cisneros zunächst in der Lyrik. 1980 veröffentlicht sie einen ersten Band mit Gedichten unter dem Titel *Bad Boys*, eine ironische Auseinandersetzung mit Geschlechterrollen und ersten Lieben, stilistisch noch eher konventionell, doch schon voller Witz und frei von jeder Larmoyanz. Charakteristisch für den ironischen Ton dieser Lyrik ist das autobiografische *His Story*, hier in einer Übersetzung von Silvia Morawetz:

Seine Geschichte

Ich wurde unter einem krummen Stern geboren.
Das sagt mein Vater.
Und das erklärt vielleicht seinen Kummer.

Eine einzige Tochter,
die keiner haben wollte
und die keiner fortgejagt hat.

Es ist ein altes Los.
Eine Eigenart der Familie, die wir zurückverfolgen
bis zu einer Großtante, die keiner erwähnt.

Ihre Sünde war Schönheit.
Zeitlebens die Geliebte.
Sie starb einsam.

Dann ist da noch
die Cousine mit dem berühmten
wie soll ich es nennen?
Beruf.

Sie brannte durch mit dem Colonel.
Und bald danach
der Soldkasse der Armee.

Und natürlich
Großmutters Mutter,
die einen Voodootod starb.
Es gibt noch andre.

Zum Beispiel,
erklärt mein Vater,
in den mexikanischen Zeitungen
wurde ein Mädchen, beide Namen wie meine,
verhaftet wegen dreister Verbrechen,
die mit Auflehnung gegen Väter begannen.

Auch der Cubano, der ihm Schuhe verkauft,
und hier macht er eine Pause,
sagt, er kannte mal eine Sandra Cisneros,
die dreifach verflucht war als Witwe.

Sie sehen ja.
Ein unglückliches Los ist das meine,
als Frau geboren zu sein in einer Familie von **Männern**.

Sechs Söhne, stöhnt mein Vater,
alle zu Hause.
Und eine Tochter,
fort.

Ihre »wirklich eigene« Sprache findet Sandra Cisneros in dem Roman *The House on Mango Street*, 1984 in dem auf Chicano-Literatur spezialisierten Kleinverlag Arte Público Press erschienen. 46 lose verbundene Kurztexte schildern Momentaufnahmen aus dem Leben der heranwachsenden Esperanza, ihrer Familie und Freunde, zeichnen mit wenigen Strichen ein Porträt des Lebens im Barrio, dessen lakonisch und mit sehr genauem Blick beschriebene Tristesse immer wieder unerwartet poetische Wendungen aufbrechen. Da wird Venus zum »tortilla star«, der Stern, den die Frauen sehen, wenn sie sich früh morgens aus den Betten quälen, um die Mehltortillas für das Mittagessen der Männer in der Fabrik zu backen, oder Esperanza beschreibt die Angst im Blick der Fremden, die sich in ihre Gegend verirren:

»THOSE WHO DON'T
Those who don't know any better come into our neighborhood scared. They think we are dangerous. They think

we will attack them with shiny knives. They are stupid people who are lost and got here by mistake.

But we aren't afraid. We know the guy with the crooked eye is Davey the Baby's brother, and the tall one next to him in the straw brim, that's Rosa's Eddie V. and the big one that looks like a dumb grown man, he's Fat Boy, though he's not fat anymore nor a boy.

All brown all around, we are safe. But watch us drive into a neighborhood of another color and our knees go shakity-shake and our car windows get rolled up tight and our eyes look straight. Yeah. That is how it goes and goes.«

Neben der eigenen Kindheit sind in *The House on Mango Street* auch Cisneros' Erfahrungen bei einem Projekt für Schulabbrecher eingeflossen, für das sie in Chicago als Lehrerin gearbeitet hat. »Alle meine Geschichten bestehen aus wahren Begebenheiten, doch ich kombiniere diese Elemente neu. Es ist wie bei einem Frankenstein – ich nehme die Hände von diesem, den Kopf von jenem Menschen, und der Rumpf und die Beine stammen wieder von jemand anderem. Von mir persönlich ist vielleicht ein Knie, ein Fuß und der eine oder andere Finger dabei. Aus allen diesen Organen flicke ich dann ein neues Wesen zusammen, das die Geschichten vieler Menschen in sich vereint. Wenn ich schreibe, schöpfe ich aus allem, was ich je erlebt, gehört oder erzählt bekommen habe. Ich habe mit Schreiben begonnen, weil ich sehr einsam war, weil ich mich aus einer bedrückenden Umwelt wegphantasieren wollte. Ich glaube, solche Erfahrungen teilen fast alle Künstler – zu irgendeiner Zeit ihres Lebens waren sie nicht selbst aktiv Beteiligte, sondern passive Beobachter am Rande des Geschehens. Als Kind möchte man natürlich nie die Rolle des Beobachters spielen, man will mitmachen und selbst im Mittelpunkt stehen, aber Alleinsein und Einsamkeit sind unabdingbare Voraussetzungen für Kunst. Der perfekt sozialisierte Gesellschaftsmensch hat dafür einfach keine Zeit. In gewisser Weise bin ich heute einsamer denn je, weil die Leute, denen ich begegne, meist nicht den Menschen Sandra Cisneros kennenlernen wollen, sondern die Schriftstellerin.«

Cisneros merkt, wie pathetisch das klingt, lacht hell auf und erzählt mir, daß sie neulich einen schönen jungen Mann kennengelernt habe, der sich sehr für sie zu interessieren schien. Bald habe sie aber gemerkt, daß er sie nicht als Frau anziehend fand, sondern als literaturwissenschaftliches Studienobjekt. Sie macht eine wegwerfende Handbemerkung: »I've never been so insulted in my life!«

Im Jahr 2000 wird jedes vierte Kind, das eine amerikanische Schule besucht, als Muttersprache Spanisch sprechen. Literarisch sind die Chicanos aber lange Zeit stumm geblieben. Während die Literatur Lateinamerikas auch in den USA boomte, erschienen die Texte der lateinamerikanischen Minderheit im eigenen Land bei Kleinverlagen in der Provinz. Erst in den letzten Jahren entdeckt die New Yorker Verlagswelt amerikanische Autoren hispanischer Herkunft: dazu gehören die noch in Havanna geborene Cristina Garcia mit *Dreaming in Cuban* und Oscar Hijuelos, der mit seinen Romanen *The Mambo Kings Play Songs of Love* und *Our House in the Last World* auch in Deutschland bekannt wurde. Doch Garcia und Hijuelos sind kubanischer Abstammung, und Sandra Cisneros wehrt sich dagegen, mit diesen Autoren in einem Atemzug genannt zu werden – zu disparat die Lebensumstände der Bevölkerungsgruppen, zu groß die gewachsenen historischen und sozialen Unterschiede. »Die Erfahrungen der Kubaner und der Mexikaner in den Vereinigten Staaten waren völlig anders. Wir werden von der Kritik in einen Topf geworfen, weil unsere Sprache vom Rhythmus und Klang des Spanischen durchdrungen ist. Darin erschöpfen sich unsere Gemeinsamkeiten aber auch schon, vom Klassenbewußtsein her trennen uns Welten.«

Klassenbewußtsein? Wenn Sandra Cisneros über Literatur spricht, tauchen immer wieder solche Begriffe aus der Grabbelkiste des Marxismus auf. »Ich verstehe mich als Schriftstellerin in der Tradition der Literatur der Arbeiterklasse und der Dritten Welt«, sagt sie etwa auf meine Frage, ob ihre Vorbilder eher in der amerikanischen oder in der mexikanischen Literaturgeschichte liegen. Mein Einwand, wo in den Vereinigten Staaten von heute eine Arbeiterklasse, geschweige denn eine Literatur derselben zu finden sei, läßt sie nicht gelten. »Das ist ein Streit um Definitionen. Nach meiner Lebenserfahrung gibt es diese Arbeiterklasse, für mich und andere mexikanisch-amerikanische Autoren ist es die Generation unserer Eltern. Erst wir können ihre Geschichten schreiben, unsere Eltern besaßen einfach nicht die notwendige Bildung dafür.«

Mit Sandra Cisneros' Marxismus verhält es sich wie mit ihrer Religion: für sie ist er weniger eine lebendige Ideologie als ein Trödelladen, aus dessen Inventar angestaubter Ideen ihr das eine oder das andere für ihre Zwecke noch ganz brauchbar erscheint. Von Arno Schmidt stammt die Formulierung, ob jemand Karl Marx besinge oder die Jungfrau Maria sei völlig gleich, Hauptsache, es werde gut gesungen. Sandra Cisneros besingt beide und führt zudem noch das Loblied des Chicana-Feminismus auf den Lippen. »Ich will nicht so tun, als sei ich dazu berufen, die Feministinnen auf der ganzen Welt zu vereinen. Meine Aufgabe ist da bescheidener. Wenn man mich fragt, für wen ich schreibe, dann muß ich sagen, daß sich meine Bücher in erster Linie an Frauen brauner Hautfarbe richten. Mag sein, daß manche Fragen, die ich anschneide, weißen Feministinnen aus dem oberen Mittelstand überholt erscheinen – das zeigt nur, daß sie nicht die Adressaten meiner Texte sind. Die Probleme, mit denen sich der Chicana-Feminismus befaßt, betreffen eher Leute aus der Arbeiterklasse, und zwar Männer und Frauen. Ich möchte in meinen Texten diese Bevölkerungsgruppe repräsentieren, denn ihre Motive und Geheimnisse sind mir vertraut. In meinen Erzählungen versuche ich, die Geschichte neu zu schreiben, weil sich diese Frauen nur so aus den Rollenklischees befreien können, die ihnen ihre Kultur vorgibt. Wenn sie nicht ein neues Bild von sich gewinnen, sind sie dazu verdammt, diese Rollen an die nächste Generation weiterzugeben, so daß auch ihre Söhne und Töchter in einem System der Unterdrückung gefangen bleiben. Ich versuche, die Mythologie neu zu gestalten und meiner Bevölkerungsgruppe die Geschichten zu geben, die sie zum Überleben braucht – nicht nur Geschichten zur Unterhaltung und zum Zeitvertreib, sondern Geschichten, die einen zum Nachdenken bringen und dabei helfen, sich in der Welt zu behaupten. Viele meiner Texte kreisen um unser Idealbild von einer guten Frau. Was heißt das, eine ›gute Frau‹ zu sein? Wenn wir uns danach richten, was uns der Papst oder unsere Väter oder unsere Kultur – die mexikanische, die mexikanisch-amerikanische oder auch die rein amerikanische Kultur – dazu sagen, dann sind wir ziemlich aufgeschmissen. Auch wenn wir unser mexikanisches Erbe einfach auf den Schutt werfen und uns ganz der amerikanischen Kultur anpassen, ist das keine Lösung. Ich habe das einmal eine Zeitlang ausprobiert und fast den Verstand dabei verloren. Man wird verrückt, wenn man einige wesentliche Bestandteile seiner Kultur verliert, auf die man dringend angewiesen ist. In meinen Geschichten versuche ich, über Frauen zu schreiben, die wie ich mit einem Bein in diesem und mit dem anderen Bein in jenem Land stehen. Wir wollen aus beiden Kulturen die Teile übernehmen, die uns dabei helfen, unser Schicksal selbst in die Hand zu nehmen. Was uns als Frauen in der mexikanischen oder amerikanischen Kultur zerstört, werfen wir über Bord.«

Sandra Cisneros ist die erste Chicana, die aus dem Ghetto der Minderheiten-Kleinverlage ausbrechen konnte; Vintage übernahm *The House on Mango Street* ins Taschenbuch, bei Random House erschien ihr letzter Erzählungsband *Wo-*

man Hollering Creek. Diese zwischen Brownsville, San Antonio und Dallas angesiedelten Geschichten lösten bei der Kritik Begeisterung aus, nicht aus Gründen geheuchelter ›political correctness‹, sondern weil sie mit großer Originalität den Blick auf eine Region richten, die bisher auf der literarischen Landkarte der USA nicht verzeichnet war. Bei allem Engagement erliegt Cisneros nie der Gefahr der bloßen Agitprop-Literatur. Sie schöpft in *Woman Hollering Creek* aus dem reichen Fundus mexikanischer Heiligenlegenden, konfrontiert den bizarren Wunderglauben der Armen mit der trübseligen Lebenswirklichkeit der Chicanos im heutigen Amerika. Andere Leitmotive sind die eskapistischen Traumwelten der Telenovelas, der lateinamerikanischen Endlos-Seifenopern, oder die ausweglos erscheinende Rollenverteilung im von dumpfen Machismo geprägten Milieu der Chicanos in den amerikanischen Großstädten. Immer wieder beschreibt Cisneros den Krieg zwischen Mann und Frau, etwa in *The Eyes of Zapata*, wo sie Inés, die Frau des mexikanischen Revolutionsheros, sagen läßt: »Ay, Miliano, don't you see? The wars begin here, in our hearts and in our beds.«

Cisneros' auch formal innovative Erzählungen leben von der poetischen Überhöhung der Chicano-Sprache, ein mit mexikanischem Spanisch durchsetztes Englisch. Diese spanischen Einsprengsel sind jedoch nie folkloristische Anbiederungsversuche, sondern stehen als Zeichen für das Neben- und Miteinander zweier unterschiedlicher Kulturen, ironisieren nicht selten das Gesagte, etwa wenn Cisneros die obligatorische Danksagung ihres Erzählungsbands »Los Acknowledgments« nennt. In der Erzählung *Bien Pretty* beschreibt sie den Reiz, den das Spanische auf sie ausübt: »*Diese* Sprache. Dieses Wischen von Palmenblättern und Fransentüchern. Dieses erregte Flattern wie das Herz eines Goldfinken oder wie ein Ventilator. Nichts klang schmutzig oder verletztend oder unanständig. Wie konnte ich daran denken, je wieder auf Englisch zu lieben? Englisch mit seinen gestärkten R's und G's. Englisch mit seinen steifen Leinensilben. Englisch, knackig wie Äpfel, widerspenstig und steif wie Segeltuch.«

Dennoch hat Sandra Cisneros bis auf einige frühe Gedichte nie etwas auf Spanisch geschrieben. Eine Kultur für die andere aufzugeben, ist für sie keine Lösung. Sie will ein Englisch schreiben, das die Musikalität und Geschmeidigkeit des Spanischen einfängt, ein Englisch, wie man es während der Fiesta auf den Straßen San Antonios hört. Ob sie glücklich ist, nach dem Erfolg von *Woman Hollering Creek* als Sprecherin für die Chicanos zu gelten, will ich von ihr wissen. »Ob ich diese Rolle annehme, sie für mich beanspruche, mich von ihr distanziere oder sie ablehne, ist letztlich egal. Man muß sich nur mal ansehen, wie viele Autoren mexikanisch-amerikanischer Abstammung von den großen New Yorker Verlagen veröffentlicht werden – die kann man an einer Hand abzählen. Auch wenn ich mir in den Kopf setzte, ab heute nur noch über Tahiti zu schreiben, wäre ich dennoch eine Sprecherin meiner Bevölkerungsgruppe, und zwar einfach deshalb, weil die meisten Leute keine Ahnung von der Literatur der Chicanos haben. Sie kennen nicht die Namen der Autoren, sie lesen nicht die Bücher aus den Kleinverlagen, sie wissen nicht mal, wie sie diese Bücher bestellen sollen. Ich habe also diese Sprecherinnen-Rolle, ob ich es will oder nicht. Ich schreibe aber ganz bewußt nicht über Tahiti, sondern über das Leben der mexikanisch-amerikanischen Bevölkerung, denn das ist Ausdruck meiner politischen Haltung. Wenn ich in einem Waschsalon zufällig eine Geschichte höre, die von einem Anglo aus dem Osten von Texas erzählt wird, dann mache ich in meinem Text daraus einen Erzähler mexikanischer Abstammung, einen Latino. Die Weißen in meinen Erzählungen haben die Rollen von Statisten, sie spielen nie die Hauptrolle. Das liegt an meiner historischen Position – unsere Geschichten sind noch nie erzählt worden, und da kann ich es mir einfach nicht leisten, die Geschichten der Weißen zu erzählen.«

■■■

BIBLIOGRAPHIE

Bad Boys, 1980.
My Wicked Wicked Ways, 1987, in der Übersetzung von Silvia Morawetz als *Verrückt nach dir* bei Goldmann 1993.
The House on Mango Street, 1989, in der Übersetzung von Gerd Burger als *Das Haus in der Mango Street* bei Goldmann, 1993.
Woman Hollering Creek, 1991, in der Übersetzung von Silvia Morawetz und Helga Pfetsch als *Kleine Wunder* bei Goldmann, 1992.

DOUGLAS COUPLAND: LESS TALK, MORE ROCK
▼▼▼

▼▼▼

Der Taxifahrer auf dem Weg vom Flugplatz in Austin zum Hotel heißt Bob und schreibt Gedichte. In der Sonnenblende seines rostigen Chevrolets steckt neben dem Quittungsblocks ein Foto von Walt Whitman. Die Luftfeuchtigkeit legt sich wie ein nasses Handtuch um meine Lungen, und um Bob zum Einschalten der Klimaanlage zu bewegen, heuchle ich Interesse. Ein Fehler. Die Klimaanlage ist natürlich kaputt, aber Bob hat seine Gedichte auf dem Beifahrersitz parat liegen, es ist Gereimtes über die Liebe schwarzer Männer zu weißen Frauen, der Weg zum Hotel ist noch weit, und Bob fährt Schrittempo. Nicht zum ersten Mal an diesem Tag verfluche ich Douglas Coupland dafür, daß er mich statt im kühlen Vancouver im tropisch-schwülen Austin treffen will.

Die Hauptstadt von Texas, wegen ihrer lebendigen Musikszene gerade als neues Subkultur-Mekka entdeckt, ist für den 32jährigen Kanadier Coupland Auftakt zu seiner ersten

Lesetour durch die USA. In der Nähe liegt ein kleines Städtchen, das auch Coupland heißt, später will er dort zusammen mit seinem Freund Richard Linklater, dem Regisseur des in Austin spielenden Kultfilms *Slackers*, das Ortsschild klauen. Coupland liest im University Bookstore auf der Guadalupe Street, von den Studenten nur »The Drag« genannt; auf der anderen Seite dieses Leidenswegs ragt der 60 Meter hohe Glockenturm der University of Texas auf. Dort verschanzte sich gegen Mittag des 1. Augusts 1966 der Betriebswirtschaftsstudent und Ex-Marineinfanterist Charles Whitman, packte eine Reihe von Präzisionsgewehren aus und schoß auf alles, was sich auf dem Campus bewegte. Am Ende des blutigen High Noon, als die Polizei den Turm stürmte und Whitman erschoß, standen dreizehn Tote und über dreißig Verletzte. Heute verkaufen Andenkenläden T-Shirts mit dem Konterfei Whitmans und der Aufschrift Don't Get Mad – Get Even.

Die zweihundert Leute, die sich im oberen Stock der Buchhandlung drängen, um Coupland lesen zu hören, wirken wie eine zum Leben erwachte Multikulti-Reklame. Latinos, Weiße, Asiaten und Schwarze in Punk-, Beatnik-, Rastafari- oder sonstigen Retro-Looks, keiner älter als Anfang 30: United Colors of America. Einige tragen Baseballkappen mit einem X auf der Stirnseite. Neugierig frage ich die neben mir stehende schwarze Studentin, ob sie Spike Lees dröges Malcolm X-Epos wirklich so begeistert hat. Nö, der Film sei Quark, erklärt sie, die Kappe trage sie nur, um sich als Angehörige der »Generation X« auszuweisen, jener sich allen Definitionen entziehenden Altersgruppe der heute 20- bis 30jährigen, der Douglas Couplands Erstlingsroman den Namen gab.

Etwas nervös, denn vor Publikum zu sprechen ist er sichtlich nicht gewöhnt, tritt er ans Mikrofon, blaß, ein Hänfling in Shorts, weißem T-Shirt und verwaschenem schwarzem Hemd. Dann begrüßt er seine Lesergemeinde aber mit einem lockeren »High, kids!«, was ihm den ersten Applaus einträgt, und als er die Anfangstakte der Roadrunner-Zeichentrickserie singt, weil er diesen Ohrwurm seit Tagen nicht mehr los wird und damit auch die Gehirne seiner Zuhörer verseuchen will, ist das Eis gebrochen.

Eigentlich hatte Coupland von einem New Yorker Verlag den Auftrag erhalten, ein Sachbuch über Twentysomethings schreiben. Dazu hatte er aber bald keine Lust mehr, heraus kam statt dessen der Episodenroman *Generation X*, im Untertitel als »Geschichten für eine immer schneller werdende Kultur« bezeichnet. Die Reste des Lifestyle-Guides finden sich nun als ironische Kommentierung der Romanhandlung in einer separaten Kolumne am Rand der Buchseiten, wo der ehemalige Kunststudent Coupland die Hauptmerkmale seiner Generation mit Definitionen, Slogans und Comicbildern im Pop-Art-Stil auf den Punkt bringt. Manche seiner Wortneuschöpfungen sind so griffig, daß sie bereits in die Umgangssprache übernommen wurden, etwa »McJob« – laut Coupland »ein niedrig dotierter Job mit wenig Prestige, wenig Würde, wenig Nutzen und ohne Zukunft im Dienstleistungsbereich. Oftmals als befriedigende Karriere bezeichnet von Leuten, die niemals eine gemacht haben.«

In Austin liest Coupland Neues, noch unveröffentlichte Erzählungen über erste Besuche in McDonalds-Restaurants, Atombombenversuche, die Kuba-Krise, das Aufwachsen in einer Zeit, in der man bei jedem Sirenentest auf den großen Blitz wartete und stets damit rechnete, daß im nächsten Moment der Boden aufbricht und rotglühende Lava hervorquillt. Coupland ist ein lustvoller Visionär des Apokalyptischen, erliegt jedoch nie der Gefahr des »Spectacularism« (»Die Faszination extremer Situationen«) oder des »Now Denial« (»Sich einreden, daß die einzige Zeit, in der es wert war zu leben, die Vergangenheit war, und daß die einzige Zeit, die überhaupt wieder interessant sein könnte, die Zukunft ist«). Er bringt das Kunststück fertig, seine soziologisch präzisen Beobachtungen in überzeugende Geschichten zu verpacken, Geschichten von der Katerstimmung im Amerika nach der auf Pump veranstalteten letzten großen Sause unter Reagan und Bush. Wenn es in der amerikanischen Literatur der letzten Jahre überhaupt ein Buch gegeben hat, das den Nerv einer Generation getroffen hat, dann Couplands *Generation X*.

Die Generation X ist nach Couplands Analyse die erste, die weniger materiellen Wohlstand haben wird als ihre Altvorderen, dafür aber für deren ökologische und ökonomische Sünden haften muß. Dem schäbigen Rest des amerikanischen Traums nachzujagen, mit 30 zu sterben, um mit 70 begraben zu werden, ist für Dag, Andy und Claire, die Helden von Couplands erstem Roman, keine Alternative mehr. Sie klinken sich aus, statt einer Karriere hinterherzuhetzen, die doch nur im Burnout-Syndrom enden kann, ziehen sie sich zurück ins Rentneridyll des kalifornischen Palm Springs. Dort halten sie sich mit McJobs als Barkeeper oder Verkäuferin über Wasser und erzählen sich Geschichten, Endzeit-Stories vor allem, wie die von dem fetten Mann in der Schlange an der Supermarktkasse, der seine Einkäufe auch dann noch bezahlen will, als die Atomraketen schon im Anflug sind. Sekunden vor dem nuklearen Inferno möchte er »etwas Würde bewahren«. Einmal im Leben ...

Verführerisch sind diese Geschichten von Couplands Scheherazaden, und nicht minder lebensrettend als die der ursprünglichen Erzählerin aus *Tausendundeine Nacht*, denn auch Couplands Helden erzählen ums nackte Dasein. Ohne ihre Geschichten gingen sie an der Erkenntnis zugrunde, daß »die Welt so groß geworden ist, daß wir nicht in der Lage sind, Geschichten über sie zu erzählen, und daß alles, was uns noch übrigbleibt, Blinkzeichen, Protzkisten und Aufklebeschnipsel auf Stoßstangen sind.«

Hin und wieder rasten sie deshalb auch aus, dann zerkratzt Dag, der sich als eine im Körper eines Mannes gefangene Lesbe sieht, schon mal das Auto eines gierigen Greises, weil ihn ein Aufkleber reizt, auf dem steht: »WIR VERPRASSEN DIE ERBSCHAFT UNSERER KINDER«.

Nach der Lesung, während Coupland geduldig Bücher signiert, wobei er den Umriß seiner linken Hand auf jede Titelseite zeichnet, ein großes X dazu malt und ironisch »To my close personal friend« schreibt, erzählt er mir, daß er heilfroh sei, endlich über 30 zu sein. »Die Zwanziger sind eine saublöde Lebensphase. Irgendwie hatte sich in meinem Kopf die Idee festgesetzt, daß man in den Zwanzigern Martinis trinkt und jemand wie Angie Dickinson im Arm hält. Da war die Enttäuschung natürlich vorprogrammiert. Das Tolle an den Zwanzigern ist, daß jeder, der seinen Grips halbwegs beieinander hat, mit seinem Leben anfangen kann, was er will. Wenn man nicht den Überflieger spielt und Medizin oder so was studiert, steht einem die Welt in diesem Alter wirklich offen. Allerdings muß man dauernd Entscheidungen treffen: Wo soll ich leben? Was fange ich mit dem Rest meines Lebens an? Nicht zu vergessen der normale Beziehungskram und der ganze Informations-Overload Ende des 20. Jahrhunderts. Das kann ziemlich stressig sein. Und dann ist da noch die Krise Mitte 20, wenn man die Liebe, den Tod und das alles entdeckt.«

Diese Krise definiert Coupland als »Mid-Twenties Breakdown: Eine Periode geistigen Kollapses im Alter zwischen zwanzig und dreißig, oftmals ausgelöst durch die Unfähigkeit, außerhalb der Uni oder einer durchstrukturierten Umgebung zu funktionieren, gekoppelt an die Erkenntnis des wesentlichen Alleinseins in der Welt. Oft gekennzeichnet durch den rituellen Gebrauch von pharmazeutischen Produkten.«

Wie es sich für einen Schlüsselroman über das Erwachsenwerden gehört, hat Coupland das alles am eigenen Leib erlebt: die große Sinnkrise Mitte 20, die Panikattacken nach dem Zuviel des guten Lebens – oder dem, was man vielleicht 1962 noch dafür hielt: ein Riesensteak, 3 Schachteln Chesterfields und einen Scotch. Das Rauchen und Trinken hat er noch vor seinem dreißigten Geburtstag aufgegeben, was er nicht mit dem Gesundheitsterror der kalifornischen New-Age-Gurus erklärt wissen will. »Schon komisch, daß hinter dem, was man früher als Lebensideal ansah, der Tod lauert«, meint Coupland nachdenklich. »Als ich in den 20ern war, hatte ich die ganze Zeit Stimmungstiefs, Angstanfälle und so weiter. Ich habe nie Sport getrieben, den letzten Scheiß gegessen, zuviel getrunken, zuviel geraucht, Downers eingeworfen – das übliche eben. Inzwischen habe mir das eins nach dem anderen abgewöhnt und kann nur sagen: Ich Arschloch, warum habe ich das nicht schon viel früher gemacht. Mein Kopf ist die ganze Zeit klar, keine Angstanfälle mehr, nichts. Wenn man so um die 30 ist, kann man Probleme mit dem Rücken kriegen, der Kater am Morgen danach ist viel schlimmer als früher, dieser ganze Alte-Leute-Kram fängt an. Und dann merkt man, Scheiße, ich bin sterblich, wenn ich nicht aufpasse, bin ich mit fünfzig am Ende. Dabei sagt einem doch der gesunde Menschenverstand, daß wir nun mal Tiere sind, die draußen im Wald und auf der Wiese herumrennen und sich fit halten sollten.« Dieses Achten auf den eigenen Körper gehört zu Couplands Philosophie von »Lessness«, die er auch in seinem zweiten Roman propagiert, *Shampoo Planet*, in dem er nach den Twens der Generation X die jüngeren Global Teens ins Visier nimmt. Auf den Trost von »Lessness«, laut Coupland »eine Philosophie, in der man durch den Abbau seiner Erwartungen in bezug auf materiellen Wohlstand wieder mit sich in Einklang gerät«, ist er zur Zeit besonders angewiesen, denn durch den Konkurs seines deutschen Verlags Galgenberg hat er etliche tausend Dollar Honorar verloren. Im Frühjahr 1994 soll *Shampoo Planet* nun im Ostberliner Aufbau Verlag erscheinen – »falls«, so Coupland, »der vorher nicht pleite macht.«

In zwei Periodensystemen zu Beginn und Ende des Entwicklungsromans *Shampoo Planet* listet Coupland die wichtigsten Elemente im Leben seines 20jährigen Protagonisten Tyler Johnson auf: Computer, Kreditkarten, Soundbites, MTV ... Tyler gehört zu den »mall rats«, jenen amerikanischen Jugendlichen, die ihre Freizeit am liebsten in den gigantischen, von der feindlichen Außenwelt hermetisch abgeschotteten Einkaufszentren der Suburbs verbringen. In der Mall trifft man Freunde, testet in der Spielhalle die neuesten Videoautomaten und klaut schon mal das eine oder andere fürs heimische »Modernarium«, das im kühlen Techno-Stil möblierte Jugendzimmer. Doch 1991 legt sich der Würgegriff der Rezession auch um die Shopping Malls, bis dahin letzte Bastion des fortschrittsgläubigen Amerikas, und Tyler kommt beim Anblick all der bankrott gegangenen Boutiquen und Edelfreßstände mit Namen wie »Saint Yuppie« oder »So Much Stuff, So Little Time« ins zivilisationskritische Sinnieren: »We had plenty, and we blew it.«

In dieser Erkenntnis treffen sich die Global Teens mit der Generation X, und so hat Coupland seine beiden Romane verknüpft, indem er Tyler zum jüngeren Bruder Andy Johnsons machte, einem der drei Geschichtenerzähler aus *Gene-*

ration X. Als ich Coupland frage, ob er einen geschlossenen literarischen Kosmos ähnlich wie Balzacs Comédie humaine entwickeln will, ernte ich einen verständnislosen Blick. »Balzac? Habe ich nie gelesen. Ich kann überhaupt nichts lesen, was vor 1930 geschrieben wurde. Bücher, in denen keine Telefone vorkommen, sind nichts für mich. Ein bestimmtes technisches Minimalniveau ist schon nötig, ehe ich mich für ein Buch interessiere. Ansonsten gilt die Faustregel: Ohne Telefon – ohne mich. Ich habe schon meine Englischkurse auf der Highschool so gelegt, daß ich nicht Shakespeare nehmen mußte.« Mehr als die Literatur vergangener Zeiten hat Coupland die moderne Kunst beeinflußt: »Literatur hat während meiner Zeit auf der Kunstakademie nie eine Rolle gespielt, dafür aber Leute wie Jeff Koons, Derek Birnbaum und Jenny Holzer. Wenn ich einen Einfluß auf mein Schreiben festmachen sollte, dann wohl den. Ich bin in einer extrem komplexen Informations- und Konsumkultur aufgewachsen, in der man dazu neigt, sich über Gameshows, Zeichentrickfilme, nationale Tragödien und Konsum zu definieren. Neulich ging ich mit meinem Bruder in Vancouver am Meer spazieren, und er sagte: ›It's an oceany fresh day.‹ Es ist wohl nicht übertrieben, wenn ich sage, daß wir uns alle den Methoden der Werbung in der Alltagssprache bedienen, auch dann, wenn wir es nicht ironisch meinen. Man redet schon ganz unwillkürlich in dieser Werbesprache, und wenn man halbwegs bei Verstand ist, dann versucht man auch auf einer kritischen Ebene zu verstehen, was da los ist. Für viele Menschen ist die Dekonstruktion solcher Werbesprüche ein regelrechtes Hobby. Die Sprache des Kommerzes ist auch die Sprache der Verdichtung, denn je länger der Werbetext ist, um so mehr Geld kostet es, ihn zu senden oder zu drucken, außerdem will man ja nicht die Aufmerksamkeit der Leute verlieren. Also muß man Formulierungen erfinden, um bestimmte Dinge auf weniger Raum unterzubringen. *Less talk, more rock* heißt die Devise. Hinzu kommt noch, daß die Menge der Informationen in unserer Kultur heute einfach viel größer ist als früher. Wir verdoppeln diese Informationsmenge alle drei bis fünf Jahre. Und dabei handelt es sich keineswegs nur um Datenschrott, sondern um echte Informationen. Folglich erleben wir heute das Phänomen, daß wir alle, ob bewußt oder unbewußt, eine Art intellektuelle Triage durchführen. Es ist einfach keine Zeit, alles zu lernen, also fragt man sich, was man wirklich braucht, um den nächsten Tag zu überstehen. Ich fürchte nur, daß bei diesem Auswahlprozeß nicht nur Obskures unter den Tisch fällt, sondern auch die Sachen, die ich für wichtig und wertvoll halte.«

Als Beispiel nennt Coupland den schleichenden Verfall jeglicher kulturellen Autorität. »Zuerst geschah es in der Kunst, aber inzwischen läßt sich das auch in allen anderen Bereichen beobachten. Früher gab es eine gewisse Kohärenz innerhalb der Kunstwelt, heute ist das in hunderte kleiner Fraktionen zersplittert, die sich alle bekriegen: die Feministinnen kämpfen gegen die schwulen Künstler, die Schwulen gegen die Schwarzen und die Schwarzen gegen die Öko-Leute. Alle wollen um jeden Preis ein möglichst großes

Stück vom Kuchen abbekommen. Dadurch hat die Kunstwelt insgesamt die Fähigkeit eingebüßt, Werturteile zu treffen und neue Künstler anzuerkennen, denn zwischen Schwulen, Schwarzen, Feministinnen und Ökos ist einfach kein Konsens mehr möglich. Ich halte das für eine Tragödie. Aber wenn ich mir überhaupt Gedanken über die Zukunft mache, dann stelle ich mir eine Welt vor, in der es sowieso keine Leute in Akademien oder Universitäten gibt, die darüber entscheiden, was gut oder was schlecht ist. Und da es keine Autorität mehr geben wird, durch die man irgendwelche höheren Weihen erhalten und anerkannt werden kann, ist das sehr befreiend, denn so kann man einfach schreiben, was man schreiben will.«

In *Generation X* läßt Coupland eine Comicfigur beim Lesen der Immobilienanzeigen in der Zeitung sagen: »He Papa, man muß sich entscheiden, ob man ein Haus will oder ein Leben ...« Für die Xler ist die Antwort klar, und so schreibt Coupland einer jungen Lokaljournalistin, die ihn um eine persönliche Widmung bittet, »Get a life« ins Buch.

Schließlich hat Coupland alle Signierwünsche erfüllt und zieht mit Richard Linklater und einigen Schauspielern aus *Slackers* durch die Kneipen Austins. Von einem 16jährigen will er beim Dartsspielen wissen, seit wann man angefangen hat, Baseballkappen mit dem Schild nach hinten zu tragen. Fragen wie diese sind typisch für Coupland. Die Ergebnisse solcher Feldstudien machen den Reiz seiner Texte aus, die prallvoll sind von stimmigen Beschreibungen der Jugendkultur, die Coupland sprachlich präzise faßt (»Black Holes:

An X generation subgroup best known for their possession of almost entirely black wardrobes«). Im *La Zona Rosa* nimmt Coupland drei Zigaretten aus meiner Schachtel, reißt die Filter ab, legt sie mit einem Feuerzeug zu einer Art Kurt-Schwitters-Collage zusammen und fragt, was das sei. Ratlose Gesichter. »Flohmarkt in der DDR.« Tatsächlich, das Gebilde sieht aus wie ein vergammeltes Hammer-und-Sichel-Symbol.

Zu Deutschland hat Coupland eine besondere Beziehung, denn hier wurde er 1961 geboren – sein Vater war als Offizier der kanadischen Luftwaffe im Badischen stationiert. Eineinhalb Jahre später ging die Familie nach Vancouver zurück, wo Coupland »unter den Laborbedingungen des Mittelstands« aufwuchs.

»Ich war das mittlere Kind einer Mittelstandsfamilie in einem Mittelstandsvorort einer mittleren Stadt in dem mittelständischsten Land der Welt.« 1980 kauft er sich ein Ticket nach Frankfurt, will einen Sommer lang bei Daimler in Sindelfingen jobben. »Ich hatte etwas Deutsch gelernt, ehe ich losflog, aber als ich dann am Band stand, merkte ich bald, daß ich mir das hätte sparen können. Mit Türkisch oder Serbokroatisch wäre ich weitergekommen. Ich war natürlich mit ziemlich romantischen Vorstellungen von der Arbeit in einer Fabrik da angekommen, aber die schminkte ich mir bald ab. Ich habe in einem Wohnheim gehaust, wo in den Duschen Tiere geschlachtet wurden. Es war grauenhaft. Also habe ich nach kurzer Zeit gekündigt, bin nach München gefahren und habe mir da die Punkszene angesehen.«

Seit der Veröffentlichung von *Generation X* sind unzählige Artikel über die Post-Babyboomer erschienen, in denen Coupland als Sprecher dieser Generation zitiert wird, und das hat er gründlich satt: »Ich habe wohl schon immer in soziologischen Kategorien gedacht, es macht mir einfach Spaß, Trends aufzuspüren. Aber inzwischen könnte ich über dampfgetriebene Staubsauger schreiben, und in der Zeitung stünde dann zu lesen: Eine Generation betrachtet dampfgetriebene Staubsauger. Man darf so etwas einfach nicht ernst nehmen. Mich hat der Erfolg von *Generation X* sehr überrascht. Was ich schreibe, ist sehr persönlich, und daher finde ich es erstaunlich, daß sich mehr als eine Handvoll Leute in Vancouver oder Seattle dafür interessieren.«

Was bedeutet seine kanadische Herkunft für ihn, will ich wissen. »Wenn man in den Staaten die Grundschule besucht, dann hängen an den Wänden amerikanische Fahnen, Porträts von George und Martha Washington und Abraham Lincoln, es wird der Geist von 1776 beschworen, all diese Symbole werden den Schülern Tag für Tag eingetrichtert und begleiten sie dann ein ganzes Leben lang. In Kanada gibt es keine solchen Schöpfungsmythen, in den Schulen ist nie eine kanadische Fahne zu sehen. Wir sind so etwas wie die entideologisierte Version der nordamerikanischen Konsumkultur. Ich war im Januar bei der Amtseinführung von Clinton in Washington, und als da diese Blaskapellen vorbeimarschierten, spürte man eine ungeheure patriotische Aufwallung. Als Kanadier habe ich so etwas nie erlebt. Da denkt man sich, ach, das ist es also, wovon die Amerikaner immer reden. Es ist, als würde man zum erstenmal Sex erleben. Als Kanadier hat man nie eine Entschuldigung für sein Handeln. Man kann nie sagen, ich habe das gemacht, weil ich es für meine Pflicht als guter Kanadier hielt. Solche Ausflüchte gibt es dort nicht, man ist für das, was man macht, persönlich verantwortlich.«

Ich frage Coupland nach seinem Ideal vom guten Leben. »Mir ist aufgefallen, daß die meisten Leute schreckliche Angst davor haben, ohne Dauerberieselung vom Fernseher oder Radio allein in einem Zimmer zu sein und nachzudenken. Die letzten zehn Jahre waren für mich eine Lernphase, um so weit zu kommen, daß ich stundenlang einfach in einem Sessel sitzen und nachdenken kann – ohne dabei in Panik zu verfallen oder depressiv zu werden. Besser leben kann man nicht.«

Couplands Losung des Weniger-ist-mehr stößt im von einer Dauerrezession geplagten Amerika auf offene Ohren. Doch anders als zivilisationskritische Minimalisten vom Schlage einer Susan Sontag hat es Coupland nicht nötig, mit einem treuen Augenaufschlag zu beteuern, noch nie einen Fernseher besessen zu haben, um damit sein Intellektuellen-Image aufzupolieren. Bei diesem Thema gerät der sonst so zurückhaltende Coupland in Fahrt: »Diese alte Debatte zwischen Hochkultur und Populärkultur ist doch längst abgefeiert. Als Zweitklässler in der Schule habe ich die Suppendosen von Andy Warhol aus dem Lexikon abgezeichnet. Warhol ist bei den meisten Leuten meiner Generation in die Schaltkreise unserer Gehirne integriert, der wird sozusagen kostenlos mitgeliefert wie Software, wenn man einen Computer kauft. Das ist kein Werturteil, ob ich das gut oder schlecht finde, interessiert kein Schwein. Soll ich mich deshalb weinend in die Ecke stellen und den Untergang des Abendlands betrauern? Die Welt verändert sich genauso schnell wie eh und je, nur unsere Wahrnehmung davon hat sich gewandelt. Darin liegt für mich die Chance der Literatur. Die Leute lesen, weil sie wissen, daß man nur aus Büchern eine Ahnung von der Offenheit und dem Zauber der Welt erfährt, nur beim Lesen jenen Moment spürt, in dem sich der Geist eine Sekunde lang vom Körper trennt. Kino und Fernsehen vermitteln Emotion, aber Transzendenz schafft nur die Literatur. Darum geht es mir, deshalb schreibe ich.«

BIBLIOGRAPHIE

Generation X, 1991, in der Übersetzung von Harald Riemann bei
    Galgenberg 1992 und Aufbau 1994.
Shampoo Planet, 1992.

PROPHET DER PARANOIA: DON DELILLO
▼▼▼

▼▼▼

»Wenn ein Schriftsteller sein Gesicht nicht zeigt, wird er zu einem irdischen Zeichen für Gottes berühmte Weigerung, in Erscheinung zu treten.« Ich denke an diesen Satz aus *Mao II*, Don DeLillos zehnten Roman, als ich DeLillo im Haus seiner Agentin auf der Upper East Side New Yorks treffe. So könnte das Lebensfazit von Thomas Pynchon oder J. D. Salinger lauten, den großen Unnahbaren der zeitgenössischen amerikanischen Literatur. Salinger verkriecht sich als Eremit in New Hampshire und hat seit dreißig Jahren nichts mehr veröffentlicht, und Pynchon führt eine Dr.-Kimble-auf-der-Flucht-Existenz, sein Aufenthaltsort ist nur einer Handvoll Auserlesener bekannt, nicht einmal ein Foto existiert von ihm.

Gestalten wie Salinger oder Pynchon sind das literarische Äquivalent zu Howard Hughes und Marlene Dietrich. Ihr Rückzug in ein unzugängliches Xanadu erregt erst recht jene Aufmerksamkeit, die sie vermeiden wollen: man schreibt über sie, weil sie nicht wollen, daß man über sie schreibt. Ihre Verweigerung bringt die publicitygeile Verlagsmaschinerie Amerikas auf Hochtouren, läßt das Jagdfieber der Pressemeute höher steigen, ermöglicht den großen Scoop.

Don DeLillo weiß das. Seit dem Erfolg von *Sieben Sekunden*, seinem furiosen Roman über den Kennedy-Attentäter Lee Harvey Oswald, hat er seine Scheu vor allem Öffentlichen gelegentlich überwunden, einige Lesungen veranstaltet und Interviews gewährt – gerade häufig genug, um nicht in den gefährlichen Nimbus der Unnahbarkeit zu geraten. Nun hat er mit *Mao II* ein Buch über einen Schriftsteller geschrieben, der Anfang der 60er Jahre zwei Romane veröffentlicht hat und sich seit seither irgendwo in den Bergen zweihundert Meilen von New York City vor der Presse und seinen Fans versteckt. Bill Gray heißt dieser Eremit, der seit dreiundzwanzig Jahren an seinem dritten Buch arbeitet, immer wieder die Mikrostrukturen einzelner Sätze verändert, an Absätzen herumfeilt und Seiten umschreibt, nur um schließlich ganze Kapitel zu verwerfen und neu zu beginnen.

Hinter Bill Gray verbirgt sich nicht DeLillo. Gray steht für eine mögliche literarische Existenzform, die des Schriftstellers als grantelndem Einsiedel, wie sie in der deutschen Literatur der Heideschrat Arno Schmidt vorlebte. Aber das Klausneridyll weitab vom Trubel des Kulturbetriebs, das Schmidt seine ehrfurchtgebietende Produktivität ermöglichte, bringt Bill Gray zum Verstummen.

Am Anfang von *Mao II* standen zwei Fotos, erzählt mir DeLillo. »Das eine zeigte J. D. Salinger. Die *New York Post* hatte zwei Fotografen zu ihm nach New Hampshire geschickt, die Salinger sechs Tage auflauerten und ihn schließlich im Supermarkt erwischten. Die *Post* brachte das Bild auf der Titelseite. Ich fand dieses Foto faszinierend, es zeigte einen älteren Mann voller Empörung und Wut, unverkennbar Salinger. Einige Zeit später sah ich in einer anderen Zeitung ein kleines, unscharfes Foto, das eine Massenhochzeit der Unification Church unter Leitung von Reverend Mun darstellte. Er vermählte Tausende von Menschen in einer alten Limonadenfabrik in Korea. Ohne besonderen Grund habe ich beide Fotos aufbewahrt. Es ergab sich, daß diese beiden Bilder für die Extreme des Romans stehen, aus dem *Mao II* wurde: einerseits der Autor als Erzindividualist, der außerhalb des Spektakels der Bilderwelt lebt, und andererseits die reglementierte Masse, Menschen, die sich nicht nur gleich anziehen, sondern auch gleich denken. Das hat mich zum Nachdenken über das Kollektivbewußtsein und das Individuum gebracht, und darin sehe ich den thematischen Kern von *Mao II*.«

DeLillo sieht aus wie ein Mafiabuchhalter im Zeugenprogramm des FBI: er trägt seine legere Kleidung – Turnschuhe, Baumwollhemd, schwarze Jeans – wie zur Tarnung, als ob er sonst dreiteilige Anzüge gewohnt wäre. Seine Haut ist grau, das Lebendigste an ihm sind die Augen, doch sein Blick hinter der dicken Hornbrille hält nichts fest. Freundlich, aber nervös hat er zu Beginn unseres Gesprächs die Spielregeln festgelegt: »Ich spreche nicht gern über mein Privatleben – welches College ich besucht habe, wer meine Frau ist und all das.« Er will nur Fragen zu seinen Büchern beantworten, Kindheit, Familie und Privatleben müssen tabu bleiben.

Die Rollenverteilung zwischen uns ist von Anfang an klar: er der bedrängte Autor, ich der sensationslüsterne Schnüffler. Autobiographisches als Maßstab seiner Literatur, das ist die große Angst des Don DeLillo. Die Angaben zum Autor in den Klappentexten seiner Bücher haben den Informationswert eines Grabsteins. Wer etwas über den Menschen DeLillo erfahren will, muß in Archiven graben.

DeLillo ist Jahrgang 1936 und wächst als Sohn italienischer Einwanderer in einem Viertel der Bronx auf, wo hauptsächlich Italoamerikaner wohnen. In der Bronx studiert er auch, an der Fordham University macht er den Abschluß in Theologie und Philosophie. Weil er keinen Job in der Verlagsbranche findet, arbeitet er bis 1964 als Werbetexter bei Ogilvy & Mather. Eines Tages schmeißt er alles hin und beschließt, freier Schriftsteller zu werden. Lebt von Gelegenheitsjobs bei seiner alten Agentur, schreibt Reportagen über Computer, Stilmöbel – alles, was sich bei Zeitschriften unterbringen läßt. Um 1966 beginnt er mit der Arbeit an seinem ersten Roman, der 1971 veröffentlicht wird: die Geschichte eines New Yorker Aussteigers, der in einem Kaff in Arkansas Avantgardefilme drehen möchte. Dieses Buch heißt *Americana*, und der Titel sollte Programm werden.

Innerhalb der nächsten zwanzig Jahre schreibt DeLillo

neun weitere Romane, und alle spüren dem Wesen des amerikanischen Traums nach.

Was er denn von Interviews zu befürchten habe, will ich wissen. »Das Gefährliche an der amerikanischen Kultur ist, daß sie den Schriftsteller völlig absorbiert, so daß sich seine Stimme nicht mehr von anderen unterscheiden läßt und im allgemeinen Blabla untergeht. Der Schriftsteller wird Teil des Muzak der Kultur, der Fahrstuhlmusik. Unsere Kultur verfährt nach der Strategie, daß sie sich alles, was in irgendeiner Weise relevant oder bedrohlich ist, wenn irgend möglich sofort einverleibt, damit die Bedrohung wegfällt. Aus diesem Grund ist die einzige Stimme, die im Amerika von heute noch durchdringt und Gewicht hat, die Stimme des Terroristen – alles andere ist komplett absorbiert worden. Vor gar nicht langer Zeit konnte ein Schriftsteller noch an die Möglichkeit glauben, durch sein Werk das Innenleben unserer Kultur zu verändern, unsere Wahrnehmung – das, was wir sehen und empfinden – zu beeinflussen und einen Bewußtseinswandel zu erreichen. Kafka ist das gelungen, bis zu einem gewissen Grad auch Beckett. Unsere Welt von heute gleicht in einigen Bereichen ihren Visionen.«

Diese Fähigkeit des Schriftstellers, die kollektive Wahrnehmung der Welt zu verändern, ist nach DeLillos Ansicht vom Schriftsteller auf den Terroristen übergegangen. »Unser Leben heute wird von Nachrichten beherrscht, Nachrichten von Terror und Gefahr. Der tragische Erzählzusammenhang, den früher die Literatur herstellte, ist unterbrochen. Vielleicht brauchen die Menschen nur noch den Erzählungzusammenhang von immer sensationelleren, grausigeren Nachrichten. Die Autoren dieser Erzählung sind in der Regel totalitäre Herrscher, Leute aus dem Militär, Terroristen, Menschen im Machtrausch. In gewissem Maße ist unsere Welt zu ihrer Welt geworden, ein Ort voller Gefahr und Gewalt. In repressiven Gesellschaften hat jedes Wort des Schriftstellers ungeheure Bedeutung. Im Westen dagegen ist es dem Schriftsteller erlaubt, alles zu sagen, und daher spielt praktisch nichts, was er sagt, eine Rolle.«

Im Overkill der Medienüberflutung dringe nur noch die Sprache der Bomben durch, so lautet eine Lesart von *Mao II*. »Die Zukunft gehört den Massen« heißt der Schlußsatz des Prologs, der die gleichzeitige Hochzeit von zehntausend Angehörigen der Munsekte in New Yorks Heiligstem schildert, dem Yankee Stadium, wo Babe Ruth, der große Individualist des Baseballs, seine Erfolge feierte. »In den letzten Jahren sind Massen immer stärker in unser Bewußtsein gedrungen«, erläutert DeLillo. »Europa, vor allem Osteuropa und die frühere Sowjetunion, sind voller Massen. Das muß nicht Anlaß zum Pessimismus sein, es gibt Massen, die für Demokratie und Freiheit stehen. In *Mao II* gibt es die Masse der Revolutionäre auf dem Platz des Himmlischen Frieden in Peking. Jede Masse ist anders. Schriftsteller arbeiten allein in einem Zimmer. Wir dürfen uns aber nicht zu weit von den Massen und den Bewegungen der Geschichte entfernen. Für mich steht der Schriftsteller mitten in der Geschichte, er ist völlig in das zeitgenössische Leben verstrickt. Er ist Teil der großen Kakophonie, des Zusammenpralls der Stimmen. Zu den Dingen, die ein Schriftsteller verstehen muß, zählt auch das Phänomen Masse – wofür sie steht, in welche Richtung sie sich bewegt. Davor kann man nicht einfach die Augen verschließen. Wir haben zum Beispiel die Massen der Aufrührer in Los Angeles gesehen. In vielen Teilen der Welt bringen Menschen ihre Bedürfnisse und Wünsche erfolgreich zum Ausdruck, indem sie sich Methoden bedienen, die ihnen lange Zeit verwehrt waren. Darin liegen große Gefahren und große Chancen. Ich sehe überall gestörte Systeme, überall immer mehr Menschen auf der Straße. Die Macht ist von individuellen Führern, die zu dem Denken und den Wünschen der Leute überhaupt keinen Bezug mehr hatten, auf die Masse übergegangen. Das haben wir in den letzten drei oder vier Jahren überall in Europa beobachten können. Die Geschichte bewegt sich nun in eine andere Richtung. Ich glaube, sie entfernt sich von den kleinen Gruppen, die bisher traditionell die Macht in Händen hielten, und dehnt sich aus. Sie legt sich Sinnesorgane zu, die sie in Kontakt mit dem Alltagsleben bringt, dem Leben der normalen Leute.«

DeLillo ist das, was in der modernen amerikanischen Literatur Seltenheitswert hat: ein politischer Autor. Aber über die Wirksamkeit des Worts als Waffe macht er sich keine Illusionen: »Schriftsteller können nicht mehr tun, als Ereignisse wie die Unruhen von Los Angeles zu verstehen und – falls sie das wollen – darüber zu schreiben.« DeLillo bedauert nicht die Verdrängung des Individuums durch die Masse, er konstatiert diesen Wandel nur und läßt die Konsequenzen offen.

Wenn viele von DeLillos Romanen dennoch ein Hauch von Wehmut und Resignation durchzieht, dann deshalb, weil mit dem Individuum auch der Autor einen Teil seiner Macht verliert: Literatur taugt nicht als Massenmedium. »Literatur hat gewiß immer noch die Fähigkeit, individuelle Leser zu berühren, kann sie vielleicht sogar bewegen, ihr Leben zu verändern. Aber ich glaube nicht, daß Literatur immer noch die Macht hat, die sie früher einmal besaß – eine Gesellschaft insgesamt zu beeinflussen und zu verändern. Norman Mailer hat in den 60er Jahren erklärt, er wolle einen Wandel im Bewußtsein seiner Zeit herbeiführen. Damals erschien mir das für einen ernsthaften Autor keine vermessene Zielsetzung zu sein, aber ich kann mir nicht vorstellen, daß sich ein Romancier heute noch getrauen würde, so etwas zu sagen.«

Was bringt ihn dennoch zum Weiterschreiben? DeLillo lacht zum erstenmal und zitiert Becketts berühmten Satz aus *The Unnamable*: I can't go on, I'll go on. Wie verträgt sich das mit dem Anspruch des politischen Autors? »Ich bin mir nicht sicher, ob alle Autoren diese Verpflichtung empfinden, aber ich persönlich halte es für wichtig, den verborgenen Stimmen unserer Zeit Ausdruck zu verleihen. Immer öfter sind das die Stimmen der Entrechteten, der Unzufriedenen. Die Atmosphäre in vielen meiner Bücher ist von Zufall und Ambivalenz geprägt. Lee Harvey Oswald aus *Sieben Sekunden* ist dafür ein gutes Beispiel. Es gab viele junge Männer, deren Handeln von Unzufriedenheit und Gewaltphantasien bestimmt wurde. Oswald war ein Mann, der die meiste Zeit seines Lebens aus klar definierten politischen Motiven handelte. Aber ich glaube, gegen Ende seines Lebens entdeckte er eine andere, nicht-politische Ebene, eine Ebene des Traums, der Phantasie und des Zufalls. Der Oswald, der auf den Präsidenten schoß, war meiner Überzeugung nach kein geschichtsbewußter Mensch, sondern ein Mensch, der sich gerade von der Geschichte verabschiedet hatte, der in einer Art privater Traumwelt lebte. Das sind einige der Stimmen, die ich in mein Werk einzubringen versuche.«

Der Konflikt zwischen Masse und Individuum ist nur ein Motiv, das DeLillos Lesern immer wieder begegnet. Fixsterne in DeLillos literarischem Kosmos sind geheimnisvolle Verschwörungen, Terroristen, absurde Zufälle und entwurzelte Protagonisten, die wie moderne Rip Van Winkles in einer Gegenwart erwachen, deren Spielregeln sie nicht mehr durchschauen. Was Umberto Eco auf achthundert Seiten von *Foucaults Pendel* nicht schafft, gelingt DeLillo wie selbstverständlich: in seinen Lesern ein Gefühl zu erzeugen, daß sie von Konspirationen umgeben sind, Spielball finsterer, undurchschaubarer Mächte, Bauern eines großen Schachspiels, von dem niemand weiß, wer die Figuren in Bewegung setzt. Damit steht DeLillo in krassem Gegensatz zu Autoren der Schule eines Raymond Carvers oder einer Ann Beattie, deren Credo lautet: Schreib über das, was du weißt. DeLillo schreibt über das, was er nicht weiß, aber gerne wüßte.

Dieses Interesse für fremde Lebenswelten spiegelt sich bisher zwar nicht in den Schauplätzen, dafür aber in den Hauptfiguren von DeLillos Romanen vor *Mao II* und *Sie-*

ben Sekunden: Da ist der Rockstar Bucky Wunderlick aus *Great Jones Street*, der eines Tages merkt, daß seine Fans von ihm den Selbstmord als ultimative Zugabe erwarten. Oder Billy Twillig aus *Ratner's Star*, ein 14jähriges Mathegenie, das den Nobelpreis erhält und eine Botschaft von Außerirdischen zu entziffern versucht. Andere Gestalten aus DeLillos Büchern sind Footballspieler, Journalisten oder Professoren für »Hitlerforschung« an obskuren Provinzunis.

Genauso vielfältig wie DeLillos Handlungspersonal ist die Sprachwelt seiner Bücher. DeLillo beherrscht nicht nur die ganze Bandbreite unterschiedlichster Tonlagen vom flapsigsen Szeneslang bis zum hölzernen Bürokratenjargon, sondern zählt auch zu den wenigen Autoren, die mit jedem neuen Roman ihren Stil zu ändern scheinen. Als ich DeLillo darauf anspreche, taut er sichtlich auf, erleichtert, auf sicherem Terrain zu sein. »Ich versuche, für jedes Buch eine Stimme zu finden. Im Fall von *Sieben Sekunden* war ich der Meinung, daß diese Stimme Lee Harvey Oswald gehören sollte, auch in den Teilen des Buchs, die sich nicht direkt mit ihm befassen. Ich wollte den Rhythmus einer rauhen Umgangssprache voller Brüche, die widerspiegeln sollte, was in jemand wie Oswald vorgeht. In allen meinen Büchern gibt es zwei unterschiedliche Sprachebenen. Einesteils bemühe ich mich, die englische Sprache zu erweitern, indem ich zum Beispiel Elemente der Popkultur auf originelle Weise verwende und meine Sätze so knapp und so straff konstruiere wie irgend möglich. Doch jenseits der Schönheit der Sprache, die ich immer anstrebe, gibt es eine zweite Ebene, die mit der Sprache von Leuten zu tun hat, die nirgends hingehören, der Sprache der Außenseiter in unserer Gesellschaft. In *Sieben Sekunden* sind das die Passagen, die sich mit Oswald beschäftigen, in *Mao II* die Kapitel mit der jungen Frau Karen. Das sind die verlorenen Menschen Amerikas.«

Diesen an sich Sprachlosen will DeLillo eine Sprache verleihen. Es ist eine gefährdete Sprache, eine Sprache dicht am Abgrund, genau wie ihr Leben. DeLillos Antihelden fühlen sich unablässig bedroht, in Supermärkten und Motels, den Tempeln von God's Own Country, lauschen sie verunsichert dem Puls Amerikas und ihrem eigenen, jederzeit darauf gefaßt, daß der eine oder der andere unvermittelt aussetzt. In DeLillos Welt – »so amerikanisch wie ein Stück Apple Pie, auf das eine Fliege scheißt«, wie er einmal schrieb – regiert die Paranoia, überall lauern Gefahren, sind geheimnisvolle Kräfte am Werk. Don DeLillo ist der Prophet dieser Paranoia als Weltanschauung und Modus der Wahrnehmung. Kein Wunder, daß DeLillo auf Oswald als Romanhelden verfiel.

Am Anfang von DeLillos Recherchen zu *Sieben Sekunden* stand der sogenannte Warren Report, der in 26 Bänden die Arbeit der Kommission zur Aufklärung des Attentats von Dallas dokumentiert. »Ich habe sehr viel Zeit mit diesen Bänden verbracht, ohne sie hätte ich den Roman nicht schreiben können«, so DeLillo. »Der Warren Report lieferte mir Material für einige meiner Charaktere, zum Beispiel für Oswalds Mutter und seine Frau. Ihre Aussagen vor den

Vernehmungsbeamten der Kommission enthalten viele Einblicke in Oswalds Persönlichkeit. Noch ergiebiger war der Warren Report jedoch in sprachlicher Hinsicht, er dokumentiert, wie die Menschen dieser Zeit und dieses geographischen Teils des Landes gesprochen haben. Die Bände des Warren Reports sind voll von solchen Stimmen, Leuten, die einfach reden, ganz normale Menschen, die als Zeugen vernommen wurden: Krankenschwestern, Bahnarbeiter, Menschen im Zug, Ärzte. Das war für mich eine sehr wichtige Quelle.« Daneben hat DeLillo auch Oswalds Spuren in Miami, Dalles, Fort Worth und New Orleans verfolgt, in detektivischer Kleinarbeit seine Kindheit und Jugend rekonstruiert. Als Jugendliche waren Oswald und DeLillo 1952 in der Bronx fast Nachbarn. »Er hat nur nur sechs oder sieben Straßen von mir entfernt gewohnt, und das lieferte mir einen gewissen persönlichen Anreiz zu dem Roman. Ich wußte, wie schwer er es dort als Außenseiter gehabt haben muß.«

Die amerikanischen Medien haben bei der Aufklärung der Schüsse von Dallas versagt, das Thema lange Zeit den Spinnern überlassen, die sonst über Sichtungen von UFOs oder des wiederauferstandenen Elvis Presley schreiben. *Sieben Sekunden* und der drei Jahre später in die Kinos gekommenen Film *JFK* von Oliver Stone bewirkten, daß der Kennedy-Mord wieder ernsthaft diskutiert wurde. Ist DeLillo darauf stolz? »In gewisser Weise schon, aber das war nicht meine Absicht. Wenn ich überhaupt konkrete Ziele mit diesem Buch hatte, dann wohl zwei. Ich wollte erstens das Leben Lee Harvey Oswalds verstehen, und zweitens – und das wurde mir erst nach und nach während der Arbeit an dem Roman klar – wollte ich den Zusammenhang liefern, der unserem öffentlichen Leben seit der Ermordung Präsident Kennedys gefehlt hat. Die Tat kam so plötzlich, und für die meisten von uns blieb sie völlig unaufgeklärt. Wenn die Historiker nicht in der Lage sind, ein Ereignis zu verstehen oder ein Geheimnis zu ergründen, dann versuchen nach einiger Zeit die Künstler, sich eine Lösung auszudenken. Das habe ich mit *Sieben Sekunden* versucht, mir eine Lösung auszudenken und den fehlenden Zusammenhang dieser Geschichte zu liefern. Natürlich ist das Fiktion. Ich mußte die Lücken in den bekannten Quellen füllen, und die Lücken hatten mit der Geschichte der Verschwörer zu tun, der Männer, die auf die Idee verfallen waren, den Präsidenten zu ermorden, und die dieses Ziel schließlich erreichten.«

DeLillo spricht mit der Nüchternheit eines Mathematikers über seine Bücher; seine wohlkonstruierten Sätze sind durchdacht, reißen nie plötzlich ab. In den USA trug ihm sein Roman über Oswald neben viel Lob auch scharfe Kritik von rechts ein, man sah in ihm einen Leichenfledderer und Nestbeschmutzer. Ein Journalist der *Washington Post* nörgelte an DeLillos »ostentativ pessimistischer Haltung gegenüber der amerikanischen Kultur« herum. Derlei Vorwürfe lösen in Deutschen oft ein müdes Déjà-vu-Gefühl aus, zu deutlich hat man noch im Ohr, wie deutsche Autoren als Pinscher, Ratten und Schmeißfliegen tituliert wurden. Doch in einem Land, das sich durch riesige Sternenbanner vor jedem Supermarkt, jeder Bank und jedem größeren Unternehmen immer wieder der eigenen Existenz vergewissern muß, ist die Bezeichnung »unamerikanisch« immer noch eine Trumpfkarte der Demagogen. Gewiß nicht in New York und San Francisco, aber in jenem oft zitierten Middle America, das eben doch fast ganz Amerika ist. DeLillo zuckt nur resignierend mit den Schultern: »Die Schriftsteller, die heute die größte Aufmerksamkeit finden, waren Sand im Getriebe der Staatsmaschinerie. Die meisten ernsthaften Künstler, mit deren Werk ich vertraut bin, haben nicht sonderlich positive Ansichten über die amerikanische Kultur.«

In einem Essay für den *Rolling Stone* zeichnet DeLillo den Wandel auf, dem das Kennedy-Attentat im Bewußtsein der amerikanischen Öffentlichkeit unterlag. Während Europäer und Asiaten sich mit der Vorstellungen abfinden können, von dunklen Komplotten umgeben zu sein, so DeLillo, wollten Amerikaner lieber an den einsamen Täter glauben, der auf eigene Faust handelt. »Die Alternative wäre gewesen, eine ausländische Regierung hinter dem Attentat zu vermuten – oder schlimmer noch, unsere eigene Regierung. Aber seit den Schüssen von Dallas hat es so viele zufällige und sinnlose Morde und Mordversuche gegeben, verübt von unzufriedenen jungen Männern wie Oswald, etwa John Hinkleys Attentat auf Präsident Reagan oder Mark David Chapmans Attentat auf John Lennon. Das waren sehr ähnliche Taten von jungen Männern, die sozusagen an einer Art Medienvergiftung litten, die agierten wie Gestalten in einem Film. Und ich glaube, in gewisser Weise war Oswald der Vorläufer dieser jungen Männer, denen es bei ihren Attentaten eher um Selbstverwirklichung ging als um handfeste Gründe.«

Für DeLillo ist die veränderte amerikanische Sichtweise von Oswald ein Versuch, den Glauben an einen Sinn der Geschichte zurückzugewinnen. »Allmählich setzte sich die Ansicht durch, daß Oswald nicht allein gehandelt hatte, daß er Teil einer großen, wohlgeplanten Verschwörung war. Der Film *JFK* ist eine Kulmination dieser eigenartigen Form von Nostalgie, dieser Sehnsucht nach einem Zusammenhang, nach komplexen Erklärungen, die alle losen Enden miteinander verknoten. Ich glaube, daß wir seit dem 22. November 1963 unseren Glauben an eine kohärente Wirklichkeit verloren haben. Es ist, als wären wir schlagartig in einer von Zufall und Doppelbödigkeit bestimmten Welt aufgewacht. Selbst auf der elementarsten Ebene läßt uns die Wirklichkeit im Stich: wir wissen weder, wie viele Schützen geschossen haben noch wie viele Schüsse abgefeuert wurden noch wie viele Verletzungen der Präsident davontrug. Hinzu kommt der Eindruck, die Untersuchung des Attentats sei manipuliert worden – Dokumente gingen verloren oder wurden zerstört, offizielle Akten bleiben unter Verschluß, merkwürdig viele Zeugen starben durch Mord oder Selbstmord, und selbst wenn das alles nur Zufall ist, dann führt uns das wieder auf eine neue Ebene, die Ebene der unendlichen, schreckenerregenden Zufälle. Das alles geht von diesen sieben Sekunden in Dallas aus.«

DeLillos Werk bietet Einblicke in diese Ebene der unendlichen, schreckenerregenden Zufälle, die unsere Wirklichkeit wie ein wirres Durcheinander beim TV-Zapping von Kanal zu Kanal erscheinen läßt: an die Stelle kausaler Zusammenhänge tritt ein einziges Jetzt, das kein Vorher und kein Nachher kennt. Das ist die Schulbuchdefinition der Postmoderne, und da wirkt es wie Ironie, daß DeLillos Romane nicht am Computer, sondern auf einer altmodischen mechanischen Schreibmaschine entstehen. »Ich habe nie einen Computer benutzt, noch nicht mal eine elektrische Schreibmaschine. Ich höre zwar immer, der Computer mache das Schreiben leichter, aber das kann ich nicht glauben. Nichts macht Schreiben leichter – außer dem Tod.«

In *Weißes Rauschen*, dem Roman über eine Chemie-Katastrophe, euphemistisch als »luftübertragener toxischen Vorfall« bezeichnet, findet sich eine kleine Episode, die sich wie eine Parabel auf DeLillos Angst vor einer Vereinnahmung durch den Kulturbetrieb liest. Der Erzähler Jack Gladney, ein Professor für »fortgeschrittenen Nationalsozialismus« in einer kleinen Collegestadt im Mittelwesten, zeigt seinem neuen Kollegen Murray die Touristenattraktion der Gegend, die meistfotografierte Scheune Amerikas. Auf der Fahrt weisen eine Reihe von Schildern auf die Sehenswürdigkeit hin. Als er schließlich die Scheune selbst zu sehen bekommt, umringt von fotografierenden Touristen, erklärt Murray: »Keiner sieht die Scheune, denn wenn du einmal die Hinweisschilder auf die Scheune gesehen hast, ist es unmöglich, noch die Scheune zu sehen.«

Bibliographie

Americana, 1971
End Zone, 1972
Great Jones Street, 1973
Ratner's Star, 1976
Players, 1977
Running Dog, 1978
The Names, 1982, in der Übersetzung von Matthias Müller, als *Die Namen* bei Kiepenheuer & Witsch 1984
White Noise, 1985, in der Übersetzung von Helga Pfetsch als *Weißes Rauschen* bei Kiepenheuer & Witsch 1987
Libra, 1988, in der Übersetzung von Hans Hermann als *Sieben Sekunden* bei Kiepenheuer & Witsch 1990
Mao II, 1991, in der Übersetzung von Werner Schmitz unter dem Originaltitel bei Kiepenheuer & Witsch 1992

BRET EASTON ELLIS: SCHÖNHEIT UND GELD
▼▼▼

▼▼▼

»This is my reality. Everything outside of this is like some movie I once saw. In the kitchen I try to make meat loaf out of the girl but it becomes too frustrating a task and instead I spend the afternoon smearing her meat all over the walls, chewing off strips of skin I ripped from her body, then I rest by watching a tape of last weeks' new CBS-Sitcom, *Murphy Brown*. After that and a large glass of J&B I'm back in the kitchen. The head in the microwave is now completely black and hairless and I place it in a tin pot on the stove in an attempt to boil any remaining flesh I forgot to shave off.«

Genüßlich zitiert meine Freundin diesen Absatz aus *American Psycho*, um mir dann zu erklären, ich müsse den Verstand verloren haben, mich mit dem Typ zu treffen, der das geschrieben hat. Auch von unseren New Yorker Bekannten, denen ich von meinem Interview mit Bret Easton Ellis erzähle, ernte ich Reaktionen, als hätte ich eine Verabredung zum Tee mit Jack the Ripper. Und in gewissem Sinne habe ich das auch: ich will etwas erfahren über den Schöpfer Patrick Batemans, 26, Wall-Street-Manager und Menschenfresser, dem Ich-Erzähler von Ellis' neuem Roman.

American Psycho hat mir zu schaffen gemacht. Auf 399 Romanseiten schildert Ellis einen Alptraum der Oberflächlichkeit, zeichnet das Porträt der Yuppie-Generation New Yorks – ihre Sucht nach Zerstreuung, ihre innere Hohlheit, ihre panische Angst, out zu sein. Auf etwa 30 Seiten des Romans werden Mord und Totschlag beschrieben, Greuelszenen von der Intensität von Boschs Garten der Lüste, die selbst dem Abgebrühtesten den Magen umdrehen. Aus diesem Grund hat *American Psycho* in den Vereinigten Staaten einen Sturm der Entrüstung entfesselt. Schon im Vorfeld der Veröffentlichung führte die Geschichte um den mordenden Banker zum Skandal. Simon & Schuster, Ellis' amerikanischer Hausverlag, machte in letzter Sekunde einen Rückzieher und stoppte den Druck des bereits fertig gesetztes Manuskripts. Durch schockierte Reaktionen aus dem eigenen Haus aufgeschreckt, hatte sich Richard E. Snyder, Geschäftsführer von Simon & Schuster, das Buch vorgenommen und beschlossen, lieber den nicht rückzahlbaren Vorschuß in Höhe von 300.000 Dollar abzuschreiben, als den Roman zu veröffentlichen. Der Verlagsmanager erklärte, seine Entscheidung sei eine »Frage des Geschmacks«. Da Snyder bis dahin durch einen solchen nie aufgefallen war, wurde vermutet, er habe vor allem das millionenschwere Schulbuchgeschäft von Simon & Schuster nicht gefährden wollen.

Daraufhin erwarb Sonny Mehta von Vintage, einem Verlag der Random House-Gruppe, die Rechte an *American Psycho*. Unterdessen waren Teile des Manuskripts an die Öffentlichkeit gelangt, und einige Zeitungen druckten aus dem Kontext gerissene Szenen mit Beschreibungen bestialischer Morde. Prompt regte sich Protest – allen voran ereiferte sich die National Organization for Women (NOW) gegen das Buch, rief zum Boykott gegen den amerikanischen Verlag auf und richtete eine telefonische Hotline ein, unter der man sich einige Beschreibungen von Morden an Frauen vorlesen lassen konnte. Buchhandlungen weigerten sich, den Roman ins Sortiment zu nehmen oder auch nur auf Nachfrage von Kunden zu bestellen, eine Lesereise mußte wegen Morddrohungen abgesagt werden, Firmen verwahrten sich gegen die Erwähnung ihrer Produkte in dem Roman. Prüdes Amerika?

Nicht ganz. Einige besonnenere Stimmen fanden es wenigstens Anlaß zur Hoffnung, daß ein Buch in diesem Land überhaupt noch derlei Reaktionen auslösen kann. Norman Mailer schwang sich in einem Artikel für *Vanity Fair* zu einer halbherzigen Verteidigung des Romans auf, befand gönnerhaft das Thema des Romans für »legitim«, nur bedürfe es »eines größeren Autors als Bret Easton Ellis«, der aber immerhin den Mut aufgebracht habe, »die Unschokkierbaren zu schockieren«.

»Ihr, die hier eintretet, lasset alle Hoffnung fahren«, mit

diesem programmatischen Dante-Zitat läßt Ellis seinen Roman beginnen. Er hat Patrick Bateman einen fotografisch genauen Blick und ein Ohr für Alltagssprache verliehen, und dies genügt schon, den Gesellschaftsreigen der New Yorker Schickeria in einen Totentanz umkippen zu lassen. Die Leser taumeln mit Patrick Bateman durch dessen alptraumhaften Alltag im New York der 80er Jahre: Morgentoilette, Work-out im Fißneßcenter, die Stunden im Büro, Shopping, Dinner in berühmten Szenelokalen, die Nightclubs, der Sex, die Morde.

Anfang der 90er Jahre haben Serienkiller Konjunktur. Doch anders als im Falle Dr. Hannibal Lecters aus Thomas Harris' *Das Schweigen der Lämmer* oder Horrorschmonzetten von King & Co. gibt es in Ellis' Roman keine Figur, die für Normalität, Common sense und den American Way of Life steht. Batemans Opfer verrecken so jämmerlich, wie sie leben, und werden nicht einmal vermißt – weil ihr Verschwinden keiner bemerkt, weil sie völlig austauschbar sind, weil's niemanden kümmert.

Ellis wohnt in der Nähe des Washington Square und empfängt mich in seinem Apartment, in dem außer einem Bett, einem Schreibtisch und einem Stapel Bücher nur ein paar Klappstühle stehen: Wohnen brut. Mit ›Schön haben Sie's hier‹ läßt sich das Gespräch jedenfalls nicht beginnen. Ellis bemerkt meine Verwirrung. »Vor kurzem habe ich hier eine Party gefeiert, die ist wohl etwas außer Kontrolle geraten, zu viele uneingeladene Leute und so, jedenfalls habe ich mich nach einigen Stunden verdrückt, und als ich wieder nach Hause kam, war die Wohnung leer.« Ich nicke verständnisvoll, kann ja jedem passieren.

Im Gespräch wirkt Ellis wie der biedere Bankkaufmann von nebenan, zurückhaltend, fast schüchtern. Mir sitzt kein Schickimicki gegenüber, in seinem zerknautschten Anzug, für den der 1964 geborene Ellis zu jung ist, erinnert er eher an einen bedripsten Buster Keaton. Auch auf Fotos ist Ellis stets in Zwirn und mit Krawatte zu sehen. Eine Attitüde, gewiß, aber jede Generation rebelliert eben gegen das, was sie vorfindet, und wenn die Etablierten immer nur in Strickweste und offenem Holzfällerhemd rumlaufen, zwängt man sich zur Not auch in einen Anzug.

Es fällt schwer, in diesem durchgestylten Youngster den Zyniker zu sehen, der das Leben in Amerika als dekadente Hölle beschreibt. *Less Than Zero*, sein erster Roman, spielt in Los Angeles und ist das Porträt einer Generation ohne Werte, ohne Ziele und vor allem ohne Worte. Der zweite, *Rules of Attraction*, beschrieb die College-Tage dieser Jeunesse dorée. Ellis' Charaktere strahlen eine Aura von Langeweile und Saturiertheit aus, sie haben alles und wissen doch nichts mit sich anzufangen, ihr Leben kreist um die schnellen Kicks von Geld, Sex und Drogen. Was reizt Ellis daran, immer wieder über diese von Ennui geplagten, reichen jungen Menschen zu schreiben? »Diese Leute haben sehr viel Freiheit und wissen nicht, was sie mit der ihnen gegebenen Freiheit anfangen sollen. Die meisten Figuren in meinen Romanen scheinen alles zu haben, sie verfügen über Geld und Schönheit, sie sind bis zu einem gewissen Grad gebildet, sie haben viel Freiheit. Anders ausgedrückt, sie haben all das, was nach amerikanischem Selbstverständnis die Garantie für ewiges Glück ist, nämlich Schönheit und Geld. Und dennoch ist keiner von ihnen sonderlich glücklich, die meisten sind sogar verdammt unglücklich. Mein letztes Buch treibt das zum Extrem, Patrick Bateman ist ein Mann, der alles hat und dennoch ein völliger Psychopath ist, vielleicht gerade deshalb. Wer weiß, ich sage das jetzt nur mal so als Hypothese. Dieses Thema interessiert mich, außerdem kenne ich viele solche Leute. Ich bin in Los Angeles aufgewachsen, meine Familie war wohlhabend, also habe ich viele Freunde gehabt, die viel Geld hatten und ekstatisch glückliche Menschen hätten sein müssen. Ich habe das im College beobachtet und sehe es jetzt in New York. Vielleicht liegt es an der Umgebung, in der ich mich bewege, mir fällt so etwas sehr oft auf, und wahrscheinlich beeinflußt es deshalb meine Arbeit.«

Ich wende ein, daß dies doch ein sehr verzerrtes Bild unserer Generation sei, selbst wenn man berücksichtigt, daß *Less Than Zero* ausschließlich unter Kindern von Hollywood-Magnaten spielt und *Rules of Attraction* an der fiktiven Elite-Uni Camden College angesiedelt ist. Warum hat keiner von Ellis' Protagonisten irgendwelche Ziele in seinem Leben?

»Das kommt darauf an, was man unter einem Ziel versteht. Kurzfristige Ziele haben diese Figuren ja schon – sie wollen an Drogen rankommen, sie wollen Sex, sie wollen Leute umbringen, ohne sich dabei erwischen zu lassen, sie wollen Geld machen, sie wollen die schönste Freundin oder den schönsten Freund haben, sie wollen eine Tischreservierung in den besten Restaurants bekommen, sie wollen schöne Anzüge kaufen und schöne Autos, sie wollen auf amüsante Parties gehen – so sehen ihre Ziele aus. Aber eigentlich sind das natürlich keine wirklichen Ziele. Dennoch bin ich aus irgendwelchen Gründen als Schriftsteller an diesen Leuten interessiert.«

In Ellis' Fall liegen diese Gründe auf der Hand: wie die allermeisten Schriftsteller schreibt er über das, was er kennt, und nach Herkunft und Neigung ist das in seinem Fall genau diese sinnentleerte Wohlstandswelt der Westküste. Am Ende von *Less Than Zero*, dem Roman, den Ellis als Zwanzigjähriger veröffentlichte, steht eine Passage, die dieses Lebensgefühl in Worte faßt:

»Die Bilder, die in mir hochkamen, hatten mit Menschen zu tun, die durch das Leben in der Stadt allmählich verrückt wurden. Bilder von Eltern, die so hungrig und unausgefüllt waren, daß sie ihre eigenen Kinder aßen. Bilder von Leuten, von Jugendlichen in meinem Alter, die das Sonnenlicht erblinden ließ, als sie vom Asphalt aufblickten. Diese Bilder begleiteten mich, selbst als ich die Stadt verlassen hatte.«

Auch Ellis ist diese Bilder nicht losgeworden, sie haben ihm in der amerikanischen Kritik den Vorwurf des Nihilismus eingetragen. »Nihilimus scheint in den USA ein Schimpfwort geworden zu sein. Mich hat das immer verwirrt, denn ich halte mich nicht für einen nihilistischen Menschen, sehr wohl aber für einen nihilistischen Autor, wenn ich mich mit Stoffen wie in meinen bisherigen drei Büchern beschäftige. Für *American Psycho* trifft das ganz besonders zu. Das Thema, über das ich bislang geschrieben habe, läßt in meinen Augen nur eine nihilistische Haltung zu. Aus Gründen, die in der Eigenart dieser Charaktere und ihrer Lebensweise liegen, halte ich dies für die einzige mir mögliche Position, wenn ich mich als Schriftsteller mit ihnen befasse. Ich sehe keinerlei Notwendigkeit, meine Romanfiguren zu romantisieren oder sie in irgendeiner Weise sympathischer, liebenswerter und angenehmer zu zeichnen. Ein Großteil der amerikanischen Presse mag diese Einstellung nicht sonderlich, die Kritiker wollen Bücher, die lebensbejahender oder eindeutiger sind.«

Da sind sie bei Ellis an der falschen Adresse. Wer das will, sagt er, solle Amy Tan lesen oder Erma Bombeck. Ellis hat einen Blick hinter die Kulissen des amerikanischen Traums geworfen und dort nur Leere vorgefunden. Das treibt ihn um, seit er Los Angeles verlassen hat – erst zum Studium am Bennington College, einer vornehmen Bildungsanstalt für höhere Töchter und Söhne, dann nach New York, wo er heute als freier Schriftsteller lebt. Das in der amerikanischen Verfassung verbriefte Recht auf das Streben nach Glück, auf den »pursuit of happiness«, ist für Ellis zum mörderischen Trivial Pursuit der Raffgier geworden. Das »Capitalist Tool« Patrick Batemans ist nicht ein Privatjet, sondern ein angeschliffener Kleiderhaken und ein Bolzenschußgerät, auch wenn er sonst mit Malcolm Forbes berühmter Kapitalismus-Definition übereinstimmt: He who dies with the most toys wins.

In New York hat sich für Ellis und die beiden anderen Jungstars des amerikanischen Literaturbetriebs der 80er Jahre, Jay McInerney und Tama Janowitz, die wenig schmeichelhafte Bezeichnung »Brat Pack« eingebürgert, was sich etwa mit »die Gören-Bande« übersetzen läßt. Doch anders als Janowitz oder McInerney, die fast nur über Möchtegern-Künstler schreiben, kommt Kunst als potentieller Lebenssinn in Ellis' Büchern nicht vor. »Zunächst muß ich sagen, daß ich aus einer anderen Generation komme als Tama Janowitz oder Jay McInerney. Ich habe wirklich das Gefühl, daß zwischen ihrer Generation und meiner Welten liegen, auch wenn wir vom Alter her gerade mal acht Jahre auseinander liegen. Aber so wie unsere Kultur aufgebaut ist, wechseln die Generationen sehr schnell. Alle drei oder vier Jahre kommt eine neue Generation. Ich bin jetzt 27 und habe festgestellt, daß ich mit Leuten, die 22 oder 23 sind, sehr wenig gemeinsam habe, ebenso mit Leuten, die 30 oder 31 sind. Aufgrund der Schnellebigkeit unserer Kultur hat jede dieser Gruppe ein völlig anderes Wertesystem. Was meine Werte angeht, verallgemeinere ich in den Büchern bis zu einem gewissen Grad, aber ich bin kein Soziologe und erst recht nicht der Sprecher einer Generation. Andere Leute scheinen das zu glauben und sind deshalb böse auf mich, weil sie sich wohl einen unbeschwerteren, optimistischeren Sprecher für diese Generation wünschen. Viele meiner Freunde sind Schriftsteller, andere sind beim Ballett oder arbeiten als Fotografen, Maler oder Musiker. Ich habe allerdings noch nie über diese Leute geschrieben. Wenn ich über einen Schriftsteller oder Maler schreiben würde, hätte ich vielleicht eine andere Einstellung, aber bisher hat mich das nie gereizt. Ich bin einfach nicht daran interessiert, über einen Künstler zu schreiben. Aber ich muß betonen, daß dies an meiner ganz persönlichen Haltung liegt, daß es Ausdruck der Sensibilität und des Temperaments eines bestimmten Autors ist. Hätte sich ein anderer Schriftsteller mit dem Thema von *American Psycho* befaßt, wäre vielleicht eine heitere Komödie herausgekommen oder eine bewegende Liebesgeschichte. Aber ich besitze eben ein anderes Temperament, ich sehe die Dinge anders, und ich glaube, daß diese Darstellungsformen unehrlich wären.«

Norman Mailer wirft Ellis vor, er mißbrauche Literatur als Therapieform, indem er den Roman benutze, um seine persönlichen Dämonen zu exorzieren. Ellis verteidigt sich: »Ich glaube, unbewußt macht ein Schriftsteller das immer. Dabei spielt es gar keine Rolle, was für ein Buch man schreibt – ob eine Farce, einen Kriegsroman oder einen historischen Roman, der mit der Zeit, in der man lebt, nichts zu tun hat. Das läßt sich einfach nicht vermeiden. Wenn man schreibt, ist das immer Kampf mit Dämonen. Da könnte also durchaus etwas Wahres dran sein. Der Gedanke lag mir zwar fern, als ich das Buch schrieb, aber so etwas läuft wohl im Unterbewußtsein ab – ein Schriftsteller und überhaupt jeder, der etwas Kreatives macht, beschäftigt sich nun mal mit den Dämonen, von denen er besessen ist. In diesem Punkt bin ich mit Norman Mailer also ganz einig. Nur hat er das als etwas Negatives betrachtet. Und da widerspreche ich. Ich glaube, das läßt sich gar nicht vermeiden, wenn man einen Roman schreibt.« Als ich Ellis frage, wie er zu den Vorwürfen der amerikanischen Frauenverbände steht, die in *American Psycho* nur eine Verherrlichung von Gewalt gegen Frauen sahen, wird er heftig: »Für mich bezieht dieses Buch klar Stellung. Das ist ja der Grund, weshalb die Gewalt so extrem ist. Meiner Meinung nach richtet sich das Buch entschieden gegen Gewalt, gegen Frauenhaß. Aber nach der Reaktion der Öffentlichkeit stellt sich mir die Frage: Ist die Darstellung von Gewalt gegen Frauen Gewalt gegen Frauen? Ich finde nicht.« Er zuckt resigniert mit den Schultern. Man merkt, daß er es satt hat, gegen Windmühlen zu kämpfen. Nachdenklich fügt er hinzu: »Diese Kontroverse hat mit dem heute in Amerika kursierenden Begriff der politischen Korrektheit zu tun. Ich halte mein Schreiben aber nicht in dem Sinne für politisch, daß ich als ›Künstler‹ mein Material zensieren muß. Ich vertraue dabei einfach meinem jeweiligen Gefühl. Wenn diese Vorstellungen des politisch Korrekten in den Bereich dessen eindringen, was Menschen als Künstler schaffen, dann ist das der Bankrott unserer Kultur. Dann sind wir am Ende, dann werden wir nur noch Filme wie *Der mit dem Wolf tanzt* oder *Kevin – Allein zu Haus* oder *Ghost* zu sehen bekommen. Diese Kultur wäre ungemein langweilig und fad.«

Aber hat er nicht Angst, mit seinem Buch Gewalt zu

legitimieren?« »Wenn jemand dieses Buch liest und daraufhin beschließt, jemand zu töten, ja, das wäre schrecklich. Aber mir ist kein einziger Fall bekannt, wo Literatur so etwas ausgelöst hätte. Ich weiß, viele Vergewaltiger sagen, daß sie an einem bestimmten Punkt stark von Pornografie beeinflußt worden sind und deshalb zu ihren Taten getrieben wurden. Aber ein Zusammenhang zwischen Literatur und Verbrechen ist nie bewiesen worden. Deshalb finde ich es seltsam, mich immer wieder für etwas rechtfertigen zu müssen, was rein hypothetisch ist. Hier in den USA gab es John Hinckley und Mark David Chapman, der eine wollte Reagan töten, der andere hat John Lennon erschossen. Beide waren stark von Salingers *Der Fänger im Roggen* beeinflußt und haben bei ihren Taten dieses Buch bei sich gehabt. Heißt das, daß wir jetzt auch Salingers Roman verbieten müssen? Wer kann schon sagen, was der Auslöser für den Amoklauf irgendeines Irren ist? Selbst wenn es also solche Fälle geben sollte, würde das bedeuten, daß wir als Schriftsteller unsere künstlerischen Instinkte einer Zensur unterwerfen müssen, weil es einen winzigen Teil der Bevölkerung gibt, der unsere Bücher mißverstehen und durchdrehen könnte?«

American Psycho will verstören, schildert das New York der 8oer Jahre als eine Welt des schnellen Gelds, der Statusspielchen, als eine Hölle der Oberflächlichkeit. »Oberfläche, Oberfläche, Oberfläche«, sagt Patrick Bateman einmal. Und später: »Nichts verschaffte mir Erleichterung. Bald wurde mir alles schal: noch ein Sonnenaufgang, Heldenleben, große Liebe, Krieg, Entdeckungen, die Menschen übereinander machen.« Patrick Bateman ist das Produkt eines ethischen Vakuums, doch diese Erkenntnis wird dem Leser nicht mundgerecht serviert, nirgendwo werden gängige psychologische Erklärungen angeboten. Daß es in der Warenwelt kein wahres Leben geben kann, macht Ellis durch seinen virtuosen Umgang mit Markennamen deutlich – in seiner Lifestyle-Satire trinkt man Evian oder Perrier, pflegt sich mit Clinique, hat eine Rolex, fährt BMW, trägt Armani oder Krizia oder Hugo Boss. Das Tiefsinnigste, was die in diesem Konsumkosmos gefangenen Menschen sagen, sind Sätzen wie: »Ich fand die Pinto-Bohnen mit Lachs und Minze wirklich, wirklich ... na ja.« *American Psycho* ist unerträglich – unerträglich durch die monotone Langeweile der Aufzählungen und Wiederholungen, unerträglich durch seine Grausamkeit, unerträglich wie die Welt, die Ellis beschreibt.

Das Ärgerliche an der Kontroverse um *American Psycho* ist für Ellis das Unverständnis, mit der die amerikanische Öffentlichkeit auf dieses Buch reagierte: »Ich kann verstehen, wenn jemand dieses Buch liest und angeekelt ist von dem Typ, den Patrick Bateman repräsentiert. Die Gewalt ist aber nur eine Folge dessen, was für ein Mensch Bateman ist und wie er sein Leben führt. Auch ich finde die Gewaltszenen ekelerregend, ich halte sie für abstoßend und scheußlich. Gleichzeitig mußten diese Szenen für mich als Autor aber an diesen Stellen im Buch stehen. Fast war es so, als hätte es gar nicht in meiner Hand gelegen. Ich war dermaßen in die Stimme dieses Erzählers vertieft, daß es mir unehrlich vorkam, diese Szenen nicht im Buch zu haben. Es war eine rein ästhetische Entscheidung, es ging mir überhaupt nicht darum, die Leser zu schockieren oder in Rage zu bringen. Ich wollte lediglich der Stimme dieser Gestalt, die ich erschaffen hatte, treu bleiben. Mehr steckt im Grunde nicht dahinter. Wenn man das Buch liest, sieht man diese Szenen kommen und kann sie auslassen. Man muß dieses Buch nicht lesen. Es wird niemandem aufgezwungen. Wenn man ihm eine Chance geben möchte, schön. Aber nach dem Zirkus, den die Presse um das Buch machte, hatte man den Eindruck, als wollten diese Leute sagen: Ganz Amerika hat ein Exemplar im Briefkasten gefunden, das dürfen wir uns nicht bieten lassen, wir müssen uns gegen dieses Buch wehren, wir müssen dafür sorgen, daß es nicht in unseren Buchhandlungen ausliegt, es muß unter den Ladentisch verbannt werden. Meine Haltung dazu ist, den Leuten zu erklären: Immer mit der Ruhe, das ist nur ein Roman, alles ist frei erfunden, reine Fiktion, ich verleumde niemand, den es wirklich gibt. Ich verstehe einfach nicht, wieso man sich darüber so aufregt, weshalb man nach einem Sündenbock suchen muß oder jemand braucht, dem man die Schuld an diesem Buch in die Schuhe schieben kann. Es ist nur ein Roman.«

So ganz nehme ich Ellis das nicht ab, eine gewisse Lust an der Provokation merkt man ihm schon an. Aber warum soll Literatur nicht provozieren? In der aufgeheizten Atmosphäre nach den Morddrohungen gegen ihn ist jede Antwort, die ich auf meine Fragen von Ellis bekomme, eine Abwehr. Er merkt es selbst, ärgert sich darüber. »Das Schlimme ist, daß ich auf jeden Scheiß, den irgendwer in mein Buch hineinliest, reagieren soll. Dieses Mißverständnis, den Autor mit seinem Thema oder den Leuten zu verwechseln, über die er schreibt, ist ein kurioses Phänomen, das in letzter Zeit im amerikanischen Literaturbetrieb aufgetreten ist. So etwas ist natürlich ein Schlag ins Gesicht, eine Beleidigung. Aber was kann ich als Schriftsteller dagegen tun? Soll ich der Presse erwidern: He, Moment mal, ich bin das nicht? Ich halte es für das beste, solchen Quatsch einfach zu ignorieren. Es gibt Leute, die das Buch verstehen, und Leute, die es nicht verstehen – na wenn schon. Im Grunde ist es doch so: man hat ein Buch geschrieben, es wird veröffentlicht, und für den Autor ist es abgeschlossen, er wendet sich Neuem zu. Zumindest bisher war mir die Reaktion der Leser nicht so wichtig. Im wesentlichen schreibe ich, weil mich ein bestimmter Stoff interessiert, er spricht mich auf irgendeine Weise an, und mich interessiert, *warum* er mich interessiert. Das ist der Grund, weshalb ich schreibe. Ich schreibe weder für einen Agenten noch für einen Lektor, noch für sonst wen. Schon gar nicht für die Literaturkritiker der *New York Times*. Ich schreibe für mich.«

In Milwaukee wird am Tag nach meinem Gespräch mit Ellis der Massenmörder Jeffrey Dahmer festgenommen, der siebzehn Männer auf bestialische Weise ermordet hat. Gegen die Realität protestiert niemand.

BIBLIOGRAPHIE

Less Than Zero, 1985, in der Übersetzung von Sabine Hedinger bei Rowohlt, 1986.
The Rules of Attraction, 1987, in der Übersetzung von Wolfgang Determann als *Einfach unwiderstehlich!* bei Rowohlt 1988.
American Psycho, 1991, in der Übersetzung von Clara Drechsler und Harald Hellmann bei Kiepenheuer & Witsch 1991.
The Informers, 1994.

RICHARD FORD:
DIE AURA
DES UNAUSGESPROCHENEN
▼▼▼

▼▼▼

»You can't miss it!« hatte er mir fröhlich versichert, als ich von San Francisco aus mit ihm telefonierte. »Die Interstate 95 von Manhattan rauf bis nach Rhode Island, dann zur Ausfahrt Newport, und von da sind's noch zehn Minuten bis nach Jamestown.« Klar kann ich Jamestown nicht verfehlen, ich komm ja erst gar nicht so weit, schimpfe ich vor mich hin, während ich in der Dunkelheit einen weiteren Truck überhole, dessen Laderaum die Hoffnung Amerikas birgt. »WE CARRY THE HOPE OF AMERICA!« läßt die Hope Brewing Company aus New Jersey ihre Bierlaster verkünden. Ankunft in La Guardia mit satten drei Stunden Verspätung, die billige Mietwagenfirma wollte sich mit meinem internationalen Führerschein nicht anfreunden, auf der Interstate herrscht Stau, und im Radio läuft Julio Iglesias: es hat Interviews gegeben, die vielversprechender begannen. Sechzig Meilen vor Newport gebe ich auf, rufe Richard

Ford an und verabrede, ihn statt wie geplant zum Abendessen am nächsten Tag zum Lunch zu treffen.

Er holt mich am Hotel ab; ein schlanker Mann mit hoher Stirn und sehr, sehr hellblauen Augen. Seine Stimme hat einen singenden Südstaaten-Drawl, der die Vokale etwas überdehnt und die Konsonanten leicht verschleift. Auf dem Weg zu einem Fischlokal am Hafen von Newport unterhalten wir uns über Journalismus. Ford meint, vielen durch den New Journalism geprägten Schreibern fehle die Fähigkeit zum Zuhören, das eigene Ich dränge sich zu sehr in den Vordergrund. Am Straßenrand sieht er den Wagen seines Postboten. Ford hält an, steigt auf ein Schwätzchen aus und läßt die Wagenschlüssel stecken. Tom Wolfe, sagt er, als er sich wieder hinters Steuer setzt, hätte sich zu seinen besten Zeiten so eine Reportage nicht entgehen lassen: ›Wie ich Richard Fords Auto klaute und damit durch die USA gondelte.‹ Der Mann hat Humor.

Eigentlich möchte er nicht allzu viel von seinem Leben erzählen, erklärt er mir beim Essen, dieses Hausierengehen mit der eigenen Biografie lehne er ab. Außerdem verleite es zu dem Trugschluß, alles, was ein Schriftsteller schreibe, wurzele in seiner Biografie. Das sei Quatsch, jedenfalls was ihn betreffe. In dem riesigen, freistehenden Haus in Jamestown, wo er sich den Sommer über mit seinen zwei Hunden eingemietet hat, verrät er dann doch einiges über seine Herkunft. »Ich wurde 1944 in Jackson, Mississippi geboren. Mein Vater verkaufte Wäschereistärke. Er war das, was man im Amerikanischen einen ›traveling salesman‹ nennt.

Ich war ein Einzelkind, und bevor meine Mutter schwanger wurde, zogen meine Eltern kreuz und quer durch die Südstaaten. Als ich dann unterwegs war, suchten sie sich ein Haus in Jackson, weil das ungefähr in der Mitte des Reisegebiets meines Vaters lag. Er klapperte mit dem Auto die Südstaaten rund um Mississippi ab: Louisiana, Arkansas, Tennessee, Alabama, einen Teil Floridas, Texas. Meine Eltern waren schon fünfzehn Jahre verheiratet, als ich zur Welt kam, sie stammten beide aus dem östlichen Teil von Arkansas.«

In diesem Grenzgebiet zwischen Arkansas und Mississippi spielt auch Fords erster Roman, *A Piece of My Heart*, und was Ford von seinen Eltern erzählt, klingt sehr vertraut: man kennt diese Biografie von den Eltern Sam Newels, einem der beiden Männer, die es im Roman für einige Tage auf eine kleine Insel im Mississippi verschlägt. Der 28jährige Rechtsanwalt Newel reist von Chicago in den tiefen Süden, weil er dort seine Kindheit verbracht hat und nicht von den Erinnerungen daran loskommt; er glaubt, man könne »die Zukunft nur mit einer geordneten Vergangenheit beginnen.« Den sechs Jahre älteren Bauarbeiter Robard Hewes locken prosaischere Motive an den Mississippi, er will eine Cousine wiedertreffen, die ihn vor zwölf Jahren einmal verführt hat und ihm immer noch schmachtende Liebesbriefe schickt. Für einen der beiden Männer endet die Sentimental Journey tödlich.

Den Mord nimmt Ford schon im Prolog vorweg, wer von beiden mit dem Leben bezahlen muß, erweist sich jedoch erst auf den letzten Seiten des Romans. Abwechselnd aus der Perspektive Hewes' und Newels erzählt, beginnt das Buch wie so viele amerikanische Geschichten: ein Mann verläßt seine Frau, setzt sich in seinen Pickup und fährt einfach los, »zum Highway nach Süden«. Unterwegs gabelt er eine Anhalterin auf, deren Auto liegengeblieben ist. Diese Frau hat eine verkorkste Ehe hinter sich, sagt Sätze wie: »Das Leben ist schnell vorbei« und macht sich an den Fremden ran. Vor der obligatorischen Nacht im Motel sehen die beiden einen Sattelschlepper: »In den Staub und die geronnene Schmiere auf der Seite war in großen Lettern HOL MIR EINEN RUNTER und darunter NIMM NOCH EIN KLEINES STÜCK MEINES HERZENS gemalt, als ob eine Zeile aus der anderen folgte und das Ganze einen Sinn ergäbe.«

Newel und Hewes sind reif für die Insel. Das Unerledigte in ihrer Vergangenheit treibt sie so unausweichlich dorthin wie das Unwetter in Shakespeares *Sturm* das Schiff des Königs von Neapel zu Prosperos ödem Eiland. Die Parallelen zwischen Shakespeares Zauberkomödie und Fords Geschichte zweier existentiell Schiffbrüchiger lassen sich fortführen, *Der Sturm* liefert einen möglichen Schlüssel zu *A Piece of My Heart*. Da ist zum Beispiel Mr. Lamb, als Herr der Insel ein Prospero ganz eigener Art, dessen schwarzer Hausdiener Caliban und Ariel in einer Person vereinigt. Wo Shakespeare zwischen Ferdinand und Miranda von Liebe auf den ersten Blick erzählt, schildert Ford die fast sadomasochistische Inzestgeschichte zwischen Hewes und seiner perversen Cousine. Und wie Shakespeares Insel ist auch Fords Handlungsort zeitlos und auf keiner Karte verzeichnet – Mr. Lamb hat vor Jahren einmal zwei Landvermesser im Dienst der Armee beim Wildern erwischt, und weil er von einer Anzeige absag, wurde sein kleines Reich als Gegenleistung von den Kartografen einfach ›vergessen‹.

Von den Zeitläuften vergessen, in ihrem Brackwasser der Geschichte abgeschnitten vom Rest des Landes, wirken auch die Menschen am großen Strom, die in Fords Roman auftauchen. In ihrer Sprache fängt Ford die typische Sprechweise der Südstaaten ein: »›I did just kill a man here, wasn't a minute past you drivin up.‹ ›Who'd you kill?‹ he said, watching the empty boat dawdling in the rain breeze. ›Damned if I know. Whoever it was, though, didn't have no business being here. I'll tell you that. I'll tell you that right now.‹«

Sieben Jahre hat Richard Ford an dieser Geschichte der Leidenschaften geschrieben, die schwül ist und drückend wie ein Sommertag im Sumpfland des Ole Man River und in ihrer unerbittlichen Strenge bisweilen alttestamentarisch anmutet. Aus dieser engen Welt der Südstaaten ist Ford nach seiner Schulzeit in Jackson so schnell wie möglich geflohen. 1962 beginnt er ein literaturwissenschaftliches Studium, bewußt nicht an der University of Mississippi, sondern in East Lansing, Michigan. »Ich habe immer gespürt, daß mit dem Ort, wo ich lebte, irgend etwas nicht stimmte. Die Schulen, die ich in Mississippi besuchte, hatten natürlich nur weiße Schüler, damals herrschte noch die Rassentrennung. Ich habe mir bestimmt keine originellen Gedanken darüber gemacht, aber mir war immer klar, wie unnatürlich das war. Deshalb bin ich nach Michigan gegangen, wo es offiziell keine Rassentrennung gab.«

Richard Ford ist von Kritikern oft in die Nähe der klassischen Südstaaten-Romanciers wie William Faulkner oder Eudora Welty gerückt worden. Mit der großen alten Dame der Southern Renaissance ist Ford heute befreundet, er erzählt mir eine Anekdote, wie ihn seine Mutter einmal auf die Schriftstellerin aufmerksam machte, die ebenfalls in Jackson wohnte. »Wir gingen in einen Grocery Store, wo man an einer Imbißtheke auch etwas Warmes essen konnte. Als wir auf unsere Bestellung warteten, kam Eudora Welty in den Laden, und meine Mutter zeigte mir die Frau und erklärte mir, wer sie war und was eine Schriftstellerin ist. Ich habe damals natürlich nicht im Traum daran gedacht, einmal den gleichen Beruf zu ergreifen, außerdem konnte ich mir gar keinen Begriff davon machen. Aber ich erinnere mich noch sehr genau, daß meine Mutter großen Respekt vor ihr hatte, und wenn man merkt, daß die Eltern etwas für bedeutend halten, dann beeinflußt das einen. Durch Eudora Welty in Jackson und Faulkner in Oxford umgab das Leben in Mississippi damals ein gewisses literarisches Flair. Meine Mutter war eine eifrige Leserin, während mir Lesen immer schwer gefallen ist. Ich hatte als Kind eine regelrechte Leseschwäche. Weil es mir solche Mühe machte, habe ich mich damals nie für Bücher interessiert. Auch heute fällt mir das Lesen nicht leicht, obwohl ich weiß Gott sehr viel Zeit damit verbringe. Wenn es nicht solchen Spaß machte, würde ich sofort damit aufhören. Zum Glück konnte ich diese Leseschwäche durch eine Art kompensatorische Liebe zur Sprache ausgleichen. Ich mochte den Rhythmus der Sprache, den Klang einzelner Worte. Mit Literatur hatte das wenig zu tun, es ging mir um gesprochene Sprache, um Schlagfertigkeit und Humor. Ich habe als Kind oft Leute imitiert, und in meinem Freundeskreis war Ironie sehr wichtig. Einige Lehrer auf unserer Schule haben diesen ironischen Zug in uns erkannt und versucht, uns dadurch für Chaucer oder Mark Twain zu begeistern.«

Die Südstaaten der USA waren schon immer ein besonderer Ort für Literatur. Warum hat diese Region so viele bedeutende Autoren hervorgebracht? Walker Percy, ebenfalls ein Südstaaten-Autor, beantwortet diese Frage einmal schlicht mit: »Weil wir verloren haben.« Seit der Niederlage im Bürgerkrieg gelten die Südstaaten als Land der geborenen Geschichtenerzähler, der Schaumschläger, Wortverdreher und Lügenbarone; hier, so will es die Fama, ist die Tradition des mündlichen Geschichtenerzählens auch heute noch lebendig. Ford widerspricht solchen Klischeevorstellungen: »Dieser Hang zum Fabulieren ist keine Eigentümlichkeit der Südstaaten, das machen Juden in New York genauso. In meiner Familie gab es diese Tradition des Geschichtenerzählens gar nicht. Das hat auch etwas mit unserer Herkunft zu tun. Meine Mutter stammte aus ganz armen Verhältnissen, mein Vater ist auf einer Farm aufgewachsen. Beide wollten nach oben, sich verbessern. Deshalb haben sie nach vorn geschaut und den Blick zurück auf ihre Vergangenheit möglichst vermieden. Es hat im Vorleben meiner Familie viele Dinge gegeben, die alle verschweigen wollten. Direkt gelogen haben meine Eltern zwar nie, aber ich war es gewohnt, daß meine Fragen entweder gar nicht oder nur ausweichend beantwortet wurden. Dauernd hieß es: ›Frag nicht, das interessiert dich nicht, darüber will ich jetzt nicht reden.‹ Ich war mir also ständig bewußt, daß es im Leben meiner Eltern und Großeltern und den Generationen davor Dinge geben mußte, die anstößig waren oder die man zumindest dafür hielt. Das ist natürlich hochdramatisch, daß da etwas Verborgenes lauert und die folgenden Generationen zur Verleugnung zwingt – im Grunde ist das ja das eigentliche Thema von *Absalom, Absalom!* Wenn einem überhaupt nichts erzählt wird und man sich die Zusammenhänge alle selbst zusammenreimen muß, kann das genauso zum Ausdenken von Geschichten anspornen, wie wenn man in einer Familie aufwächst, wo die Tradition des mündlichen Geschichtenerzählens gepflegt wird.«

Die Leichen im Keller der Familie Ford waren im Vergleich zu Faulkners Epos vom Aufstieg und Fall der Sutpen-Dynastie in *Absalom, Absalom!* eher bescheidener Natur. Sein Großvater mütterlicherseits hatte seine Frau verlassen, um in Kalifornien sein Glück zu suchen, sein Großvater väterlicherseits war ein Selbstmörder. »Ich war 38, als ich das herausfand, und zu diesem Zeitpunkt war das natürlich nur noch kurios. Aber während meiner Kindheit dachte man wohl, ich würde meine Familie für minderwertig halten oder mit irgendeinem Makel behaftet, wenn ich das erfahren hätte. Vielleicht hat sich in mir deshalb die Überzeugung gebildet, daß im Leben Motive und Gedanken nie völlig offenliegen und zweifelsfrei auslotbar sind. Man kann seine Mitmenschen nie ganz erfassen und festlegen. Jeden Menschen umgibt die Aura des Unausgesprochenen.«

Dieses Zögern, sich ein für allemal auf etwas festzulegen, spiegelt sich auch in Richard Fords Verhältnis zum Beruf des Schriftstellers. Nach Abschluß seines Studiums arbeitet er in der Autostadt Flint im Bundesstaat Michigan ein Jahr als Lehrer. »Ein schöner Beruf, aber das war nichts für mich«, erzählt mir Ford. Er sattelt um, schreibt sich für Jura an der Washington University in St. Louis ein. Dort hält er es genau ein Semester aus. Dann bricht er das Studium ab und heiratet 1968 die Stadtplanerin Kristina Hensley, die er an der Michigan State University kennengelernt hat; ihr sind alle seine Bücher gewidmet. Ford über seine ersten Jahre als Schriftsteller: »Ich habe erst mit 24 ernsthaft mit Schreiben begonnen. Davor hatte ich auf dem College einige Kurzgeschichten geschrieben, aber das war nur Spielerei. Als ich mich von dem Gedanken verabschiedet hatte, Rechtsanwalt zu werden, wußte ich wirklich nichts mit mir anzufangen. Ich erinnerte mich an die Geschichten, die ich zwei oder drei Jahre zuvor geschrieben hatte, und da dachte ich mir, das wäre doch was, damit könntest du weitermachen. Im Rückblick erscheint das ungeheuer versponnen und naiv. Ich habe mir damals gesagt, daß ich mir acht Jahre Zeit geben würde, um herauszufinden, ob ich ein Buch schreiben kann. Lange habe ich gezögert, mich einen Schriftsteller zu nennen. Und auch heute kann ich mich mit diesem Begriff nicht so recht anfreunden. Ich mag es nicht, mich als Profiautor zu bezeichnen und die Schriftstellerei als Beruf oder Karriere zu sehen, denn ich bin in den 60er Jahren aufgewachsen, und für mich schwingen bei diesen Begriffen Assoziationen an Engstirnigkeit und Fachidiotie mit – ein ›professional‹, das ist einer, der nicht über den eigenen Tellerrand hinausguckt. Kunst ist das genaue Gegenteil davon. Deshalb habe ich immer an der Vorstellung des Schriftstellers als Amateur festgehalten. Für mich ist ein Schriftsteller ein Amateur, der sich dem, was er schreibt, ernsthaft widmet. Als ich 1986 zum erstenmal Europa besuchte, mußte ich bei der Einreise nach England ein Formular ausfüllen und meinen Beruf angeben. Ich habe lange hin und her überlegt, ob ich da Schriftsteller eintragen sollte, weil es so lächerlich klang. Ich reiste schließlich in ein Land, in dem zu diesem Zeitpunkt keine Bücher von mir lieferbar waren, und ich finde, wenn man keine Bücher lieferbar hat, dann ist man auch kein Schriftsteller.«

Das klingt sehr marktorientiert, doch Ford hat zu viele Creative Writing-Kurse besucht und selbst gehalten, um nicht angeekelt vom Selbstbetrug zahlloser Möchtegern-Schriftsteller zu sein. Zum Schreiben gehöre das Publikum, erklärt mir Ford, alles andere nennt er ›bullshit‹. »Schriftsteller ist man nur dann, wenn die Leute lesen können, was man schreibt. Man ist nicht einfach deshalb Schriftsteller, weil man schreibt. Man muß nicht unbedingt veröffentlicht werden, aber in jedem Fall braucht man ein Publikum, das einem das Gefühl vermittelt, daß der Text seine Leserschaft erreicht. Ich käme mir wie ein Esel vor, wenn ich für die eigene Schublade schriebe. Das hat auch etwas mit meiner Lebenserfahrung zu tun, mit meiner Kindheit und Jugend. Ich habe als Kind in vielem versagt – in der Schule, beim Sport, bei allem möglichen. Dadurch ist mir bewußt geworden, wie behaglich man sich in einer Scheinwelt der eigenen Wunschträume einrichten kann, die mit dem wirklichen Leben überhaupt nichts mehr zu tun hat. Man kann seiner Umwelt nur allzu leicht etwas weismachen, und ich hatte Angst vor der Befriedigung, die einem solche Luftschlösser vermitteln. Als ich mit Schreiben begann, habe ich deshalb einen festen Vorsatz gefaßt: Ich gab mir acht Jahre Zeit, in denen ich nichts als schreiben wollte. Wenn ich danach versagt hatte, nun gut. Auf keinen Fall wollte ich acht Jahre lang anderen Menschen erzählen, ich sei Schriftsteller, und dann am Ende nur heiße Luft vorzuweisen haben. Meine Bücher sind das beste, was ich zu leisten in der Lage bin, das, wofür ich mich am meisten anstrenge, wofür ich keine Entschuldigungen und Ausflüchte parat habe. Also möchte ich diesen Teil von mir meiner Mitwelt zukommen lassen – nicht als persönliche Geste, sondern einfach als Objekt, von dem ich hoffe, daß es nützlich ist.«

Wenn Richard Ford von Versagen spricht, dann treibt ihn die Angst davor sichtlich um. Das nimmt für ihn ein, denn im übrigen strahlt Ford viel von jenem uramerikanischen Selbstvertrauen aus, das europäischen Augen leicht als polternde Überheblichkeit erscheint. Unten in der Küche des

Hauses steht neben einem Foto von Kristina eine Aufnahme, die ich schon im New Yorker Büro von Fords Lektor Gary Fisketjon gesehen habe: Ford und Fisketjon knien auf einem Waldweg, halten grinsend in Hemingway-Pose Gewehre in den Händen. So etwas verleitet natürlich zu Gemeinplätzen über Männerbündelei und Macho-Allüren, und es wäre nicht das erste Mal, daß der Jäger, Angler und Motorradfahrer Ford als eine Art Hemingway-Klon beschrieben würde. Nichts könnte weiter von der Wahrheit entfernt sein. »Ich habe entweder überhaupt keine Angst vor dem Versagen oder eine so übermächtige Angst, daß es ab einem bestimmten Punkt fast schon auf dasselbe hinausläuft«, erzählt mir Ford, als ich ihn danach frage, ob seine Entscheidung für ein Leben als freier Schriftsteller nicht beträchtlichen Mut erfordert habe. »Kristina und ich hatten beide Ziele für unser Leben, die wir realisieren wollten, und das stellten wir in den Vordergrund. Wir schränkten uns ein, verzichteten auf ein Haus oder ein zweites Auto und schlugen uns so durch. Wenn man einen Sinn für Prioritäten besitzt, kann man sich eine große persönliche Freiheit erhalten. Das gilt natürlich nur, solange man keine Kinder, keine Schulden, kein Alkoholproblem und keinen Beruf hat, der einen an einen bestimmten Ort fesselt. Wir wollten hinterher keine Ausflüchte haben, falls wir versagten. Ich war mir immer bewußt, daß man im Leben ständig vor einem Abgrund steht – das liegt vielleicht an meiner protestantischen Herkunft. Und hat man einmal in diesen Abgrund geblickt, dann läuft man die Hälfte der Zeit davor weg und die Hälfte der Zeit darauf zu. Soweit ich mir überhaupt ein konkretes Bild davon machen konnte, bestand für mich dieser Abgrund immer in der Vorstellung, lange Zeit mit Schreiben verbracht zu haben und nicht gut darin zu sein.«

So schreibt Richard Ford mit der Angst im Nacken – der Angst, daß der Faden reißt, der Angst vor dem Abgrund. »Ich hatte mich innerlich schon damit abgefunden, am Ende vielleicht erkennen zu müssen, daß ich einfach kein guter Schriftsteller bin. Und auch heute weiß ich nie, ob das nächste Buch nicht doch mißlingt. Im Unterschied zu anderen Berufen kann man sich beim Schreiben nur wenige Fertigkeiten aneignen, die einem Selbstvertrauen verleihen und beim nächsten Projekt helfen.« Die gleiche Versagensangst treibt auch die Protagonisten von Fords Romanen um, die bisher immer auch Chroniken des Scheiterns waren. Ford schreibt über Menschen, die an einem toten Punkt angelangt sind. Frank Bascombe etwa, die Titelfigur aus *The Sportswriter*, der gleich zu Beginn des Romans diese Bilanz seines Lebens zieht:

»Mein Leben ist in diesen zwölf Jahren keineswegs übel gewesen, und das ist es auch heute noch nicht. Es ist in fast jeder Beziehung phantastisch gewesen. Und obwohl mir mit zunehmendem Alter immer mehr Dinge angst machen, und obwohl mir immer klarer wird, daß einem üble Dinge passieren können und auch tatsächlich passieren, gibt es sehr wenig, was mich wirklich beunruhigt oder nachts nicht schlafen läßt. Ich glaube immer noch an Liebe und Leidenschaft. Und ich würde nicht viel oder gar nichts ändern. Vielleicht würde ich mich nicht mehr scheiden lassen. Und mein Sohn, Ralph Bascombe, würde nicht sterben. Aber das ist, was diese Dinge betrifft, auch schon alles.«

Das reicht ja dann auch. In der Figur des ehemaligen Schriftstellers und Sportjournalisten Frank Bascombe hat sich Richard Ford ausgemalt, wie sein Leben vielleicht verlaufen wäre, wenn er Anfang der 80er Jahre eine andere Entscheidung getroffen hätte. 1981 war sein zweiter Roman erschienen. *The Ultimate Good Luck*, ein in Mexiko angesiedeltes Buch über einen Vietnamveteranen, erhielt zwar gute Besprechungen, verkaufte sich aber genauso schleppend wie zuvor schon *A Piece of My Heart*. »Ich befand mich damals in einer Zwickmühle«, erzählt mir Ford über diese Zeit. »Einerseits hatte ich tolle Kritiken, aber ich fühlte mich dadurch wenig ermutigt, und meine Bücher fanden einfach keine Leser. Außerdem hatte ich damals nichts, worüber ich schreiben wollte. Für mich war Schreiben immer ein Handwerk, und wenn man in einer Richtung blockiert ist, dann muß man eben etwas anderes machen. Also fragte ich meinen Agenten, ob er mir nicht einen Job als Sportreporter besorgen könnte. Damals gab es ein Konkurrenzblatt zu *Sports Illustrated* unter dem Titel *Inside Sports*, und für die habe ich ein Jahr lang als Reporter gearbeitet. Ich bin durch die ganzen Vereinigten Staaten gereist, habe Sportler und Trainer interviewt und dann meine Artikel geschrieben. Mir hat diese Arbeit Spaß gemacht, wir lebten in New York, verdienten nicht schlecht, und ich erhielt Angebote, ob ich nicht Bücher über Boxer und solche Themen schreiben wollte. Meine Romane hatten sich kaum verkauft, warum sollte ich mir wegen der Literatur also den Kopf zerbrechen? Ich dachte, wenn mir der Sportjournalismus ein regelmäßiges Einkommen sichert, dann mache ich für den Rest meines Lebens eben das. Aber dann wurde *Inside Sports* eingestellt, und die Redakteure bei *Sports Illustrated* wollten mir keine Aufträge geben. Hinzu kamen noch eine ganze Reihe anderer Faktoren, der Tod meiner Mutter zum Beispiel, und das alles brachte mich auf den Gedanken, wieder einen Roman zu schreiben. Und da merkte ich, daß ich während der letzten sechs Jahre nichts anderes getan hatte, als in New Jersey zu leben, erst als Schriftsteller, dann als Sportreporter. Also dachte ich, das wäre vielleicht ein Thema. Ich wollte wohlgemerkt nicht über mich schreiben, denn mein Leben verlief anders als das von Frank Bascombe. Aber ich hatte große Sympathie für ihn und konnte Sätze schreiben, die mich zum Lachen brachten. *The Sportswriter* ist in erster Linie ein komischer Roman, wer das nicht erkennt, verpaßt eine ganze Menge.«

Die Komik von *The Sportswriter* ist eine Tragikomik, sie resultiert aus dem Versuch von Fords Ich-Erzähler, sich in einer Normalität einzurichten, die ihm seit seiner Scheidung verschlossen bleibt. »Wir zahlten Rechnungen, machten Einkäufe, gingen ins Kino, kauften Autos und Kameras und Versicherungen, grillten im Garten, gingen auf Cocktailparties, besuchten Schulen und flirteten miteinander in der netten, behutsamen Art von Erwachsenen«, erinnert sich der Sportreporter an das Leben mit »X«, seiner Ex-Frau. Doch mit dem Suburb-Glück ist es aus und vorbei. Auf sich allein gestellt, muß Bascombe feststellen, daß sein Leben von den Rändern her immer mehr ausfranst, daß es jene Normalität und Alltäglichkeit eingebüßt hat, die das ersehnte Valium für seine Existenzängste waren. Je öfter er sich darüber mit Sätzen wie »Es gibt keine transzendenten Themen im Leben« hinwegtröstet, desto klarer wird, daß sein eigenes Leben dies Lügen straft, daß Bascombe gerade an diesem Mangel an Transzendenz leidet und ihn um jeden Preis zu beseitigen versucht. Darüber wird er zum Apologeten des amerikanischen Kleinbürgers, er – der frühere Schriftsteller – feiert nun den Vorstadtmief New Jerseys, preist die Verläßlichkeit des saturierten amerikanischen Mittelstands:

»Heutzutage bin ich gewillt, zu möglichst vielen Dingen ja zu sagen: ja zu meiner Stadt, meiner Nachbarschaft, meinem Nachbarn und meiner Nachbarin, ja zu seinem Wagen, ja zu ihrem Rasen, zu Hecke und Dachrinne. Laßt die Dinge doch so gut sein, wie sie nur können. Schenk uns allen einen gesunden Schlaf, bis es vorbei ist.«

Wie leicht wäre es, dieses Gartenzwerg-Idyll der Lächerlichkeit auszusetzen. Dieser Versuchung widersteht Richard Ford souverän. Er nimmt das Banale ernst, ihm geht es um keine Entlarvung seiner Figuren, er meidet das selbstgefällige Schulterklopfen des Wie-kann-man-nur-so-leben-Gestus.

Wenn in seinen Geschichten jemand Motorrad fährt, dann steht auf dem Nummernschild »LOSER«. Auf alle seine Helden paßt die Bezeichnung »Veteran des modernen Lebens«, wie Vic Sims in der Kurzgeschichte »Das Reich« von einer Unteroffizierin genannt wird, mit der er seine Frau betrügt. »Das Leben ist irgendwie so dünn geworden«, sinniert diese Berufssoldatin. »Es gibt einfach so wenig, das es gut macht.« Diese Erkenntnis bewegt fast alle von Fords Figuren, und daraus resultiert wohl jene glaubhafte Sympathie, mit der ihr Erzähler sie zeichnet. Richard Fords Helden sind »kleine Leute wie wir«, wie es am Anfang von *Wildlife* heißt, seinem letztem Roman, in dem sich ein Mann an die Zeit erinnert, als er 16 war und sich seine Eltern immer weiter auseinanderlebten.

Unaufgeregt, nie auf Spektakuläres oder grelle Effekte bedacht, leuchtet Ford seine Figuren dennoch bis in die letzten Winkel ihrer Schwächen aus, zeigt, ohne billig zu entblößen. »Ich empfinde tatsächlich große Sympathie für meine Figuren«, erklärt mir Ford. »Irgendwann habe ich gelernt, daß genau dies der Sinn von Literatur ist. Wenn man König Lear in seiner Verblendung sieht, empfindet man Schrecken und Mitleid. Ob wir König Lear bedauern oder Othello, Voraussetzung dafür ist immer die Fähigkeit, sich in diese Menschen einzufühlen, ihnen mit einer gewissen Sympathie zu begegnen. Das heißt nicht, daß es immer gute Menschen sein müssen, aber wenn ich keine Sympathie für jemanden empfinde, dann kann ich auch nicht über ihn schreiben. Ich habe zum Beispiel sehr viel Verständnis für die Mutter in *Wildlife*, über die ein Renzensent der *Washington Times* geschrieben hat, sie sei eine Schlampe, weil sie ihren Mann verläßt. Ähnliches stand in den Kritiken über Vicky, die Freundin von Frank Bascombe in *The Sportswriter*. So denke ich nie über meine Figuren. Bei vielen mag das auf Unverständnis stoßen, aber ich bin in gewisser Hinsicht wirklich Humanist, ich denke, die Menschen sind gut. *Wildlife* ist meiner Ansicht nach deshalb in Amerika auf wenig Gegenliebe gestoßen, weil dieses Buch eine sehr intime Seite in uns anspricht, und das mochten einige Leute nicht. Da heißt es dann: Wen interessieren schon solche kleinkarierten Menschen und ihr triviales Leben? Mich interessiert es! Und Updike, Faulkner, Steinbeck und Tschechow haben sich auch für solche Menschen interessiert.«

Fords Vorliebe für das Leben der kleinen Leute, sein Verzicht auf jede erzählerische Wertung des Beschriebenen und vor allem sein scheinbar einfacher, an gesprochener Sprache angelehnter Stil haben ihm den Ruf eines Minimalisten eingetragen. Ford zuckt zusammen, als ich diesen Begriff erwähne, für ihn ist Minimalismus ein Reizwort. »Diesen Begriff hat man von der Kunstkritik ausgeborgt und auf Literatur übertragen. Für mich sind alle solche Begriffe, die Verallgemeinerungen über Literatur treffen, völlig untauglich. Alle Schriftsteller wissen, daß ihre Texte grundverschieden sind von dem, was jemand anderes schreibt. Jeder Versuch, sie unter einer Kategorie zusammenzufassen, beraubt sie eines beträchtlichen Teils ihrer Schönheiten und Besonderheiten. Darunter hatte vor allem mein Freund

Raymond Carver zu leiden. Sein erstes Buch, *Will You Please Be Quiet, Please?*, enthielt eine Reihe prägnanter kleiner Geschichten, die in sehr knappem Stil erzählt waren. Es wurde nicht oft besprochen, und auch sonst löste es nicht gerade eine literarische Sensation aus. Dann ließ sich irgendein Wirrkopf das Schlagwort Minimalismus einfallen, und dieses Etikett blieb an Raymond Carver für den Rest seines Lebens hängen. Dabei hat man aber übersehen, daß er sich in den nächsten zwei, drei Büchern als Schriftsteller entwickelte, über ganz andere Ereignisse und Situationen schrieb als in *Will You Please Be Quiet, Please?*, und das in einem Stil, der sich viel längerer Sätze und viel komplizierterer Konstruktionen bediente. Das hat ihm aber alles nichts genützt, er war ein für alle Mal als Minimalist verschrien. Heute ist dieser Begriff stark abwertend, fast ein Schimpfwort. Das war nicht immer so, doch selbst zu Anfang war Minimalismus ein unnützes Modewort, ohne jede Entsprechung in der Literatur. Aber Anfang der 80er Jahre hat sich keiner von uns daran gestört, wir nahmen das einfach nicht wichtig.«

Zur Beschreibung der eigenen Texte spricht Ford lieber von ›Zugänglichkeit‹. »Ich will kein Buch schreiben, das ich selbst als junger Mann nicht hätte lesen können«, antwortet er auf meine Frage nach seinem schlichten, doch nie formoder kunstlosen Stil. »Die Sprache, in der ich schreibe, ist meine natürliche Ausdrucksweise. Ich versuche nie, etwas zu vereinfachen oder bewußt simpel zu halten, allerdings errichte ich auch keine künstlichen Barrieren in meinen Texten. Ich halte es für ein Mißverständnis, wenn man etwas allgemein Zugängliches für banal hält. Aber selbstverständlich ist auch mein Stil eine rhetorische Form. Das ist die Prämisse jeder Art von Literatur – selbst die einfachste Geschichte ist stilisiert und insofern unnatürlich. Natürlich ist, sich draußen im Gras zu wälzen, einen Spaziergang zu machen und den Wind im Gesicht zu spüren. Diese Art von Natürlichkeit ist in der Literatur immer Illusion. Mitunter wirft man mir vor, daß ich über Menschen aus der unteren Mittelschicht schreibe und ihnen intellektuelle Fähigkeiten und Redeweisen beimesse, die solche Menschen nach Ansicht dieser Kritiker nicht besitzen.

Ich halte das für falsch.

Es ist ein Irrtum zu glauben, daß Menschen aus kleinen Verhältnissen keine großen Gefühle haben, keine Nuancierungen kennen und keine Sprache besitzen, in der sie diese Gefühle und Nuancierungen zum Ausdruck bringen können. Ich mag das nicht, so etwas zeugt von einem Weltbild, für das Literatur das probate Gegengift sein müßte. Literatur ist fast immer spezifisch und nur in Ausnahmefällen abstrakt – bis auf *Gulliver's Travels* und *Pilgrim's Progress* fällt mir jedenfalls keine solche abstrakte Literatur ein. Ich bin in meinem Leben zu vielen Menschen begegnet, die von der Welt verkannt wurden, die man falsch und schlecht behandelt hat, weil man ihnen ihre natürliche Würde nicht zugestehen wollte. Von Menschen auch nur in Begriffen wie ›Klasse‹ oder ›Schicht‹ zu reden ist ein Klischee, das uns den Zugang zu diesen Menschen versperrt. Es ist ein Klischee, das unsere Herzen verhärtet und uns blind dafür macht, daß wir es mit Individuuen zu tun haben, nicht mit abstrakten Kategorien.«

Konkret und nicht abstrakt geht es auch während Fords Arbeit an der Novelle *The Womanizer* zu, der er in den Tagen meines Besuchs gerade den letzten Schliff verleiht. Dafür hat er sich in einem der Zimmer im ersten Stock einen Schreibplatz eingerichtet, bewußt nicht am Fenster, sonst schaue er den ganzen Tag nur seinen spielenden Hunden zu. Über dem Schreibtisch hängt ein Stadtplan von Paris. Die Novelle spielt hauptsächlich am linken Seineufer, und in der ersten Fassung der Geschichte hatte Ford einige Straßennamen einfach erfunden. Als ein Freund von ihm, der in Paris lebende Lyriker C. K. Williams, diese Version las, bestürmte er Ford, die richtigen Straßennamen nehme. »Er meinte, die Leute würden mich für verrückt halten, wenn ich nicht reale Straßennamen benutzte. Mir kommt es darauf an, in meinen Büchern die Illusion eines Ortes schaffen. Diese Illusion mag sich auf Tatsachen gründen oder auf Erfundenem, wichtig ist nur, daß der Leser sie einem abnimmt. Ich habe in meinen Kurzgeschichten über Great Falls in Montana geschrieben, ehe ich je dort gewesen bin.« Zwei dieser Kurzgeschichten aus dem Erzählungsband *Rock Springs* hat Richard Ford später in den Roman *Wildlife* einfließen lassen. Ich frage ihn nach der symbolischen Bedeutung seiner Handlungsorte. »Im Fall von Great Falls sehe ich diesen Symbolwert natürlich auch, aber zunächst geht es mir bei den Namen nur um den Klang – ich wähle den Handlungsort, weil mir das Wort gefällt. Great Falls, dieser Name hat mir gefallen, genauso wie Sunburst oder Kalispell. Wenn ich so ein Wort vor mir auf dem Papier sehe, bereitet mir das ein rein sinnliches Vergnügen, und ich glaube, das überträgt sich auch auf den Leser und läßt ein Bild in seinem Kopf entstehen. Dieses Bild muß nicht unbedingt dem realen Great Falls entsprechen, es ist ein Ort, den ich Great Falls nenne, weil er mir als Kulisse für Ereignisse dient, die ich für wichtig halte. Als ich die Kurzgeschichten schrieb, habe ich mir anhand der Karte ein grobes Bild von der Geografie gemacht und mir einige Straßennamen herausgesucht. *Wildlife* entstand lange, nachdem ich Great Falls mit eigenen Augen gesehen hatte. Ich finde nicht, daß man an den Orten gewesen sein muß, die man literarisch beschreibt. Es genügt, wenn man irgendeinen Zugang zu ihnen hat – durch die eigene Biografie oder einfach durch die Sprache. Ich will aber keine Regel dafür aufstellen. Ich mag keine Regeln für Schriftsteller, denn früher oder später kommt jemand daher, der wunderbar über New York schreibt, aber nie dort gewesen ist, sondern die Stadt nur aus dem Fernsehen oder Kino kennt.«

Einer Statistik der *New York Times* zufolge, ziehen Amerikaner alle sieben Jahre um. Diese Rastlosigkeit kommt nicht nur in Richard Fords Biografie zum Ausdruck – zu seinen Wohnorten zählten unter anderem Chicago, New York, Ann Arbor und New Orleans –, sondern auch in seinen Romanen, die in Montana, New Jersey, Mexiko und dem amerikanischen Süden spielen. Dennoch haben die Landschaften in Fords Werk keinen beliebigen Charakter.

»Ich habe sehr lange über die Wechselwirkung von Menschen und Landschaften nachgedacht. Manches, wovon ich vor fünf Jahren überzeugt war, habe ich mittlerweile über Bord geworfen, anderes sehe ich heute klarer. Letztlich weiß ich nicht, welche Wirkung der Ort, in dem man geboren oder aufgewachsen ist, auf einen ausübt. In meinen Büchern versuche ich daher nicht bewußt, eine Beziehung zwischen Orten und Menschen herzustellen. Ich schreibe allerdings über Menschen, die an Orte kommen, wo sie Fremde sind und die nun eine Verbindung zu diesen Orten suchen. Das trifft auf *Wildlife* zu und in besonderer Weise auf *The Sportswriter*, wo Frank Bascombe eine ganze Theorie entwickelt, warum New Jersey so ein phantastischer Ort zum Leben ist. So etwas versucht der Erzähler von *Wildlife* zwar nicht, aber er ist sich immer sehr bewußt, daß er sich an einem Ort aufhält, wo er nie zuvor war, deshalb sucht er nach Orientierung. Solche Situationen sind für das Leben in Amerika sehr bezeichnend, eben weil die Menschen hier dauernd umziehen. Der nahezu grenzenlose Raum des Kontinents verführt dazu, alle Brücken hinter sich abzubrechen und seine Probleme einfach zurückzulassen. Das wirkt sich auch auf die Literatur aus. Thomas Hardy hat in *The Mayor of Casterbridge* einen Roman über einen Menschen geschrieben, der als junger Mann einen törichten Fehler begangen hat und den Konsequenzen dieses Fehlers nicht entfliehen kann, einfach weil er in England lebt und ihn seine Vergangenheit immer wieder einholt – auch räumlich. Die amerikanische Erfahrung ist da ganz anders. Hier kann ich jederzeit verschwinden, ohne daß mich irgend jemand je wieder sieht. Man geht an einen anderen Ort und ist ein anderer Mensch. Das ist sehr wichtig im amerikanischen Leben – daß hinter dem Horizont ein neues Leben auf einen wartet, das man erreichen kann, indem man seine Angst vor dem Fremden überwindet.«

Wenn Richard Ford davon spricht, ein neues Leben anzufangen, tritt ein Funkeln in seine Augen – der Gedanke, einfach von der Bildfläche zu verschwinden, scheint ihn zu reizen. Ob er sich denn vorstellen könnte, mit dem Schreiben aufzuhören, und was danach für ihnen kommen könnte, will ich wissen. »Daran denke ich die ganze Zeit. Besonders verlockend ist dieser Gedanke für mich immer dann, wenn ich gerade mit einem Buch fertig bin. Ich habe mich immer bemüht, alles in meine Bücher hineinzupacken, was in mir steckt. Ich habe danach sowieso nichts mehr, über das ich schreiben könnte, daher habe ich einen konkreten Anlaß zu solchen Überlegungen. Außerdem halte ich das Schreiben wie gesagt nicht für einen Beruf im Sinne einer Karriere. Das Planen von einem Buch zum nächsten ist für mich weder von Interesse noch von Belang. Ich schreibe jeweils ein Buch, und erst wenn ich damit fertig bin, mache ich mir Gedanken darüber, ob ich noch eins schreiben will. Ich versuche, die Erwartungen, die ich an meine Arbeit stelle, auf ein recht praktisches, am Handwerklichen orientiertes Niveau zurückzuschrauben. Dahinter steckt die Sorge, mir sonst etwas vorzumachen. Auch wenn das selbstgefällig oder anbiedernd klingen mag, wenn ich mit Schreiben aufhörte, würde ich wohl für das Rote Kreuz, das Peace Corps oder eine ähnliche Organisation arbeiten. Ich habe nun 22 Jahre meines Lebens damit verbracht, das zu tun, was für mich die oberste Priorität besaß. Und eine Eigenschaft eines solchen Lebens ist, daß man nicht sehr viel für andere Menschen tut. Man hofft natürlich, daß die Bücher anderen Menschen helfen, aber ganz sicher kann man sich da nie sein. Ich empfinde das als echten Mangel meines Lebens, daß ich nichts tue, um der Menschheit zu helfen.«

Richard Ford kann solche Sätze sagen, ohne dabei unglaubwürdig zu wirken. Das Geheimnis seines Erfolgs ist vielleicht, daß er solche Sätze auch schreiben kann. Ich frage Ford, was er damit gemeint hat, wenn er von der Hoffnung spricht, mit seinen Büchern Menschen zu helfen. »Erzählen ist eine erlösende Geste. Literatur ist das Heilmittel für die Krankheit Einsamkeit. Davon bin ich fest überzeugt. Erzähl mir was, das ich noch nicht weiß! Verleihe der Welt eine Ordnung, die ich bisher noch nicht kannte! Erzähl mir was Wichtiges, gib mir eine Form, die ich bisher nicht hatte, gib mir Sprache! Alles Dinge, die in höchstem Maße gut und heilsam sind. Wir lesen die großen Tragödien, obwohl darin schreckliche Dinge passieren, und es geht dabei um mehr als den Kitzel der Gewalt. Warum interessieren wir uns für Desdemona, die von ihrem Gatten erdrosselt wird? Weil wir in dieser Geschichte etwas sehen, das für uns nützlich ist. Vielleicht finden wir sogar einige Stellen, die schön genug sind, um uns vom Tod abzulenken, auch wenn wir das Stück schon zwanzigmal gelesen haben. Wir suchen nach etwas, das dem Beschriebenen durch den Akt der Erzählung eine Dimension verleiht, die größer ist als die Gewalt des Ereignisses selbst. Ich kenne zum Beispiel Männer, die Sex mit Frauen haben, nur damit sie anderen davon erzählen können. Durch das Erzählen kann man ein Ereignis noch einmal erleben, die Intensität steigern, dem Augenblick Dauer verleihen. Schreiben ist eine Methode, die Bedeutung von Ereignissen zu verstärken.«

■ ■ ■

BIBLIOGRAPHIE

A Piece of My Heart, 1976, in der Übersetzung von Martin Hielscher als *Ein Stück meines Herzens* bei S. Fischer 1989.
The Ultimate Good Luck, 1981, in der Übersetzung von Wolfgang Determan als *Verdammtes Glück*, Rowohlt 1989, unter dem gleichen Titel neu übersetzt von Hans Hermann, Rowohlt 1994.
Rock Springs, 1987, in der Übersetzung von Harald Goland unter dem Originaltitel bei S. Fischer 1989.
The Sportswriter, 1986, in der Übersetzung von Hans Hermann als *Der Sportreporter* bei Rowohlt 1989.
Wildlife, 1990, in der Übersetzung von Martin Hielscher als *Wildlife / Wild leben* bei S. Fischer 1991.
The Womanizer, 1993, in der Übersetzung von Martin Hielscher als *Der Frauenheld* bei S. Fischer 1994.

KATE MILLETT:
DES KAISERS NEUE KLEIDER
▼▼▼

▼▼▼

Götterdämmerung für die Leitfiguren der amerikanischen Frauenbewegung. Kate Millett, Gloria Steinem und Betty Friedan, sie waren Anfang der 70er Jahre die Begründerinnen des Women's Liberation Movement, galten seither als heiliges Dreigestirn des amerikanischen Feminismus. Nun geraten sie immer heftiger unter Beschuß.

»Eine selbstverliebte Schwätzerin mit dem intellektuellen Rückgrat einer Qualle«, so harsch urteilte etwa Camille Paglia über Kate Millett. Und nicht nur neokonservative Bilderstürmer vom Schlage einer Paglia wollen die Denkmale der Women's-Lib-Bewegung vom Sockel stoßen. Seit Ende der 80er Jahre meldet sich eine neue Generation amerikanischer Frauen zu Wort. Sie räumen ihren Vorgängerinnen zwar das historische Verdienst ein, die Veränderungen erkämpft zu haben, von denen sie heute profitieren, wehren sich aber gegen das starre Schema der Opfer-Täter-Rollen, gegen die Denkverbote und Scheingefechte eines Feminismus, den sie in ideologischen Grabenkriegen erstarrt sehen. »Re-evaluation« heißt die Losung der Stunde.

Diese Neubewertung von Klassikern der amerikanischen Frauenbewegung bekam Kate Millett in besonders drastischer Weise zu spüren. Fast scheint es wie im Märchen von des Kaisers neuen Kleidern: An amerikanischen Universitäten, wo die Werke der promovierten Kate Millett ein Jahrzehnt zuvor noch für Furore sorgten, lösen sie heute nur mehr Achselzucken aus.

Anders in Deutschland. Hier kann Kate Millett immer noch auf ihr Publikum zählen, sie hat eine Stammleserschaft, seit ihre Dissertation *Sexual Politics* 1971 unter dem Titel *Sexus und Herrschaft* erschien. Diese »Notizen zu einer Patriarchattheorie«, wie Millett ihr Werk charakterisierte, machten sie international berühmt. Fortan galt sie als Sprachrohr der Frauenbewegung, wurde zum Medienstar. »Sie sollten mich erschießen. Ich wurde zu einer Führerin gemacht. Wir sollten keine Führerinnen haben«, erinnert sie sich an diese Zeit in *Flying*, ihrem stärksten autobiografischen Buch. Darin finden sich auch Sätze wie »DAS LEBEN IST EINE ERFINDUNG DER WERBUNG. EIN BETRUG. IHR SEID HEREINGELEGT WORDEN.«

Ich treffe die heute 60jährige Kate Millett in Köln, wo sie ihren deutschen Verlag Kiepenheuer & Witsch besucht. Ihre Stimme ist eine Überraschung: Kate Millett spricht mit dem einschmeichelnden, dunklen Timbre einer Jazzsängerin, stundenlang möchte man ihr zuhören. Und das kann man auch, denn Kate Millett redet gern über sich, gibt bereitweilig Auskunft, auch über Privates, Intimes.

Mit ihren ein Meter sechzig, den langen weißgrauen Haaren und einem blauen Poncho wirkt sie wie eine füllige Indianerin. Ihre Hände zittern stark, Nachwirkung einer jahrelangen Lithium-Therapie. Sie ist abgespannt, muß am Abend noch eine Lesung mit anschließender Diskussion überstehen, dann reist sie weiter nach Berlin. Ich frage sie nach ihrem Leben vor der Veröffentlichung von *Sexus und Herrschaft.* »Als ich dieses Buch schrieb, war ich 35 und hatte bereits lange als Bildhauerin und Grafikerin gearbeitet. Obwohl ich auch eine geisteswissenschaftliche Ausbildung besaß, war die New Yorker Künstlerszene mein eigentliches Milieu. Ich hatte mich schon länger in der Frauenbewegung engagiert, vor allem im Bildungssektor. Für die National Organisation of Women hatte ich eine Studie erstellt, die belegte, daß Frauencolleges deutlich schlechter waren als vergleichbare Bildungseinrichtungen für Männer – und daß dahinter eine Absicht stand. Daneben hatte ich an der Universität Basisarbeit für die Frauenbewegung und die Bewegung gegen den Krieg in Vietnam und Kambodscha geleistet.« Sie zählt das auf, als wolle sie deutlich machen, daß sie nicht einfach aus dem Nichts aufgetaucht ist, ein Buch geschrieben hat und damit einen Bestseller landete. Das würde Kate Milletts Gerechtigkeitsinn verletzen. Es ist, als stünde sie unter dem Druck, sich für den Erfolg ihrer ersten schriftstellerischen Arbeit zu rechtfertigen. Wie ist sie damit zurechtgekommen, als ihre Dissertation in die Maschinerie der Medien geriet? »Ich habe das immer ›die Rakete‹ genannt – diese Erfahrung, daß man plötzlich sein Leben nicht mehr selbst in der Hand hat, daß man sich in der fremden Welt der Medien bewegt und kurz vor Einblendung des nächsten Werbeblocks irgendwelche Statements abgeben muß. Für eine Künstlerin ist das schrecklich verwirrend. Als wir angefangen haben, ließen wir uns natürlich keine Gelegenheit zu öffentlichen Auftritten entgehen, wir wollten schließlich eine Idee verbreiten. Aber einige Zeit später haben die Medien einen nur noch benutzt und auf diese eine Idee reduziert, um dadurch andere Menschen zu manipulieren.«

Die Rolle als Sprecherin der amerikanischen Frauenbewegung war der ebenso streitbaren wie bis zum Exhibitionismus mitteilsamen Kate Millett auf den Leib geschrieben. Ganz freiwillig erfolgte ihr Absprung von der »Rakete« des Medienbetriebs denn auch nicht: ihr Comingout als Lesbe verschreckte das prüde offizielle Amerika. Die Einladungen zu Fernsehtalkshows kamen nun seltener als zu Beginn der 70er Jahre. Seither darf sich Kate Millett als Märtyrerin fühlen, eine Pose, die sie in ihrem Werk weidlich kultiviert. Über die Reaktionen auf das Bekenntnis zu ihrer Sexualität sagt sie: »Danach wollten die Medien nichts mehr von mir wissen und gaben sich alle Mühe, was ich früher gesagt hatte nach Kräften zu verunglimpfen. Aber dadurch habe ich mir sozusagen wieder ein Privatleben geschaffen. Heute habe ich eine ganz andere Grundlage im Umgang mit den Medien, einfach deshalb, weil ich jetzt schon sehr lange in diesem Betrieb stecke, weil ich nach wie vor für bestimmte Ideen eintrete und für eine vielleicht unpopuläre Integrität stehe. Es kommt darauf an, den längeren Atem zu haben und sich die Kontrolle über das eigene Leben nicht aus der Hand nehmen zu lassen. Ich habe dann auch eine ganz andere Sorte Bücher geschrieben – keine wissenschaftlichen Arbeiten mehr, sondern autobiographische Texte. So konnte ich die Spielregeln selbst festlegen und bestimmen, wie weit ich mich den Medien aussetze.«

Kate Milletts literarisches Werk seit *Sexus und Herrschaft* unterteilt sich in zwei Gruppen. Auf der einen Seite stehen autobiographische Texte wie *Sita*, das Protokoll einer unglücklichen Liebe. Ingeborg Drewitz feierte dieses Buch 1978 als »die Wiederentdeckung des schillernden Wesens Frau – durch die Frau«; wer die 390 Seiten heute liest, findet wenig mehr als einen bis in die banalsten Einzelheiten breitgetretenen Schmachtfetzen, dessen einziger Anspruch auf Originalität – daß es sich um lesbische Liebende handelt – seine Halbwertszeit bereits deutlich überschritten hat. Auf der anderen Seite hat Kate Millett aber auch immer disziplinniertere, thematisch enger gefaßte Bücher geschrieben, etwa die Rekonstruktion des sadistischen Mordes einer Frau an einem jungen Mädchen, auf deutsch 1980 unter dem Titel *Im Basement – Meditation über ein Menschenopfer* erschienen. Doch gleichgültig, ob eher am Roman oder am Sachbuch orientiert, Kate Milletts Texte drehen sich in jedem Fall immer um ein Thema: Kate Millett.

Nach über zehn Jahren Schreibpause hat sie nun gleich

zwei neue Bücher fertiggestellt. Das eine zeichnet, autobiografisch wie gehabt, unter dem provokativen Titel *Der Klapsmühlentrip* ihren Leidensweg durch die Psychiatrie nach. Das andere ist ein langer Essay über Formen und Funktion staatlicher Folter. Für Kate Millett ist das zeitliche Zusammentreffen der Veröffentlichung kein Zufall, sie sieht in Psychiatrie und Folter zwei Formen pervertierter Staatsgewalt. Beide, so Kate Millett, seien Mechanismen sozialer Kontrolle, die sich gegen Abweichler, Querdenker, »Verrückte« im ursprünglichen Sinn des Wortes und letztlich gegen das Andere schlechthin richteten. Dieses Andere ist im Patriarchat natürlich immer die Frau.

Daß die Analyse des Patriarchats so eng mit autobiographischem Schreiben zusammenhängen muß, erklärt Kate Millett mit ihrer persönlichen Erfahrung und ihren Wurzeln in der amerikanischen Studentenbewegung: »Mein Verständnis des Patriarchats habe ich schon sehr früh erworben, einfach durch meine Kindheit. Später habe ich einige Jahre in Japan gelebt, ich war mit dem japanischen Bildhauer Fumio Yoshimura verheiratet und habe selbst als Bildhauerin gearbeitet. Als ich in die Vereinigten Staaten zurückging und eine Stelle suchte, war mit jeder Bewerbung ein Test in Maschineschreiben verbunden – es stand also von vornherein fest, daß es um eine Tätigkeit als mehr oder minder glorifizierte Sekretärin ging. Das war für mich der Wendepunkt. Mit einem Mal wurde mir klar, daß meine höhere Bildung und überhaupt das ganze Ausbildungssystem für Frauen im Grunde nichts weiter als eine Verbrämung war – dekorativ, aber letztlich nutzlos. Mit dieser Erkenntnis stand ich nicht allein. Zu dieser Zeit bildete sich die Frauenbewegung, auf ersten Treffen begannen wir mit unserer Analyse des gesellschaftlichen Ist-Zustands. Damals waren die amerikanischen Universitäten ein Zentrum für Dissidententum aller Art. Es war sehr spannend, wie sich diese verschiedenen Strömungen vereinigten. Ehe ich mich in der Frauenbewegung engagierte, hatte ich mich für die Bürgerrechte der Schwarzen eingesetzt, deshalb diente uns diese Bewegung natürlich als Bezugspunkt. Außerdem verband uns die gemeinsame Ablehnung des Vietnamkriegs. All das floß damals zusammen, und wenn wir von dem ›Movement‹ sprachen, dann meinten wir damit nicht nur den Feminismus, sondern die Bewegung für einen umfassenden gesellschaftlichen Wandel in den Vereinigten Staaten insgesamt.«

Eines läßt sich Kate Millett sicherlich nicht vorwerfen: daß sie ihren Ideale aus der Zeit des Jugendprotests untreu geworden ist. Im »Movement«, der amerikanischen 68er-Bewegung, sammelte sich alles, was in irgendeiner Weise gegen das war, was da war – das Establishment; das Auseinanderbrechen dieser Bewegung war vorprogrammiert. Der von den Rolling Stones' besungene ›Streetfighting Man‹ war bei Licht besehen kein bißchen weniger chauvinistisch als die verhaßten Spießer dieses Establishments. Eine Karikatur auf einem amerikanischen Flugblatt von 1967 zeigt eine Frau, die mit einem greinenden Baby auf dem Arm den Abwasch macht und ins Telefon sagt: »Er ist nicht da, er hilft beim Kampf der unterdrückten Massen.«

Auch wenn es innerhalb des Movements nicht an Lippenbekenntnissen zur Frauenrechtsbewegung fehlte, Kate Millett hatte wie so viele keine Lust mehr, bis zur praktischen Durchsetzung dieser Rechte immer wieder auf den Sankt-Nimmerleins-Tag, die Zeit nach der Revolution, vertröstet zu werden. »Das Auseinanderbrechen des Movement war nicht zu vermeiden. Durch das Ende des Vietnamkriegs waren weiße Männer nicht mehr gezwungen, sich mit der Bewegung für einen gesellschaftlichen Wandel zu identifizieren, was eine große Rolle spielte. Danach begann in den USA eine lange reaktionäre Phase, deren Ende wir zur Zeit erleben, wenn wir uns da auch nicht allzu sicher sein können. Auch das hat die Frauenbewegung und die Schwarzenbewegung weiter isoliert. Die Studenten wurden durch die Verschärfung der Studienanforderungen und der allgemeinen finanziellen Situation politisch mundtot gemacht. Heute sind die Gefahren für die Freiheit der Menschen eher global. Auch wenn inzwischen der Umweltschutz im Vordergrund steht, entstammt dieses Denken demselben humanistischen Impetus wie 1968. Ich selbst befasse mich hauptsächlich mit der Machtfülle des Staates, wie sich diese Macht durch die moderne Überwachungstechnologie immer weiter vergrößert und was man dagegen tun kann.«

Anders als viele ihrer Mitstreiterinnen im Women's Liberation Movement hat Kate Millett in staatlichen Programmen nie ein taugliches Mittel zur Durchsetzung der Emanzipation gesehen. Die Angst vor dem allmächtigen Staat, das Mißtrauen gegen alle Formen von Reglementierung und Kontrolle seiner Bürger – das sind die Wurzeln von Kate Milletts Engagement. An diesem Punkt berühren sich die beiden Extreme des politischen Spektrums der USA, in der Ablehnung einer zentralistischen Staatsmacht sind sich die äußerste amerikanische Rechte und Linke traditionell einig.

Kate Millett sieht mit Bedauern, wie wenig von den Forderungen der Frauenbewegung in die amerikanische Gesetzgebung eingeflossen ist. Als Beispiel nennt sie das klägliche Scheitern des Equal Rights Amendment (ERA), eines geplanten Verfassungszusatzes zur Gleichberechtigung von Mann und Frau, der abgelehnt wurde, weil nicht genügend Bundesstaaten die Verfassungsänderung ratifizierten. »Was in der ersten Phase des Feminismus erkämpft wurde – das Frauenwahlrecht, der Zugang zur Universität und den Berufen –, diese echten Grundrechte wird man uns wohl nie wieder nehmen können. Aber selbst das, was wir schwarz auf weiß erhalten haben, kann sehr schnell widerrufen werden. Es ist zwar zu großen Veränderungen in der Einstellung der Menschen, im gesellschaftlichen Umgang miteinander gekommen, nicht aber in der Gesetzgebung. Wir müssen natürlich berücksichtigen, wie lange es dauert, die gesellschaftliche Struktur zu verändern. Die Grundstruktur hat sich in den letzten 30 Jahren im Grunde überhaupt nicht verändert. Vieles, was seither erreicht worden ist, steht auf dem Spiel. Mit jeder neuen Sitzung des Supreme Court droht das Erkämpfte verlorenzugehen – die Abtreibungsentscheidung zum Beispiel könnte wieder gekippt werden.«

Dies paßt in das politische Klima des von Susan Faludi diagnostizierten ›Backlash‹ gegen die von der Frauenbewegung bewirkten Reformen. Doch Kate Millett hat auch einen ganz persönlichen Grund, sich für die Stärkung der Rechte des Individuums gegen den Staat einzusetzen: 1973 wurde sie gegen ihren Willen in eine Nervenheilanstalt eingewiesen. Abgestempelt als »manisch-depressiv«, durchläuft sie in den folgenden Jahren mehrmals den Teufelskreis von Zwangseinweisung, Aufenthalt in einer geschlossenen Anstalt und Entlassung unter der Auflage, für den Rest ihrer Tage ein bestimmtes Medikament zu nehmen. Die Phasen ihres Lebens ›draußen‹ sind nur vermeintlich normal, das heißt unbedroht. Sie erlebt ihre Umwelt als »Schlangengrube«, wittert überall Verrat. Ständig sitzt ihr die Angst im Nacken, bei der kleinsten Verhaltensauffälligkeit wieder für verrückt erklärt und eingesperrt zu werden.

›Wir wollen doch nur dein Bestes‹ – den sinistren Klang dieser Floskel mag ermessen können, wer selbst schon einmal bedroht war, auf Betreiben wohlmeinender Freunde und Verwandter ins »Grab des Irrenhauses« zu wandern, wie Kate Millett es nennt. Auf fast 400 Seiten beschreibt sie in *Der Klapsmühlentrip* ihre Patientenkarriere und wie das höllische System der institutionellen Psychiatrie bis in jeden Winkel ihres Alltagslebens vordringt. Frei ist sie nur auf Ehrenwort. Voller Angst vor einem erneuten Absturz, erlebt sie den eigenen Kopf als tickende Zeitbombe, die regelmäßige Einnahme des verschriebenen Lithiums als einzigen Schutz vor ihr. In dreizehn Jahren schluckt sie fast

9000 Kapseln davon. Entsetzt vor der alle Empfindungen dämpfenden Nebenwirkung des Anti-Depressivums und alarmiert von den Folgeschäden, wagt sie erst 1989, das Lithium abzusetzen.

Kate Millett hat sich gewehrt. Gegen die Zwangshospitalisierung mit Hilfe eines Patientenanwalts. Gegen die Angst und die soziale Stigmatisierung der potentiell Verrückten mit ihrem Schreiben, der Arbeit an dem »Todesbuch«, so ihre Bezeichnung von *Der Klapsmühlentrip*. Milletts darin aufgestellt These lautet schlicht: Wer in einer psychiatrischen Klinik landet, kann nur den Verstand verlieren. Die Demütigung der Zwangseinweisung, der strukturierte Tagesablauf einer Klinik, die damit verbundene Desorientierung, die aufgezwungenen Medikamente und vor allem die ständige Bedrohung mit einem mittelalterlich anmutenden Katalog von Strafmaßnahmen führen geradewegs in den Irrsinn. Doch Millett geht noch einen Schritt weiter, sie hält den Begriff »Geisteskrankheit« für eine Erfindung ohne Entsprechung in der Realität, tauglich nur als Repressionsmittel einer Gesellschaft, die sich gegen jede Form von Andersartigkeit wehren will. Ihr Fazit am Ende ihrer Reise in den Wahnsinn: »Reißt die Irrenhäuser ein und baut aus den Ziegeln Theater und Spielplätze.«

Ein frommer Wunsch. Genau das hat Amerika in den 70er und 80er Jahren schon einmal durchexerziert. Ein radikales Sparprogramm im sozialen Bereich führte zur Schließung zahlreicher staatlicher Kliniken. Die Überlebenden der in die Obdachlosigkeit entlassenen Patienten sieht man noch heute an jeder zweiten Straßenecke in New York – ausgebrannte Wracks, um die sich niemand mehr kümmert, verwirrt, oft mit allen Symptomen des Hospitalismus. Auch Kate Millett nennt in ihrem Buch keine Alternative zu psychiatrischen Anstalten. Darauf angesprochen, erklärt sie: »Natürlich muß es Auffangstationen geben. Außerdem müssen wir Wege finden, wie man mit Streß fertig wird, ohne auf ein staatliches System angewiesen zu sein, das einem die persönliche Freiheit entzieht und dann auch noch Medikamente aufzwingt. Mir erscheint die Psychiatrie immer mehr als neue Form sozialer Kontrolle. Der Staat macht sie sich zunutze und kann so in alle Lebensbereiche eindringen. Unser gesamtes System sozialer Fürsorge ist heute so eng mit der Psychiatrie und der Pharmaindustrie verstrickt, daß sie alle unter einer Decke stecken. Kinder, die man als hyperaktiv bezeichnet, werden mit Medikamenten vollgepumpt. Dasselbe geschieht mit politischen Gefangenen, mit alten Menschen und mit den sogenannten Verrückten – eine Kategorie, in der man sich nur allzu leicht selber wiederfinden kann, es genügt schon irgendeine Art von Denunziation. Für den Staat ist dies eine sehr bequeme Methode, immer weiter in unsere Privatsphäre einzudringen, immer strengere Kontrollen auszuüben. Und am anderen Ende stehen natürlich Milliardengewinne für die Pharmaindustrie. Wir haben es mit einer riesigen, alles überwuchernden Bürokratie zu tun. Allein in der Kleinstadt, in der ich wohne, stehen im Telefonbuch Seiten um Seiten von Organisationen, mit deren Hilfe man Menschen in geschlossene Anstalten einweisen oder sie auf andere Art überwachen und manipulieren kann – und das alles unter dem Deckmantel der staatlichen Fürsorge.«

Kate Milletts Argumente gegen unseren Umgang mit Geisteskranken, gegen Heilanstalten, die wenig von Gefängnissen unterscheidet, sind oft stichhaltig, überdenkenswert allemal, auch wenn man vieles schon von den Klassikern der Anti-Psychiatrie wie Ronald D. Laing kennt. Die Umstände haben sich in den letzten 25 Jahren wenig genug geändert, neu kann dann auch nicht der Protest dagegen sein. Doch Kate Millett erhebt auch den Anspruch einer Schriftstellerin. Ihre Argumente sind in einem kurzen Vorwort und dem letzten Kapitel von *Der Klapsmühlentrip* enthalten, die 360 Seiten dazwischen dienen als autobiografischer Bericht zur Illustration. Dieser Bericht ist nach literarischen Maßstäben gemessen eine Katastrophe.

Kate Milletts Blick kennt nur die Nabelschau. Ihre Ausführungen drehen sich im Kreis, ohne daß es die Autorin beabsichtigt oder zu merken scheint. Bezugspunkt ist nie eine wie auch immer geartete Außenwelt, sondern stets das eigene Ich. Daß an dieses Ich permanent der Verdacht der Geisteskrankheit herangetragen wird, ohne daß man je die Perspektive der Ankläger erfährt, macht mißtrauisch. In all den Auseinandersetzungen mit Verwandten, Freunden, der Geliebten ist Kate Millett durchweg das Unschuldslamm. Sie hat im Rückblick immer recht, weiß alles besser, sieht mehr und klarer, empfindet tiefer, liebt und lebt aufrichtiger als die Menschen ihrer Umgebung. In Verbindung mit Kate

Milletts ausufernder Mitteilsamkeit über ihr Privatleben wirkt das schnell peinlich. Zudem offenbart *Der Klapsmühlentrip* eine Schwäche, die allen autobiografischen Texten von Kate Millett anhaftet: einen Hang zur Larmoyanz, der sich sprachlich in Schwulst niederschlägt. Zeitweilig gleitet die Autorin in eine Art von feministischem Kitsch ab, der große unfreiwillige Komik aufweist, etwa in dieser Beschreibung eines Pferds namens Jim auf Kate Milletts Farm in Poughkeepsie:

»Was bist du abgesehen von der Stärke deiner Schultern, der perfekten Linie deines Rückens, den großen, schnellen, harten Hufen? Pferd, Tier, Vieh, anderes Leben, Existenz, Intelligenz, Sensibilität, Sinnlichkeit. Dein großer Schwanz, das ist gewiß eine Faszination. Als du ankamst und wir dir mit Champagner zuprosteten, hast du ihn für uns ausgefahren, hast deine Kraft zur Schau gestellt, deinen großen schwarzen Schwanz gegen das Blau des Schuppens, die Fröhlichkeit deiner weißen Strümpfe auf dem grünen Gras, und dann dieser Schwanz. Beim Betrachten würde man am liebsten lachen und in die Hände klatschen, aber allein in der Nacht mit der geheimnisvollen Kraft des Kreatürlichen, kommt eher Ehrfurcht auf. (...) Heute nacht aber läßt Jim seinen Schwanz für mich allein baumeln, um mir zu gestatten, seinen fremden Samt anzufassen, wo ich in Wirklichkeit ziemliche Angst davor und vor seiner Größe habe, vor dem Tabu und dem Verbotenen, vor meiner ehrfürchtigen Lust angesichts dieses Wunders. Kann er es spüren? Würde es ihm einfallen, sich auf mich zu legen und mich zu Tode zu quetschen?«

Wohl kaum, denn Kate Millett hat einige Seiten zuvor verraten, daß es sich bei Jim um einen Wallach handelt, aber das hat sie an dieser Stelle offenbar schon vergessen. Derlei Reitstunden-Prosa macht Kate Milletts autobiografische Bücher zur Qual, oft wirken die einzelnen Szenen wirr und hastig zusammengekleistert, mehr wie Vorstudien als ein abgeschlossener Text. »Pferd, Tier, Vieh, anderes Leben, Existenz, Intelligenz, Sensibilität, Sinnlichkeit« – da ist's nur ein kurzer Schritt zur Beliebigkeit von ›Hund-Katze-Maus‹.

Ein anderer, weit sachlicherer Ton herrscht in Milletts Essay über die Folter, auf deutsch unter dem Titel *Entmenschlicht* erschienen. Der Originaltitel, *The Politics of Cruelty*, gibt den Grundgedanken des Buchs präziser wider, denn es ist der Versuch, Folter nicht als isolierte Grausamkeit von perversen, irregeleiteten Individuen zu verstehen, sondern als Konsequenz einer Politik, als Teil einer Strategie der Einschüchterung des Staates gegenüber seinen Bürgern, ja aus dem unstillbaren Machthunger dieses Staates selbst. Über die Intention von *Entmenschlicht* erzählt mit Kate Millett »Als ich vor sieben Jahren mit der Arbeit an diesem Buch begann, waren sich nur wenige Menschen bewußt, in welchem Ausmaß heute auf der Welt gefoltert wird. Dieses Bewußtsein ist im Lauf der Zeit gewachsen. Und dazu möchte ich mit diesem Buch beitragen, es soll sagen: Schaut her, es gibt eine neue Kraft im politischen Leben sehr vieler Länder. Wenn die Macht des Staates immer größer und größer wird, dann maßt er sich früher oder später auch das Recht an, seine Bürger zu foltern.« Daß dieser Machthunger vor Demokratien nicht haltmacht, darauf weist Kate Millett nicht nur am Bespiel der Folterpraktiken der Franzosen in Algerien und der Briten in Irland hin. Die Folter, so Millett, kann nicht »verboten werden, wenn die Macht des Staates nicht angegriffen, begrenzt, auf ein demokratisches Maß zurückgeführt wird.«

Wie schon in *Sexus und Herrschaft*, als dessen logische Fortsetzung sie ihren Essay sieht, zieht Kate Millett immer wieder Belegstellen aus literarischen Texten heran, um der Wirklichkeit auf die Spur zu kommen. Diese Methodik ist anfechtbar, weil unpräzis. Ich frage Kate Millett, weshalb sie neben authentischen Berichten von Folteropfern hauptsächlich fiktionale Texte, sogar Spielfilme als Quellen ihres Essays benutzt hat. »In diesem Fall handelt die Literatur ja von Wirklichkeit. Mir war sehr wichtig, nicht zu sehr an den Amnesty-Berichten zu kleben. Ich habe sie natürlich gründlich gelesen, aber so eine Dokumentation in nüchterner Sprache über Fall A, Fall B und so weiter ist eben schon gemacht worden. Diese Amnesty-Berichte müssen peinlich genau dokumentiert und in allen Einzelheiten nachprüfbar sein. Ich wollte die Leser die Angst eines Menschen spüren lassen, der verhaftet wird. Ich wollte diesen Schrecken vor dem Staat vermitteln, diesen Zustand völliger Hilflosigkeit. Deshalb habe ich das Buch mit der Verhaftung Wolodins aus Solschenizyns *Der erste Kreis der Hölle* begonnen, weil ich nur durch diesen starken und emotionalen Einstieg deutlich machen konnte, wie es ist, in der Haut eines gejagten oder gefangenen Tieres zu stecken. Diese Erfahrung vermitteln natürlich alle diese Fälle, die ich aus der Literatur zitiere. Meine Absicht war, so viele solcher Berichte zusammenzutragen, daß die Leser regelrecht überwältigt werden. Ich wollte auf der Ebene des Gefühls zu ihnen durchdringen, nicht nur in der logischen und objektiven Sprache von Menschenrechtsberichten und ähnlichen Publikationen.«

Wenn Kate Millett im Gespräch Beispiele von Folterpraktiken aufzählt, die Namen von Opfern nennt und ihre Geschichten erzählt, wirkt sie glaubhaft und macht angenehm wenig Aufhebens um die eigene Person. In ihren Büchern ist leider das genaue Gegenteil der Fall. Doch warum Einwände erheben gegen das Werk einer Autorin, die aufklären, ihren Lesern die Augen öffnen will für die vielfältigen Formen des Staatsterrorismus? Auch wenn die Schwächen des Versuchs über die Folter nicht so gravierend sind wie die von Kate Milletts Auseinandersetzung mit der Psychiatrie, letztlich gehen sie auf die gleiche Wurzel zurück: Kate Millett besetzt alles Leid der Welt mit persönlicher Erfahrung, errichtet ein undurchdringliches Schmerz- und Mitleids-Monopol, das keine Einwände mehr zuläßt und weniger vom Willen zur Veränderung als von Geltungssucht motiviert scheint. Wie das funktioniert, macht eine Stelle aus *Entmenschlicht* deutlich; sie steht stellvertretend für viele vergleichbare Passagen:

»Es war dieses Gefühl von Verletztsein, ja, fast von Angegriffensein, das mich überhaupt dazu brachte, mich mit dem Thema dieses Buches zu befassen – denn schon bei dem

Gedanken an Folter fühlte ich mich attackiert, empfand ich Schrecken und Wut, einen Gefühlssturm, den ich vielleicht verstehe, wenn ich mein Thema besser verstehen kann. Meinem Schmerz folgt Wut; beide scheinen mit meiner eigenen Erfahrung zusammenzuhängen, eine Frau in einer Kultur zu sein, in der Frauen gewöhnlich emotional und psychisch ebenso überwältigt und beherrscht werden wie physisch. Die Hilflosigkeit des Opfers ist mir völlig vertraut.«

Doch Kate Millets Methode, sich an die Stelle der Opfer zu setzen, sich in sie einzufühlen, am deutlichsten in *The Basement*, vermittelt keine weiterführenden Einsichten oder Aufschlüsse, drängt die tatsächlichen Opfer nur in den Hintergrund. So ist sie auf bestem Weg, eine amerikanische Luise Rinser zu werden. Über ›Wut, Trauer und Betroffenheit‹, die hohlen Phrasen einer inzwischen glücklich überwundenen Neuen Innerlichkeit, kommt Kate Millett nicht hinaus.

BIBLIOGRAPHIE

Sexual Politics, 1970, in der Übersetzung von Ernestine Schlant als *Sexus und Herrschaft* im Verlag Kurt Desch 1971.
The Prostitution Papers, 1971, in der Übersetzung von Herbert Schlüter als *Das verkaufte Geschlecht* im Verlag Kurt Desch 1973.
Flying, in der Übersetzung von Erica Fischer in zwei Bänden als *Fliegen – Flying* bei Kiepenheuer & Witsch 1982.
Sita, 1977, in der Übersetzung von Erica Fischer bei Kiepenheuer & Witsch 1978.
The Basement, 1979, in der Übersetzung von Erica Fischer als *Im Basement* bei Kiepenheuer & Witsch 1980.
Going to Iran, 1982, in der Übersetzung von Erica Fischer als *Im Iran* bei Kiepenheuer & Witsch 1982.
The Loony Bin Trip, 1990, in der Übersetzung von Erica Fischer als *Der Klapsmühlentrip* bei Kiepenheuer & Witsch 1993.
The Politics of Cruelty, 1993, in der Übersetzung von Ilse Utz als *Entmenschlicht* bei Junius 1993.

CHARLES SIMIC:
WISSEN, WER ICH IST
▼▼▼

▼ ▼ ▼

Jugoslawien im Frühling. Eine Bombe explodiert im Wohnviertel einer großen Stadt. Ein dreijähriger Junge wird von der Druckwelle mitten in der Nacht aus dem Bett geschleudert. Es ist seine erste Begegnung mit dem Krieg: »Das Haus gegenüber wurde getroffen und zerstört ... Am nächsten Tag verließen wir zu Fuß die Stadt. Ich erinnere mich an eine schöne Wiese, große Wolken über uns, und dann plötzlich ein sehr tief fliegendes Flugzeug. Sprangen wir in einen Graben am Bahngleis, oder war das ein anderes Mal? Wie viele von uns waren da? Ich erinnere mich an meine Mutter, aber nicht an meinen Vater. Es waren auch Leute dabei, die ich nicht kannte. Ich sehe ihre gebeugten Rücken, sehe sie mit ihren Bündeln laufen, aber keine Gesichter ... Mein Film reißt immer wieder.«

Ein Flüchtlingstreck verläßt eine Stadt im Krieg. Szenen wie diese sind Alltag im ehemaligen Jugoslawien. Sie gehören zu den Schreckensmeldungen aus dieser Region, die in den letzten Jahren mit der selbstverständlichen Regelmäßigkeit des Wetterberichts in den Nachrichten auftauchen. Doch die geschilderte Explosion ereignete sich vor über 50 Jahren, und nicht in Sarajevo oder Mostar, sondern im serbischen Belgrad. Der Junge heißt Dušan Simic und wandert als Sechzehnjähriger mit seiner Familie nach Amerika aus, wo er seinen Vornamen von Dušan in Charles ändert. In den Vereinigten Staaten beginnt er Gedichte zu schreiben – auf englisch. Die Sprache lernt er aus Büchern, aus dem Radio und Fernsehen. Heute ist der 56jährige Charles Simic einer der renommiertesten Lyriker der USA, vielfach ausgezeichnet für seine Gedicht- und Essaybände, darunter mit dem angesehenen Pulitzer-Preis. Den Bombenangriff auf Belgrad während des Zweiten Weltkriegs beschreibt er in einem längeren autobiografischen Text, erschienen in *Ein Buch von Göttern und Teufeln*, der ersten auf deutsch veröffentlichten Auswahl seiner Gedichte.

Mit seinen frühen Gedichten habe er vor allem seinen Freunden und den Mädchen auf der High School imponieren wollen, erzählt mir Simic in Berlin, wo er im November 1993 zusammen mit Hans Magnus Enzensberger die Gedichte in der Akademie der Künste vorstellt. Zu der Lesung am Abend zuvor waren 300 Leute erschienen – »Enzensberger draws quite a crowd«, meint Simic verschmitzt, wohl wissend, daß die meisten nicht wegen ihm gekommen sind, sondern um seinen deutschen Entdecker und Übersetzer zu hören. Simic sieht aus wie ein Bilderbuchamerikaner: einsneunzig groß, blaukariertes Hemd, olivfarbene Hose, derbe braune Lederschuhe. Nur die Pausbacken und die drollige Nickelbrille passen nicht zum Bild des athletischen Outdoorsman. Ich frage, was ihm sein europäisches Erbe heute, fast vierzig Jahre nach seiner Auswanderung, noch bedeutet. »Wohl nicht mehr sehr viel. Ich habe Englisch gelernt, als ich elf Jahre alt war. Mein Vater hatte ja schon vor dem Krieg für eine amerikanische Firma gearbeitet, als Elektrotechniker bei der Western Electric Company. Er war auch schon einige Jahre vor dem Rest der Familie in die USA gegangen. Als ich dann in die Vereinigten Staaten kam, hatten wir kaum noch Kontakt zu Jugoslawen. Mein Vater liebte Amerika, deshalb haben wir auch innerhalb der Familie Englisch gesprochen. Ich habe einen sieben Jahre jüngeren Bruder, der eignete sich die Sprache im Handumdrehen an und weigerte sich fast, noch Serbokroatisch zu sprechen. Ich lebte also sehr schnell in einer Welt, die fast ausschließlich vom Englischen geprägt war. Als ich in der Schule Gedichte zu schreiben begann, kannte ich mich in der amerikanischen Literatur schon besser aus als in der jugoslawischen. Durch den Verlauf der Ereignisse habe ich Europa dann immer mehr aus aus meinem Denken verdrängt. Dahinter stand kein bewußt gefaßter Plan, es ergab sich einfach so. Eines Tages stellte ich fest, daß ich Englisch sprach, Bücher auf englisch schrieb und ein amerikanischer Lyriker war, ohne daß ich das je vorgehabt hatte.«

Daß Charles Simic so bereitwillig seine europäischen Wurzeln vergißt und Amerika als Befreiung empfindet, erklärt sich nicht nur durch die rasche Integration in die Welt der High School. Sicher ist dabei auch ein gewisses Maß an Verdrängung im Spiel, Verdrängung nicht nur der politischen Situation in Europa nach dem Zweiten Weltkrieg, sondern auch seiner persönlichen Geschichte. Durch die Wirren des Krieges hat Simic nie regelmäßig eine Schule besucht. In Paris, wo die Familie einige Jahre lebt und auf das Visum nach Amerika wartet, wird er, der mit der Sprache kämpfende Ausländer, als Dummkopf und Versager abgekanzelt. »Es war«, erinnert er sich später an seine Lehrer, »als glaubten sie nicht wirklich, daß ich kein Französisch konnte. Womöglich tat ich bloß so und versuchte, sie zum Narren zu halten!« Man steckt ihn in eine Sonderschule und schreibt ihn als Leistungsverweigerer ab. Dabei hatte er in Jugoslawien noch als Wunderkind gegolten.

Dieser erste Verlust der Sprache in Paris sensibilisiert Simic für die Bedrohtheit der Identität, stachelt zugleich aber seinen Ehrgeiz an, die Chance auf Heimat in der neuen Welt zu ergreifen. In seinen Gedichten kehrt Simic immer wieder in das Land seiner Kindheit zurück, rekonstruiert es aus der persönlichen Erfahrung und schafft aus den Elementen Kindheit und Krieg einen ganz neuen Ort, eine Zwischenwelt der Erinnerung, etwa in *Prodigy*, hier in der Übersetzung von Hans Magnus Enzensberger:

WUNDERKIND

Ich bin aufgewachsen
über ein Schachbrett gebeugt.

Ich liebte das Wort *Endspiel*.

Alle meine Vettern blickten sorgenvoll drein.

Es war ein kleines Haus
gleich neben einem römischen Friedhof.
Flugzeuge und Panzer
ließen die Fensterrahmen erbeben.

Ein pensionierter Astronomieprofessor
war mein Schachlehrer.

Das muß 1944 gewesen sein.

Wir benutzten ein Spiel,
an dessen schwarzen Figuren
fast die ganze Farbe abgesprungen war.

Der weiße König fehlte
und mußte ersetzt werden.

Es heißt, ich hätte in jenem Sommer
Erhängte an Telefonmasten gesehen,
aber das glaube ich nicht.

Ich weiß noch, wie oft meine Mutter
mir die Augen verbunden hat.

Geschickt steckte sie meinen Kopf
unversehens unter ihren Mantel.

Auch beim Schach, erklärte mir der Professor,
spielen die Meister blind,
die ganz Großen sogar simultan
auf mehreren Brettern.

Der junge Charles Simic ist von Amerika begeistert: angefangen bei den Menschenmassen und der Großstadtarchitektur New Yorks (»Nichts war wie in Europa. Es war schrecklich häßlich und schön auf einmal! Ich mochte es sofort«, schreibt er später), über Fast Food (»Amerikanisches Essen ist Kinderessen, und kein Kind der Welt kann dem widerstehen«) bis hin zu den Jazz-Clubs (»Das ist die Welt, in der ich leben möchte, dachte ich. Die Welt, in der Johnny Hodges und Lester Young Saxophon spielen und Billie Holiday singt«), in die ihn sein Vater mitnimmt. Überhaupt dieser Vater, ein Genußmensch und nimmermüder Zecher, der seinem Sohn einmal anvertraut, wenn er schon sterben müsse, dann am liebsten so: auf einem Busbahnhof irgendwo Westen einschlafen und nicht mehr aufwachen. Für Simic ist es ein Wiedersehen mit ihm nach zehn Jahren, und eigentlich ist er für ihn weniger ein Vater als ein Kumpel, mit dem man durch die Kneipen ziehen kann. »Nach so langer Zeit war es schwer, eine Vater-Sohn-Beziehung zwischen uns aufzubauen«, erzählt Simic. »Ihm war daran auch gar nicht gelegen. Er wollte sich mit mir amüsieren, wir gingen in Bars, hörten Jazz, besuchten Restaurants und unterhielten uns. Er liebte Bücher und interessierte sich für praktisch alles. Es machte einfach Spaß, mit ihm zusammenzusein – er erzählte spannende Geschichten, lachte gern und war völlig verantwortungslos. Wenn ihm danach war, gab er ohne lange nachzudenken auf einen Schlag sein ganzes Geld aus. Materieller Besitz interessierte ihn nie.« Dies ist einer der Gründe, weshalb es in der Ehe von Simic' Eltern zu kriseln beginnt. Seine Mutter möchte nach den Kriegswirren endlich wieder ein geregeltes Leben führen, auf ein Haus sparen, Wurzeln schlagen. Sein Vater, ganz der romantische Abenteurer, lehnt dies ab – warum sich an Besitz klammern, wenn einem jederzeit ein Hitler oder Stalin alles wegnehmen kann?

Nach knapp einem Jahr in New York ziehen die Simic' 1955 nach Chicago, wo der Vater eine Stelle in der Zentrale von Western Electric angeboten bekommt. Charles besucht eine High School in Oak Parks, deren berühmtester Schüler Ernest Hemingway heißt: »Die Lehrer brachten uns das jeden Tag in Erinnerung.« Ein Jahr später macht Simic dort seinen Abschluß, möchte studieren, aber für eine Collegeausbildung fehlt das Geld. Also sucht er sich einen Job, um sich die Abendkurse der University of Chicago leisten zu können, wird Bürobote bei der *Chicago Sun Times*. Bald hält er es nicht mehr Zuhause aus, der Riß in der Ehe seiner Eltern ist nicht zu kitten. Mit achtzehn sucht er sich ein kleines Zimmer in Chicago: »Es war einfach nicht mehr möglich, mit meinen Eltern unter einem Dach zu leben, sie hatten dauernd Streit und ließen sich schließlich scheiden.«

Noch vor dem Schreiben kommt für den jungen Charles Simic die Liebe zur Malerei. Methodisch studiert er die Kunstgeschichte, entleiht einen Bildband nach dem anderen aus der Stadtbibliothek, liest alles, was ihm über Expressionismus und Impressionismus in die Hände fällt. Er entdeckt die Maler des abstrakten Expressionismus, begeistert sich für Jackson Pollock, Willem de Kooning, Franz Kline. Doch irgendwann Ende der 50er Jahre sieht er ein, daß er als Maler kein Talent hat, und verlegt sich ganz aufs Schreiben. Wieder geht er autodidaktisch vor, informiert sich über die literarischen Strömungen seiner Zeit. Chicago ist damals das Zentrum der sogenannten Deep Image School um Robert Bly und James Wright, die gemeinsam Georg Trakl ins Amerikanische übersetzen und vom spanischen und lateinamerikanischen Surrealismus beeinflußt sind. Bly gibt die Zeitschrift *The Fifties* heraus, die mit jeder neuen Dekade den Namen wechselt. Ende der 50er Jahre traten auch die Beats auf den Plan, Ginsbergs *Howl* war 1956 erschienen, Kerouacs *On the Road* 1957, Burroughs *The Naked Lunch* 1959. »Die Beats waren für mich nie relevant«, erklärt Simic. »Sicher hat das auch mit Zufälligkeiten zu tun, aber damals interessierte ich mich viel mehr für Leute wie Bly, Wright und W. S. Merwin. In gewissem Sinne war es für einen jungen Lyriker eine sehr schwierige Zeit, denn es gab damals ein kunterbuntes Spektrum von Möglichkeiten in der amerikanischen Dichtung. Da waren die Beats, die Deep Image School, dann die New York School of Poetry mit Leuten wie John Ashbery und Frank O'Hara, die ich immer sehr gemocht habe, die sogenannte Confessional Poetry, deren bekanntester Vertreter Robert Lowell war, schließlich die Black Mountain Poets, Robert Creeley und Denise Levertov, auch die lernte ich persönlich kennen. Aber ich schätzte den Umgang mit ihnen mehr als ihre Gedichte, sie waren sehr kluge Intellektuelle, die interessante Bücher lasen und spannender als die anderen darüber erzählen konnten. Alle diese Lyriker veröffentlichten damals in kleinen Literaturzeitschriften, daneben gab es die offizielle amerikanische Dichtung der 50er Jahre, die unglaublich akademisch und langweilig war und deren Verfasser heute so gut wie vergessen sind. All das wirkte auf mich und meine Generation ein wenig unbefriedigend. Wir begeisterten uns für die Moderne und den Surrealismus, lasen viele deutsche, russische, italienische und französische Dichter. Wir wollten der amerikanischen Lyrik wieder jenen experimentellen Charakter verleihen, den sie zu Beginn des Jahrhunderts besessen hatte, der aber in den 50er Jahren verloren gegangen war. Wenn wir also diese Russen oder Deutschen lasen, dann merkten wir, mein Gott, Gedichte müssen gar nicht so langweilig sein, man kann ja viel verrückter schreiben. Sicher hatte das auch mit dem natürlichen Drang der Jugend zur Rebellion zu tun. Wir hatten jedenfalls das Gefühl, daß wir uns von der vorangegangenen Generation abheben müßten. Es verstand sich sozusagen von selbst, daß wir unsere Väter ablehnten. Make it new, hieß die Devise. Es ist schon bemerkenswert, daß die jungen Lyriker von heute nicht mehr dieses Bedürfnis haben, sich gegen die Alten aufzulehnen. Den Studenten, die ich heute unterrichte, rate ich immer, sie sollen ein paar Artikel schreiben, ein bißchen Staub aufwirbeln – zum Beispiel diesen Simic angreifen, dessen Zeug doch nun wirklich nichts taugt. So muß man das machen, wenn man jung ist.«

Fünf Jahre, nachdem Charles Simic aus Europa eingewandert ist, veröffentlicht die angesehene *Chicago Review of Poetry* 1959 erste Gedichte von ihm. Danach geht es Schlag auf Schlag. Von Chicago geht er nach New York, wo er sich an der New York University einschreibt und sich mit einem Job beim dortigen Universitätsverlag über Wasser hält. In Jim Brown, einem Lektor dieses Verlags, findet er einen väterlichen Freund, der ihm ein Entree in die Künstlerkneipen des Greenwich Village verschafft. »Damals war mir natürlich nicht bewußt, welches Glück ich hatte, für mich ergab sich das ganz selbstverständlich. Jim Brown war einer der gebildetsten Menschen, denen ich je begegnet bin, und da er zudem Alkoholiker war, ließ sich niemand Besseres denken, um durch die Bars zu ziehen und über Literatur, Malerei und Musik zu quatschen. Die ganze New Yorker

Lyrik- und Malereiszene spielte sich in den 50er Jahren in drei Kneipen ab. Wir fingen meist in der *Cedar Bar* an, der Stammkneipe von de Kooning und Pollock, dann gingen wir ins *San Remo*, wo Frank O'Hara Hof hielt, und schließlich ins *White Horse*, das durch Dylan Thomas berühmt wurde. Hatten wir dann noch nicht genug, fingen wir wieder in der *Cedar Bar* an. Ich habe neulich die O'Hara-Biografie von Brad Gooch gelesen, und viele der Leute, von denen er schreibt, kannte ich. Die meisten natürlich nur flüchtig, ich war damals ja noch sehr jung, aber ich wußte, wer sie waren. Dabei fiel mir wieder auf, wie winzig diese Welt eigentlich war – insgesamt vielleicht 200 Leute, mehr waren das nicht. Wenn man noch weiter zurückgeht, in die Zeit von William Carlos Williams, Hilda Doolittle und Ezra Pound, war diese Welt sogar noch kleiner, damals bestand sie vielleicht zwanzig Leuten. Das ist der Vorteil des literarischen Lebens in Amerika – man wird in Ruhe gelassen. Niemand fragt einen nach einer Meinung zu irgendwas, und das kommt dem Werk zugute.«

Das Leben in der New Yorker Kunstszene Ende der 50er war karg, existentielle Sorgen plagten Simic jedoch nie. »Es war kinderleicht, einen Job zu finden – wenn man um elf Uhr vormittags loszog, um etwas Geld zu verdienen, hatte man zwei Stunden später etwas gefunden. Man mußte nicht viel Zeit investieren, um sich den Lebensunterhalt zu verdienen. Niemand ging in teure Restaurants, und die Mieten im Greenwich Village waren sehr billig. Ich habe immer genug verdient, um die ganze Nacht in Kneipen zu trinken und meine Studiengebühren zu bezahlen. Obwohl Leute wie de Kooning und Kline damals schon hohe Preise mit ihren Bildern erzielten, führten sie doch ihr altes Leben weiter – sie tranken viel und machten sich nichts aus Geld. Heute ist das alles zerstört. Die Jungen können sich Manhattan inzwischen längst nicht mehr leisten und weichen in entlegene Teile von Brooklyn oder Hoboken aus. Wenn ich heute nach New York gehe und mich mit einem Freund treffe, der Maler ist oder Gedichte oder Prosa schreibt, dann verabredet man sich in einem dieser schicken Edelfreßlokale und trinkt teure Weine. Wir führen ein Spießerleben – es ist zwar ein sehr modernes und aufgeklärtes Spießertum, aber ein Spießertum nichtsdestotrotz. Hätte mir damals in der Cedar Bar jemand prophezeit, Charlie, aus dir wird mal ein Professor, ich hätte mich kaputt gelacht.«

Auch wenn Charles Simic ironisch erklärt, daß er sich heute in Oklahoma City mehr zu Hause fühlt als in jeder europäischen Stadt, seine Gedichte verraten, daß ihn sein europäisches Erbe nicht losläßt. Dabei steht Simic, was die Form dieser Gedichte anbelangt, ganz in der Tradition der amerikanischen Moderne, unübersehbar etwa die Einflüsse von Walt Whitman und vor allem William Carlos Williams, die sich nicht zuletzt in der sehr schlichten, am Alltagsidiom orientierten Sprache von Simic' Lyrik niederschlagen. Als er Anfang der 60er Jahre zu publizieren begann, führten die durch diese sprachliche Nüchternheit um so ungewöhnlicher und überraschender wirkenden Bilder seiner Gedichte dazu, daß Simic von der amerikanischen Kritik häufig als

»Neo-Surrealist« bezeichnet wurde – eine Einordnung, die heute Kopfschütteln hervorruft. So bizarr manche Formulierungen und Vergleiche in einzelnen Gedichten anmuten, etwa wenn Schlaflosigkeit mit einem Leihhaus verglichen wird oder in der Stadtbibliothek köstliche Pasteten auf Entleiher warten, Simic geht es immer um die Dechiffrierbarkeit solcher Bilder, also um die Kommunikation mit dem Leser. Von seinen zeitgenössischen Dichterkollegen in USA hebt sich Simic denn auch weniger durch seine Stilmittel ab als durch die Wahl seiner Stoffe. Immer wieder verweist er in seinen Gedichten auf historische Zusammenhänge, etwa in dem Gedicht »Chorus for One Voice«:

A sound of wings doesn't mean there's a bird.
If you've eaten today, no reason to think you'll eat
                                                tomorrow.
People can also be processed into soap.

Diese Besessenheit von Geschichte erklärt sich natürlich durch Simics Biografie, und diese Biografie ist geprägt durch die Erfahrung des Krieges. »Im Grunde geht alles auf den Krieg zurück«, sagt Simic. »Erst war da der große Krieg. Meine Familie zählte zu denen, die unter normalen Umständen Belgrad niemals verlassen hätten. Es war eine alteingesessene Familie, solche Menschen bleiben an dem Ort, an dem sie geboren werden. Es ging ihnen gut in Belgrad, sie waren beruflich qualifiziert und hatten beste Zukunftsaussichten. Aber das alles wurde quasi über Nacht zerstört, meine Familie mußte Belgrad verlassen. Ich sage immer, daß meine Reiseveranstalter Hitler und Stalin hießen. Sie bestimmten mein Schicksal. Als hätten sie gesagt: Charly, wenn du ein amerikanischer Dichter werden willst, dann müssen wir uns etwas einfallen lassen, um dein Leben ein bißchen komplizierter zu gestalten. Doch im Ernst – wenn den Leuten die Kriegsbilder in meinen Gedichten auffallen, dann glauben sie immer, daß sie nur auf meine Kindheit zurückgehen. Genau das Gegenteil ist der Fall. Als ich in die Vereinigten Staaten kam, war der Korea-Krieg im Gange. Ich war damals sechzehn, und zu dieser Zeit herrschte noch die allgemeine Wehrpflicht, mit siebzehn oder achtzehn konnte man eingezogen werden. Also dachte ich: Mein Gott, was ist, wenn ich vom Regen in die Traufe komme und wieder zum Militär muß? Kaum war das vorbei, gab es die Libanon-Krise, an die man sich heute kaum noch erinnert. Das war 1958, damals schickte Eisenhower Marineinfanterie in den Libanon. Alle befürchteten, wir würden dort einmarschieren. Zwischen 1961 und '63 leistete ich dann meinen Wehrdienst ab, und anschließend gehörte ich vier Jahre zur Reserve. Damals lebte ich in New York, und jeden Tag schlug ich mit zitternden Händen die Zeitung auf, denn es sollten mehr Reservisten einberufen und nach Vietnam geschickt werden. Kaum war das ausgestanden, wurde mein Bruder eingezogen und nach Vietnam beordert, also machte ich mir um ihn Sorgen. Ich möchte jetzt nicht alle Kriege seither aufzählen, aber der letzte war natürlich der Golfkrieg. Ich habe einen zwanzigjährigen Sohn, und ich fragte mich, was werden würde, falls sich dieser Krieg ausweiten sollte. Und um dem Ganzen die Krone aufzusetzen, tobt seit den letzten zwei Jahren dieser grauenvolle Bürgerkrieg in Jugoslawien, dieser Irrsinn. Der Krieg ist also immer ein Teil meines Lebens gewesen. Ich bin es leid, immer wieder darüber zu schreiben. Neulich hat mich jemand in einem Interview gefragt, ob ich jetzt neue Gedichte über den Krieg in Bosnien schreiben werde. Ich kann nur sagen, o mein Gott, hoffentlich nicht. Nach 55 Jahren Kriegszustand habe ich den Anblick dieser Dinge gründlich satt.«

Natürlich hat Charles Simic nicht nur über den Krieg geschrieben, auch wenn viele seiner Gedichte direkt oder indirekt davon handeln. Getreu der Devise Walt Whitmans, daß die Vereinigten Staaten selbst im Grunde das größte Gedicht seien, halten viele von Simics Texten typisch amerikanische Alltagsbeobachtungen fest: das Foto eines vermißten Kindes auf einer Milchtüte, die Auslagen einer Pfandleihe, die Statuen der ägyptischen Löwen vor der New York Public Library oder die berüchtigten Bars an der MacDougal Street. Der Reiz dieser Gedichte besteht darin, daß es Simic immer wieder gelingt, das Alltägliche in ein ungewohntes Licht zu rücken, »das Gewöhnliche zugleich als das Geheimnisvolle« darzustellen, wie es Enzensberger ausdrückt. Simic selbst beschreibt seinen Traum vom perfekten Poem als »ein Gedicht, so schlicht und schnörkellos, daß es auch der unbewandertste Leser auf Anhieb versteht.« Doch in den meisten Fällen ist die Einfachheit seiner Sprache trügerisch, eröffnet einen Blick auf eine Welt, die reicher, weil doppelbödiger und komplexer erscheint. Daß Simic versteht, den Dingen ihr Geheimnis zu entlocken, zeigt sein kurzes Gedicht über Wassermelonen an einem Obststand:

WATERMELONS

Green Buddhas
On the fruit stand.
We eat the smile
And spit out the teeth.

So einfach geht das: da werden Melonen zu grünen Buddhas, deren Lächeln wir essen und deren Zähne wir ausspucken. Prägnanter läßt sich das nicht ausdrücken. Will man Arno Schmidts Definition folgen, wonach ein Schriftsteller jemand sei, dem »ein Stock im Petticoat« einfällt für das, wozu ein Leser zeit seines Lebens Regenschirm sagt, dann ist Charles Simic ein großer Schriftsteller. Doch solche Verfremdungseffekte des Alltäglichen würden sich bald erschöpfen, wenn hinter Simics Poetisierung des Banalen nicht ein heimliches Programm stünde: die Konfrontation des amerikanischen Transzendentalismus mit europäischer Geschichtsgläubigkeit.

Die Vorstellung, daß man das Wunderbare immer direkt vor Augen hat, daß die wahrhaftige Empfindung eines Augenblicks mehr zählt als alle Museen Europas, geht auf Ralph Waldo Emerson zurück, den Begründer des amerikanischen Transzendentalismus. Emersons romantisch-idealistische Hymnen auf das Individuum und seine Selbstverwirklichung haben die Vereinigten Staaten stärker geprägt als jede andere philosophische Strömung und setzen sich bis heute in ungebrochenen Traditionslinien fort. Wo anders als in den Vereinigten Staaten wäre es denkbar, daß ein Sachbuch über Monate hinweg an der Spitze der Bestsellerliste steht, dessen Autor schon im Titel verkündet, alles, was er im Leben brauche, habe er im Kindergarten gelernt? Ohne Emerson sind auch nicht die Gedichte Walt Whitmans vorstellbar, der ebenfalls auf die Unwiederholbarkeit des Augenblicks setzte und damit fröhlichen Abschied aus der Geschichte feierte. Charles Simic nimmt diese philosophische Tradition ironisch auf, bricht und kontrastiert sie mit der eigenen Erfahrung geschichtlicher Gebundenheit. So kreisen Simics Gedichte mit Titeln wie »Einsamkeit« oder »Unzureichende Erklärung« um »das große Geheimnis, das nie ganz zu fassen war: Wissen, wer Ich ist ...«, wie Simic in »Der Eingeweihte« schreibt. Sie sind ironische Abrechnungen mit diesem uramerikanischen Vertrauen auf das Individuum, das nach Simic eben doch nicht ohne Außenwelt und geschichtlichen Kontext leben kann:

UNZUREICHENDE ERKLÄRUNG

Kommt mir lang vor,
daß ich meine Bestellung aufgab.
Schmieriges kleines Café,
und draußen schneit es.

Kommt mir dunkler vor,
seit ich die Küchentür
hinter mir gehen hörte,
seit ich draußen jemand
vorbeigehen sah.

Ein Glas Eiswasser
leistet mir Gesellschaft
an diesem Tisch, den ich mir selbst
ausgesucht habe, als ich kam.

Und dann die Sehnsucht,
die unglaubliche Sehnsucht
zu horchen,
was die Köche einander
zu sagen haben.

Jenseits aller verschlüsselter Auseinandersetzung mit Literatur- und Philosophietraditionen ist in Gedichten wie diesem auch etwas von der Einsamkeit des amerikanischen Lebens zu spüren, wie sie zum Beispiel die Gemälde Edward Hoppers vermitteln. Auch wenn es in seiner Lyrik keine elegischen Landschaftsbeschreibungen gibt, sieht sich Charles Simic, der seit über 20 Jahren in New Hampshire lebt, wo er Professor für amerikanische Literatur ist, in der Nachfolge von Neuengland-Dichtern wie Emily Dickinson, Wallace Stevens oder Robert Frost. Was Simic von diesen Vorbildern unterscheidet, ist eine tiefsitzende Skepsis vor allen Heilsbotschaften, seien sie religiöser, philosophischer oder politischer Natur. Er sieht sich als »Versuchstier« dieses Jahrhunderts und wundert sich nur, »daß eine der Ratten Gedichte schrieb.«

Zwar will er keine Gedichte über den Krieg auf dem Balkan schreiben, eine gewisse Verbindung zu seiner alten Heimat hat Simic jedoch auch heute noch, und sei es nur durch seine Tätigkeit als Übersetzer. Der Krieg in Bosnien habe ihm klar gemacht, erzählt mir Simic, wie sehr ihn die Großstadt geprägt hat. Das Belgrad, das er als Kind erlebt habe, sei ein kosmopolitischer Ort gewesen, dessen Bewohner sich für kulturelle Vielfalt interessierten. Als er Jugoslawien in den 80er Jahren zum erstenmal seit seiner Auswanderung besucht, muß Simic bald feststellen, daß diese Welt nicht mehr existiert: »Als ich 1982 ein Fulbright-Stipendium erhielt und nach Jugoslawien ging, empörten mich vor allem die Ansichten der Intellektuellen. Ich war erstaunt, schon damals spürte ich diese Fremdheit, wie sehr ich mich von Jugoslawien entfernt habe. Ich hatte den Eindruck – und dieser Eindruck trifft auch heute noch zu –, daß alle diese Menschen im Verlauf ihrer Geschichte mal Opfer und mal Täter waren. Aber sie erinnern sich nur noch an ihre Rolle als Opfer. Diese Erinnerung läßt sie auf Rache sinnen. Ihre Rache trifft jedoch immer nur die Unschuldigen. Das treibt mich in den Wahnsinn. Man entdeckt die Untaten der Serben oder der Kroaten, und was macht man dann? Man sucht sich ein paar Frauen und Kinder, die man erschießen kann. Das ist eine Formel für die endlose Perpetuierung des

Bösen. Aus diesem Grund habe ich auch große Schwierigkeiten mit vielen Amerikanern jugoslawischer Abstammung, denn ich finde, als Amerikaner kann ich nicht so tun, als wollte ich hier in Amerika friedlich mit jedermann zusammenleben, aber drüben in Europa kenne ich nur mein Volk, da töte ich die anderen, da soll jeder, der nicht zu meiner Partei gehört, gefälligst zur Hölle fahren. Dies ist für mich eine erschreckende und unhaltbare Position, und deshalb habe ich es abgelehnt, mich auf die Seite meines Volkes zu stellen – oder wie diese Leute es ausdrücken, mein Volk zu verteidigen.«

Im Krieg, so Simic, sei kein Platz für Gedichte, er habe keinerlei Kompetenz, über die Ursachen oder Aussichten des Krieges im ehemaligen Jugoslawien zu spekulieren. Doch im Grunde hat er alles, was dazu zu sagen ist, schon 1982 in dem Gedicht »East European Cooking« geschrieben:

OSTEUROPÄISCHE KÜCHE

Während der Marquis de Sade sich bumsen ließ,
ja damals, als die Türken meine Vorfahren
am Spieß brieten, schrieb Goethe
Die Leiden des jungen Werthers.

Der Tag war naßkalt und trist, an der Zweiten Avenue
schlürften wir Bohnensuppe mit Räucherwurst, dort
wo ich vor Jahren einen alten Gaul einen Karren
voll haushoch gestapelter Strohsäcke ziehen sah.

Jedenfalls war es so, wie ich meinem Onkel Boris sagte,
den Mund voller Schweinshaxen und Wein:
»Sie hielten Händchen und seufzten unter Sonnenschirmen,
während man uns an den Zungen aufhängte.«

»Abschaum bleibt Abschaum«, sagte er,
und damit waren alle gemeint,
wir und sie: eine Brut von Henkersknechten,
übelriechenden Foltergesellen.

Da ging es nicht ohne eine weitere Flasche Ungarweins ab.
Es mußten Marillenknödel her,
die wir schweigend verzehrten,
während die Türken ihre Zimbeln und Trommeln schlugen.

Zum Glück bediente uns dieser Kellner aus Siebenbürgen,
ein abgefallener Priester und früherer Tanzlehrer,
über dessen Können wir ganz einer Meinung waren,
da er, als er die Rechnung brachte, die Zahnstocher nicht
                                                              vergaß.

Bibliographie

What the Grass Says, 1967.
Somewhere Among Us a Stone Is Taking Notes, 1969.
Dismantling the Silence, 1971.
White, 1972.
Return to a Place Lit by a Glass of Milk, 1974.
Biography and a Lament, 1976.
Charon's Cosmology, 1977.
Brooms: Selected Poems, 1978.
School for Dark Thoughts, 1978.
Classic Ballroom Dances, 1980.
Austerities, 1982.
Shaving at Night, 1982.
The Chicken Without a Hat, 1983
Weather Forecast for Utopia & Vicinity, 1983.
Selected Poems, 1985.
The Uncertain Certainity. 1985.
Unending Blues, 1986.
The World Doesn't End, 1989.
The Book of Gods and Devils, 1990.
In the Room We Share, 1990.
Selected Poems, Revised and Expanded, 1990.
Wonderful Worlds, Silent Truth, 1990
Hotel Insomnia, 1992
Ein Buch von Göttern und Teufeln, eine von Hans Magnus Enzensberger besorgte und übersetzte Auswahl von Gedichten aus den Bänden *Selected Poems, Revised and Expanded*, *The Book of Gods and Devils* und *Hotel Insomnia* sowie der von Rudolf von Bitter übersetzte Essay »Am Anfang ...« erschien in der Edition Akzente des Carl Hanser Verlags 1993.

GILBERT SORRENTINO:
WIR WOLLEN UNSERE
MONSTER ERKLÄRT HABEN
▼▼▼

▼▼▼

In Palo Alto scheint an 280 Tagen im Jahr die Sonne. Hier im Silicon Valley, eine Autostunde von San Francisco entfernt, ist man der Zukunft näher als anderswo: an der Stanford University und in tausend privaten Forschungseinrichtungen werden Science Fiction-Träume von gestern zur Realität von heute, in lichten Cafés hat man die Auswahl zwischen einem Dutzend Kräutertees und Tofuburger, hört Gespräche über Genexperimente und Cyberspace. Die im Rest von Kalifornien grassierende Rezession und Arbeitslosigkeit sind höchstens Themen für die Unglücklichen, die einige Kilometer weiter in East Palo Alto wohnen; dort kommt 1992 auf je 571 Einwohnern ein Mord. In Palo Alto selbst ist das schlimmste Verbrechen, sich trotz des vom Stadtrat für alle Lokale verordneten Rauchverbots eine Zigarette anzustecken. Palo Alto gleicht Nietzsches Vision vom letzten Menschen – man hat sein Lüstchen für den Tag und sein Lüstchen für die Nacht: aber man ehrt die Gesundheit.

Hier wohnt einer der sprachmächtigsten amerikanischen Autoren der Gegenwart: Gilbert Sorrentino. Wer annimmt, diese technologische Zukunftstadt habe auch etwas für experimentelle Literatur übrig, sieht sich freilich getäuscht. Ich muß in fünf Buchhandlungen und Antiquariaten stöbern, um zwei von Sorrentinos über zwanzig Romanen und Gedichtbänden zu finden, und nirgendwo weiß man, wer Sorrentino ist oder daß er hier am Ort wohnt. Doch überall dort, wo man unter Literatur mehr versteht als die fünfzehn Bestseller der *New York Times Book Review*, ist Sorrentino längst kein Geheimtip mehr. Spätestens seit der Veröffentlichung seines Mammutromans *Mulligan Stew* – von vielen neben *Finnegans Wake* und Flann O'Briens *In Schwimmen-zwei-Vögel* gestellt – hat Sorrentino die Aufmerksamkeit der Kritik gefunden, man munkelt vom amerikanischen Joyce. Sorrentinos große Romane, neben *Mulligan Stew* sind das *The Sky Changes, Steelwork, Splendide-Hôtel, Nehmen wir an, daß es wirklich stimmt, Die scheinbare Ablenkung des Sternenlichts* und *Blue Pastoral*, sind Gegenstand literaturwissenschaftlicher Dissertationen und Essays geworden, 1981 widmete ihm *The Review of Contemporary Fiction* eine über 200 Seiten starke Sondernummer.

Alle von Gilbert Sorrentinos Texten tragen typische Kennzeichen jener Schreibart, für die sich die Bezeichnung »postmodern« eingebürgert hat. Inwieweit das angesichts der in *Tristram Shandy* vorweggenommenen Erzähltechniken sinnvoll ist, sei dahingestellt, Gilbert Sorrentino läßt es sich jedenfalls gefallen, mit Robert Coover, Raymond Federman oder Harry Matthews zur amerikanischen Postmoderne gezählt zu werden, nicht ohne verschmitzt ein »was immer das heißt« hinzuzufügen. Mit den genannten Autoren verbindet ihn die überschäumende Vielfalt der Textsorten und Tonlagen, aus denen er seine Romane komponiert, und die Ablehnung der Vorstellung von Sprache als bloßem Medium zum Transport von Ideen oder Informationen; Sprache, so Sorrentino, sei für ihn Werkstoff wie ein Stein für einen Bildhauer. Deshalb schreibt Sorrentino seine Texte, die in der Regel vier Fassungen durchlaufen, auch ganz altmodisch mit Füller und Notizblock. »So habe ich als Kind das Schreiben gelernt, und das hat für mich auch heute noch etwas Magisches. Ich will beim Schreiben spüren, wie sich meine Hand bewegt. Das mag mythisch klingen, so meine ich das aber gar nicht. Es ist die einzige Art des Schreibens, bei der es keine störenden Nebengeräusche gibt – da bist nur du, das Papier und der Füller. Man kann das Entstehen der Wörter beobachten, sie fließen direkt unter der Hand hervor, man kann es sehen. Das bereitet mir Vergnügen, ein sehr sinnliches Vergnügen. Bis vor vier Jahren habe ich diesen handschriftlichen Entwurf dann auf einer mechanischen Schreibmaschine abgetippt, inzwischen habe ich mir endlich eine elektronische Schreibmaschine gekauft. Aber eine Schreibmaschine, keinen Wordprocessor – an die Dinger kann ich mich nicht gewöhnen, ich mag sie nicht. In meinem Leben gibt's schon genug Maschinen. Ich habe mir ein Auto kaufen müssen, als ich von New York nach Kalifornien gezogen bin, das hat mir gereicht.«

Seit über zehn Jahren lebt der 1929 in Brooklyn geborene Sorrentino in Palo Alto, zu Hause kann er sich hier aber immer noch nicht fühlen. »Ich habe mich nie an Kalifornien gewöhnt«, erzählt mir, als er mich an meinem Hotel abholt und durch das Labyrinth der riesigen Parkplätze rings um die Stanford University zu seinem Büro auf dem Campus führt. Sorrentino wirkt jünger und nicht wie jemand, der sein Leben am Schreibtisch verbracht hat; er ist schlank und braungebrannt, hat schwarzgraues Haar und strahlt die Selbstsicherheit eines Flugkapitäns aus. Der Akzent seiner Stimme verrät seine Herkunft von der Ostküste. »Ich bin kein Kalifornier, ich verstehe die Kalifornier nicht und passe nicht in die Suburbs. Der einzige Grund, weshalb ich hier bin, ist der Grund, den die meisten Amerikaner für fast alles in ihrem Leben haben – ich verdiene hier meinen Lebensunterhalt.«

Sorrentino lehrt seit 1982 in Stanford Literaturwissenschaft und Creative Writing; zusammen mit seiner zweiten Frau, mit der er seit 31 Jahren verheiratet ist, lebt er unweit vom Campus in der Nachbarschaft Hunderter anderer Professoren im ›faculty ghetto‹, wie er es nennt. »Der durchschnittliche Amerikaner zieht alle sieben Jahre um, habe ich neulich in der *New York Times* gelesen. Ich finde das erstaunlich. Das ist eines der großen Probleme der USA – diese rastlose Bevölkerung, die nie an einem Ort bleibt, sondern immer weiterzieht. Als junger Mann wohnte ich in New

York, bis ich zur Armee eingezogen wurde, danach ging ich in die gleiche Stadt zurück und blieb dort, bis ich nach Kalifornien kam. Als New Yorker hat man seine Wurzeln in der City. In New York kann man um vier Uhr morgens das Haus verlassen, um sich ein Sandwich zu holen oder ins Kino zu gehen. In Palo Alto macht abends um halb elf alles dicht, da werden die Bürgersteige hochgeklappt. Wenn man hier eine Schachtel Zigaretten kaufen will, muß man mit dem Auto fahren. Das ist einfach nichts für mich. Mir gefällt nicht mal San Francisco. Mir kommt diese Stadt wie ein Bühnenbild vor, sie ist einfach zu schön und wirkt verlogen.«

Darüber hat Sorrentino schon 1971 in *Nehmen wir an, daß es wirklich stimmt* geschrieben, seinem Schlüsselroman über die New Yorker Künstlerszene, wo er sich über den Provinzialismus San Franciscos lustig macht und zu dem Fazit kommt: »It's beautiful place, you can rot there in the most delicate comfort.« Auch über zwanzig Jahre später hat Sorrentino seine Meinung nicht geändert. »Irgend etwas stößt mich an dieser Stadt ab. Vielleicht ist es dieses schulterklopfende Eigenlob. Wenn man jemand aus San Francisco kennenlernt, sagt der sofort: Ich wette, Sie sind froh, jetzt nicht in Ihrem schmutzigen New York zu hocken! Haben Sie die Aussicht vom Russian Hill genossen? Ist das Wetter nicht herrlich? Wie finden Sie die Cable Cars? Ein richtiger New Yorker wird Sie niemals fragen, wie Ihnen seine Stadt gefällt. Ob Ihnen New York gefällt oder nicht, ist dem scheißegal. New York ist schmutzig und hart, und das versteckt es nicht hinter einer verlogenen Fassade, es ist so groß, daß es in sich sich selbst ruht. Außerdem ist New York nach amerikanischem Maßstab eine sehr alte Stadt, und das spürt man. Auch wenn sich die Bevölkerung seit meiner Jugend stark verändert hat, gibt es da immer noch diese kosmopolitische Atmosphäre. Wenn man in bestimmte Gegenden geht, schmeckt das Brot dort eben anders. In Bezirken mit vielen Leuten aus dem Nahen Osten gibt es zum Beispiel diese Fladenbrote, und das ist authentisch. In San Francisco dagegen macht einer eine Feinkostbäckerei auf und bietet Fladenbrot als Spezialität an, und das finden dann alle todschick. Wahrscheinlich war ich zu alt, als ich hierherkam, und kann mich deshalb nicht an Kalifornien gewöhnen. Obwohl ich Los Angeles mag, wahrscheinlich weil es so vulgär ist und daraus keinen Hehl macht. Wir sind alle hier, um Geld zu scheffeln, das sagt einem die Stadt sofort offen ins Gesicht. San Francisco ist prätentiös, deshalb hält es kein echter Künstler in dieser Stadt lange aus. Nur die Kunsthandwerker fühlen sich hier wohl, Handgetöpfertes und Selbstgestricktes, das gefällt San Francisco.«

So treffsicher analysiert Sorrentino alles, worüber wir sprechen, es ist der gleiche kritische Instinkt wie in seinen Essays, die 1984 in dem Band *Something Said* gesammelt erschienen sind. Darin findet sich auch ein kurzer Text mit dem Titel *Genetic Coding*, in dem er über seine Herkunft schreibt und was sie für seine Arbeit als Schriftsteller bedeutet. Seine genetische Prädisposition als Sohn eines italienischen Einwanderers aus Sizilien und einer Mutter irischer

Abstammung, habe ihn für die Schriftsteller, die sein Werk beeinflußten, erst empfänglich gemacht. So sei er zwar ganz ohne sein Zutun ein amerikanischer Autor, aber Laurence Sterne sei ihm näher als Henry Thoreau und Italo Calvino ›verstehe‹ er besser als John Cheever. Seine Texte charakterisiere Besessenheit von formalen Strukuren, Abneigung gegen die Reproduktion von Erfahrung, Liebe zu Abschweifungen und Ausschmückungen, Vergnügen an falschen oder mehrdeutigen Informationen, der Wunsch, Probleme zu erfinden, die nur durch die Entwicklung neuer Formen gelöst werden könnten, und die Lust, aus einer Mücke einen Elefanten zu machen.

Mit Schreiben begonnen hat Sorrentino 1947, am Anfang stand die Begeisterung für Walt Whitman. »Ich las Whitman und dachte, das kann ich auch, denn es sah ja ganz leicht aus, wie ein Prosatext mit unterschiedlich langen Zeilen. Von dieser Illusion war ich natürlich bald geheilt. Ich wollte Schriftsteller werden, wußte aber nicht genau, was das eigentlich war, ein Schriftsteller. Ich stamme aus der Arbeiterklasse und bin in einer Gegend aufgewachsen, in der es nicht viel Kunstverständnis gab. Aus den Jungen, mit denen ich als Kind befreundet war, wurden Polizisten, Feuerwehrleute, Hafenarbeiter oder Priester, einige wurden auch Gangster. Wenn man von dort kam und aufs College ging, was ja nicht viele taten, wurde erwartet, daß man sich einen ›guten Job‹ suchte – und darunter verstand man alles andere als Schriftsteller.« Also rechtfertigt Sorrentino seine Schreibversuche gegenüber den Eltern mit der Notlüge, er wolle

Journalist werden. »Wenn mich meine Mutter abends beim Schreiben am Küchentisch erwischte, gab ich vor, einen Artikel zu entwerfen. Tatsächlich schrieb ich aber Gedichte – Sonette, Villanellen und Sestinen. Ich probierte damals alle möglichen Formen aus, teils um sprachliche Disziplin zu lernen, teils weil ich es nicht besser wußte. Ich hatte damals gar keine Vorstellungen von der Moderne.«

Erst im Lauf seines Studiums am Brooklyn College, wo er englische und amerikanische Literatur und klassische Philologie belegt, kommt Sorrentino mit der zeitgenössischen Lyrik in Berührung. 1952 wird er zur Army eingezogen und erhält eine Ausbildung als Sanitäter. Sorrentino hat Glück, obwohl der Korea-Krieg auf dem Höhepunkt steht, wird er in Texas stationiert, dem Lone Star State, über den er in einem Gedicht aus dem 1978 veröffentlichten Zyklus *The Orangery* schreibt:

LONE STAR

Black streets a black
slick a black sheen and in
his heart.

That famous state
with its single star
as emblem.

It has an odd and silent
coast thick with limes
and roses.

Women in black muttering
their beads and Jesus
angles of pain.

There the sky clicks blue to black
here icy peach and orange almost blend.

In Texas entsteht auch eine kleine Prosaskizze, die Sorrentino in Kontakt mit William Carlos Williams bringt. »Williams hat mich enorm beeinflußt. Als ich beim Militär war, hatte ich einen kurzen Text mit dem Titel *Bordertown* geschrieben, in dem es um einige Soldaten geht, die auf Urlaub in einer mexikanischen Grenzstadt sind. Nach meiner Entlassung aus der Army beschäftigte ich mich zum erstenmal ernsthaft mit Williams, vorher hatte ich zwar schon von ihm gehört, aber nur einige seiner Gedichte in Anthologien gelesen. Ich wußte also gar nicht, wer er war. Aber dann las ich einen gerade veröffentlichten Lyrikband von ihm, dessen Titelgedicht, *The Desert Music*, von Williams und einer Gruppe Freunde handelt, die in eine mexikanische Grenzstadt fahren. Als ich dieses Gedicht las, erinnerte ich mich an meine Skizze *Bordertown*, nahm mein Herz in beide Hände und schickte Williams den Text mit einem Brief, in dem ich schrieb, wie beeindruckt mich sein Gedicht hatte und daß es ihn vielleicht interessieren würde, meine Skizze zu lesen.«

Williams ermutigt Sorrentino und lädt ihn zu sich zum Abendessen ein. Damals schreibt Williams am fünften und letzten Buch von *Paterson*, das im Grunde eine umfangreiche Collage ist, in die Williams viele Briefstellen und kurze Texte anderer Autoren einarbeitet. So fragt er auch Sorrentino, ob er einige Seiten aus *Bordertown* für *Paterson* verwenden darf, und der angehende Schriftsteller fühlt sich natürlich geschmeichelt und erlaubt es ihm. »Als mich dieser Brief von Williams erreichte, saß ich wirklich in der Tinte. Ich war fürchterlich pleite und kannte keine anderen Schriftsteller. Ich wußte überhaupt nicht, was ich eigentlich wollte. Ich hatte schrecklich viele Gedichte geschrieben und begann gerade mit Prosa, aber kein Mensch wollte irgendwas davon veröffentlichen. Ich hatte damals so gut wie kein Selbstwertgefühl als Autor, und da machte es mir großen Mut, daß mich Williams für einen guten Schriftsteller hielt.«

Schreiben soll für Sorrentino lange Zeit ein Luxus bleiben. 1953 heiratet er, zehn Monate später ist er Vater. An eine Existenz als freier Schriftsteller ist nicht zu denken, also muß Sorrentino anders Geld verdienen. Die Liste seiner Berufe entspricht romantischen Vorstellungen vom armen Poeten: Sorrentino arbeitet als Verpacker, Laufjunge, Expedient, Buchhändler, Kellner, Koch und Lagerverwalter. »Solange mir ein bißchen Zeit zum Schreiben blieb, war ich zufrieden. Ich habe buchstäblich alles gemacht, um ein paar

Dollar zu verdienen. Dadurch bin ich mit ganz unterschiedlichen Menschen in Berührung gekommen. Als Schauermann auf den Docks am North River in New York waren meine Kollegen einfache Arbeiter, deren Leben sich um Sex und Besäufnisse drehte. Wenn die überhaupt etwas lasen, dann die *Daily News*. Weil ich wie sie in Brooklyn aufgewachsen war, sprach ich die gleiche Sprache. Ich kam denen natürlich nicht mit literarischem Zeug. You wanna get a fucking drink tonight? Yeah, sure, okay. So habe ich geredet, und meine Ambitionen als Schriftsteller behielt ich schön für mich. Ich war wirklich draußen in der Welt, ich saß nie im Elfenbeinturm. Wenn man als junger Mann berühmt wird und viel Geld verdient, hat das Konsequenzen. Das klassische Beispiel dafür ist Norman Mailer, der mit vierundzwanzig ein berühmter Mann wurde. Was macht man da? Mit vierundzwanzig weiß man noch nicht mal, wer man eigentlich ist. Und plötzlich wird man als einer der bedeutendsten amerikanischen Schriftsteller aller Zeiten gefeiert, das muß im Kopf doch irgendwas auslösen. Norman Mailer weiß seit seinem vierundzwanzigsten Lebensjahr nicht mehr, was normale Menschen tun.«

Das Vorbild von William Carlos Williams, der zeit seines Lebens als Arzt für Allgemeinmedizin in Rutherford, New Jersey, praktizierte, hilft Sorrentino, die Disziplin zum Schreiben aufzubringen. »Als ich Williams kennenlernte, war er schon ein alter Mann und hatte zwei Schlaganfällen hinter sich. Er fragte mich, womit ich meinen Lebensunterhalt verdiente. Ich weiß nicht mehr genau, was ich damals gemacht habe, ich glaube, ich arbeitete in einem Lager. Williams sagte, ich weiß, das muß sehr hart für Sie sein, und bestimmt sind Sie wütend, weil Sie lieber mehr Zeit an Ihrem Schreibtisch verbringen würden. Aber es hat auch etwas Gutes, wenn man sich jeden Tag seinen Lebensunterhalt verdienen muß. Es läßt eine seltsame Kraft in einem entstehen, und diese Kraft übersetzt sich oft in Energie zum Schreiben. Er wisse nicht, weshalb das so sei, aber es habe vielleicht etwas mit der Wut zu tun, die man tagtäglich bei der ungeliebten Arbeit empfinde. Diese Wut könne einen aber auch umbringen oder Depressionen erzeugen, so daß man nie etwas schreibe. Aber wenn ich ein wirklicher Schriftsteller sei, dann würde ich auch schreiben.«

Sorrentino schreibt. Er weiß, wenn er wartet, bis er einige Monate am Stück arbeiten kann, wird er nie etwas zustande bringen. Also nimmt er sich vor, fünf Tage die Woche zwei Stunden zu schreiben, abends zwischen neun und elf. Neben sehr viel Lyrik entsteht in dieser Zeit – Mitte der 50er Jahre – ein umfangreicher Roman, der ihm als Stilschule dient, den er aber nie veröffentlichen wird. »Ich habe in diesem Buch jeden erdenklichen Fehler gemacht, den man beim Schreiben eines Romans nur begehen kann. Das Manuskript war ungefähr 700 Seiten lang, und ich habe darin buchstäblich alles ausprobiert – ein wenig Faulkner, etwas Hemingway, etwas Joyce und Gott weiß was noch. Vor drei Jahren habe ich den Roman zum erstenmal seit 1956 wieder gelesen – er ist wirklich grauenhaft. Aber wenn ich versuche, ihn möglichst objektiv zu beurteilen, sehe ich einige Passagen, die mich als legitimen Schriftsteller ausweisen.«

Mitte der 50er Jahre kommt Sorrentino auch in Kontakt mit anderen jungen Schriftstellern wie Robert Creeley, Allen Ginsberg, Ted Joans und Hubert Selby. Mit Selby, der zu dieser Zeit an *Letzte Ausfahrt Brooklyn* arbeitet, verbindet ihn eine enge Freundschaft. Gemeinsam publizieren sie das Magazin *Neon*, wie *Kulchur* und *Yugen* eine der vielen avantgardistischen Literaturzeitschriften, die damals entstehen und nicht selten nach wenigen Ausgaben ihr Erscheinen wieder einstellen. Sorrentino über die Voraussetzungen dieses Booms: »Damals fand in New York eine gigantische kulturelle und ästhetische Revolution statt. Nicht nur in der Literatur, in jedem Bereich der Kunst – Malerei, Theater, Tanz, Musik. In der Stadt wimmelte es von jungen Künstlern, und ich lernte viele von ihnen kennen. Es gab damals eine richtige Kaffeehauskultur in New York. An fast jedem Abend in der Woche wurden in kleinen Cafés Lesungen veranstaltet, deren Publikum sich hauptsächlich aus anderen jungen Schriftstellern zusammensetzte. Natürlich kannte man sich da untereinander – man las irgendwo und traf einen Autor, der im Publikum gesessen hatte, und dann ging man zu einer seiner Lesungen oder wurde zu einer Party eingeladen, und dort traf man wieder andere Schriftsteller. Das war sozusagen der Beginn meiner Karriere, als ich Freundschaft mit anderen jungen Schriftstellern schloß, die im gleichen Boot saßen wie ich. Niemand kannte sie, niemand wollte sie veröffentlichen. Also bildeten wir eine

Gruppe, eine Clique, eine Schule oder wie immer man das nennen will. Als junger Mann in New York waren die meisten meiner Bekannten Künstler – Maler, Schriftsteller, Bildhauer, Tänzer oder Jazzmusiker. Wir lebten alle in der gleichen Gegend. Ich habe damals auf der Lower East Side gewohnt, dort waren die Mieten spottbillig, und so kamen auf jede Straße zehn Künstler. In meinem Haus wohnten damals zum Beispiel einige Schauspieler und ein Tänzer und Choreograph. In der gleichen Straße lebte auch Frank O'Hara. Wir waren keine Fremdkörper dort, sondern in die Gemeinschaft integriert. Die Lower East Side war eine sehr arme Gegend, da lebten Italiener, Russen, Juden, Schwarze, Hispanier – und eben Künstler. Aber alle kamen miteinander aus, das war ein sehr fein austariertes soziales Gleichgewicht. Es gab keine Spannungen. In den 60er Jahren ging das zu Ende, der Vietnamkrieg hat das zerstört.«

Doch Gilbert Sorrentino blickt nicht mit nostalgisch verklärtem Blick auf diese Zeit zurück. In *Under the Shadow*, seinem neuesten Roman, schreibt er über die 50er als »Jahrzehnt voller Paranoia, Schuldgefühle, Hysterie, Zerstörungswut und Pessimismus«. Er selbst, so Sorrentino, habe sich auch damals immer als Außenseiter der Gesellschaft gesehen, dessen Loyalität höchstens einer kleinen Gruppe von Freunden galt. »Außerhalb der großen Städte wie New York, Chicago und Los Angeles waren die USA wie ein Ödland. Die 50er Jahre begannen mit dem Koreakrieg, dann kam die McCarthy-Ära, die schwarzen Listen, schließlich eine große Rezession und am Ende des Jahrzehnts der Anfang unserer militärischen Verwicklung in Südostasien. Es gab die große Kommunistenangst, die sexuelle Unterdrückung, den Rassismus, daneben herrschte ein ungeheuer starker Anpassungsdruck, es wurde erwartet, daß man sich in ein ganz klar definiertes Menschenbild einfügte. Die 50er waren also ein schreckliches Jahrzehnt. Aber paradoxerweise kam es damals zu einer regelrechten Explosion der Künste: Free Jazz, die neue amerikanische Lyrik, eine ganz neue Einstellung zum Tanz, der abstrakte Expressionismus in der Malerei. Und das alles geschah in New York. Ich möchte keinen Zusammenhang zwischen diesen Entwicklungen konstruieren, vielleicht war es auch nur Zufall, doch obwohl die 50er aus soziologischer Sicht eine bedrückend engstirnige Zeit waren, herrschte in den Künsten absolute Freiheit. In Europa war das vermutlich anders, aber in Amerika war nach dem Ende des Zweiten Weltkriegs großer Optimismus spürbar. Man sah alles durch eine rosarote Brille: die Männer kamen aus dem Krieg nach Hause, neue Arbeitsplätze entstanden, neuer Wohnraum wurde geschaffen. Aber dann begann der kalte Krieg und kurz darauf Korea, und alle Hoffnungen der Menschen zwischen 1945 und 1948 wurden schlagartig enttäuscht.«

Sorrentinos erster veröffentlichter Roman kann als Echo dieser enttäuschten Hoffnungen gelesen werden. *The Sky Changes* ist ein literarisches Road Movie und zugleich die Geschichte des Rettungsversuchs einer Ehe. Sorrentino führt seine namenlos bleibenden Charaktere während einer Autofahrt von New York nach Mexiko in desolate Landschaften und Geisterstädte, schafft in diesem Ödland abseits der großen Metropolen eine an Ingmar Bergman erinnernde Atmosphäre auswegloser Verzweiflung, getreu dem Titel des Romans, der auf das berühmte Horaz-Zitat anspielt, wer übers Meer reise, ändere den Himmel, nicht aber sich selbst. Der Erzählzusammenhang von *The Sky Changes* ist in viele kurze Segmente aufgesplittert, Sorrentino schreibt in einer kalt analysierenden Sprache in der dritten Person aus Sicht des Mannes und vermeidet durch eine zwischen Zukunft, Gegenwart und Vergangenheit changierende Snapshot-Technik jede kontinuierliche Handlungsentwicklung. Diese Absage an traditionelle Erzählweisen findet sich in allen Romanen Sorrentinos, die häufig auch durch das Auftauchen derselben Figuren miteinander verknüpft sind.

Nachdem Sorrentino bis Mitte der 60er Jahre die Lyrikbände *The Darkness Surrounds Us* und *Black and White* in Kleinverlagen veröffentlicht hat, erscheint mit *The Sky Changes* zum erstenmal ein Buch von ihm bei einem kommerziellen New Yorker Verlag. »Mein erster Roman wurde von Hill & Wang veröffentlicht, einem Verlag, der jetzt zu Farrar Straus & Giroux gehört. Mit meinen nächsten beiden Büchern, *Steelwork* und *Nehmen wir an, daß es wirklich stimmt*, ging ich zu Pantheon, das damals noch unter der Ägide von André Schiffrin stand, aber mit denen bekam ich Streit. Soweit ich mich erinnere, ging es darum, daß der Verlag keine Werbung für die Bücher machte. Das Ganze entzündete sich daran, daß meine Lektorin bei Pantheon anläßlich der Veröffentlichung von *Nehmen wir an, daß es wirklich stimmt* eine Dinnerparty in einem sehr teuren französischen Restaurant in den East 50ies für mich geben wollte. Sie sagte, ich könnte ungefähr zwanzig Leute dazu einladen. Auch damals kam so etwas inklusive Wein und Drinks auf etwa 90 Dollar pro Kopf, und als mir klar wurde, was das für dreißig Leute kosten würde, sagte ich zu ihr, mein Gott, warum steckst du dieses Geld nicht lieber in Werbung für das Buch? Aber sie lehnte meinen Vorschlag ab. Ich fand dieses Essen einfach lächerlich, und so blieb eine gewisse Verstimmung zwischen uns zurück. Hinzu kam, daß sich meine Bücher nicht gut verkauften, und als ich Pantheon mein nächstes Buch anbot, *Splendide-Hôtel,* lehnten sie es mit der Begründung ab, es sei vom Umfang her zu dünn. Mit *Mulligan Stew* hatte ich dann Probleme, weil es zu dick war.«

Nehmen wir an, daß es wirklich stimmt bringt Sorrentino nicht nur in Schwierigkeiten mit seinem Verlag, sondern auch mit seinen Freunden. Der Schlüsselroman über das New Yorker Künstlermilieu präsentiert eine ganze Menagerie von Blendern, Wichtigtuern und Trittbrettfahrern, ein Typus, für den es im Süddeutschen das schöne Wort ›Adabei‹ gibt. Solche Adabeis gehören wohl zur Literaturszene jeder Stadt, insbesondere aber zur Literaturszene New Yorks – if I can make it there, I'll make it everywhere. Alle diese Literatur-Groupies sind in Sorrentinos Roman von dem Wunsch beseelt, »jemand zu sein«, sich einen Namen zu machen. Ihre Energien richten sich dabei meist auf die Lyrik, weil, so Sorrentino, »diese Form den Naiven wenig

Energie zu erfordern scheint und noch weniger Zeit.« Einen Roman runterzuschreiben bleibe dagegen auch für den Unbegabtesten eine Wahnsinnsarbeit.

Auch in *Nehmen wir an, daß es wirklich stimmt* gibt es keinen durchgängigen Erzählfluß, eingestreut in die acht Kapitel des Romans finden sich den Text kommentierende Fußnoten, Zitate, psychologisches Hintergrundmaterial zu den Romanfiguren, Listen ihrer Vorlieben und Abneigungen, aber auch Briefe und Fragen zu den beschriebenen Personen, die sich wie Aufgaben einer Examensprüfung lesen. Mitunter erinnert der Roman an die großen Beschimpfungsorgien Thomas Bernhards, so zynisch und mitleidslos wird hier einer ganzen Generation die Rechnung aufgemacht. »Dieses Buch hat mich eine Menge Freunde gekostet, denn viele haben sich darin wiedererkannt. Einer meiner engsten Freunde, den ich seit mindestens fünfzehn Jahren kannte, hat daraufhin nie wieder mit mir gesprochen. Er hat mir nicht mal gesagt, daß er verärgert ist, er hat mich einfach geschnitten. So ging es mir mit vielen Freunden. Dennoch gefällt mir von allem meinen Büchern *Nehmen wir an, daß es wirklich stimmt* auf eigenartige Weise am besten. In diesem Roman wird der Zusammenbruch einer Künstlergemeinschaft festgehalten – er beschreibt, wie die Wirklichkeit in Fetzen gerissen wird, Begriffe wie Authentizität oder Gültigkeit verlieren dabei vollkommen ihre Bedeutung. Ich mag die fiktive Stimme in diesem Buch, den Erzähler der Geschichte – und gerade dieser Erzähler bereitet den Lesern offenbar Kopfzerbrechen. Die Leute verstehen einfach nicht, daß einer der größten Versager in diesem Roman der Erzähler selbst ist. Der Erzähler ist als Mensch völlig gescheitert, genauso wie all die anderen, über die er schreibt. Aber das haben offenbar nur die Leser erkannt, die außerhalb dieser Szene stehen. Die anderen haben das aus irgendwelchen Gründen nicht begriffen. Ich mag dieses Buch deshalb so gern, weil mir die Stimme des Erzählers genau so gelungen ist, wie ich sie haben wollte – ironisch, bösartig und triefend vor Zynismus. Das Problem bei einem Schlüsselroman ist natürlich, daß sich manche Leute in dem Buch wiedererkennen. Diese Leute unterstellen dann, der Erzähler sei ich. Aber dieser Erzähler bin nicht ich, sondern eine von mir erfundene Gestalt. Amerikanern fällt es sehr schwer, eine in der ersten Person Singular sprechende Stimme vom Autor zu unterscheiden. Sie glauben einem nicht, daß es ein erfundener Erzähler ist, sondern nehmen man, man schreibe ›die Wahrheit.‹«

Ein aktuelles Beispiel für diese Verwechslung zwischen Ich-Erzähler und Autor ist für Sorrentino der Eklat um Bret Easton Ellis' *American Psycho*. Sorrentino hält *American Psycho* für einen bemerkenswerten Roman, der von den Kritikern – auch von denen, die dieses Buch als Kunstwerk ernst nahmen und es nicht einfach als perverses Machwerk abqualifizierten – in zweierlei Hinsicht nicht verstanden worden sei. »Da sind erstens die Listen und Aufzählungen von all den Dingen, mit denen sich Ellis' Protagonist Patrick Bateman umgibt – die Aftershaves, Schuhe, Kleider, Krawatten und so weiter. Georges Pérec schrieb in den 60er

Jahren ein Buch namens *Les choses* über das Pariser Äquivalent der Yuppies. Der Roman ist im Grunde nicht mehr als ein Versandhauskatalog, denn das Leben dieses Menschen ist völlig leer und ganz von den Dingen definiert, die sie besitzen – eben les choses. Das hat Ellis auch versucht, und die Vorstellung, dieser Stil des Romans sei nur zufällig so oder ein Indiz für die Oberflächlichkeit des Autors, scheint mir ein eklatantes Mißverständnis zu sein. Das zweite Mißverständnis weist über den Einzelfall von Ellis' Roman hinaus und hat sehr viel damit zu tun, wie Amerikaner lesen. Patrick Bateman handelt ohne Motivation, und das können Amerikaner nicht tolerieren. Wir wollen unsere Monster erklärt haben, sie müssen Gründe dafür haben, so zu sein, wie sie sind. Wenn in Amerika ein Monster verhaftet wird, zum Beispiel Jeffrey Dahmer, dieser Serienkiller aus Milwaukee, oder der berüchtigte Ted Bundy, dann wird sofort nach Gründen gefahndet. Hatte er eine unglückliche Kindheit? Wurde er mißhandelt? War seine Mutter eine Prostituierte? Hat ihn sein Vater geschlagen? Wenn man in seiner Vergangenheit so etwas findet, dann heißt es sofort, alles klar, er ist ein Monster, weil ihm diese schrecklichen Sachen zugestoßen sind. Aber wenn man Amerikanern ein Monster ohne Motivation zumutet, dann werden sie sehr nervös. Das ist in der amerikanischen Literatur immer wieder passiert. Im ersten Entwurf von Faulkners *Die Freistatt* fehlt zum Beispiel das Kapitel, in dem Popeyes Kindheit beschrieben wird – wie er das Haus seiner Großmutter in Brand steckt, Katzen umbringt oder was er sonst noch macht. In dieser Fassung war Popeye einfach Popeye. Aber der Verlag bekam kalte Füße, und deshalb schrieb Faulkner über Popeyes Kindheit.«

1970 kehrt Sorrentino mit dem Roman *Steelwork* in den New Yorker Stadtteil Brooklyn zurück, in dem er geboren und aufgewachsen ist. *Steelwork* ist Pflastertreterliteratur, aus 96 kurzen, zwischen 1935 und 1951 angesiedelten Skizzen entsteht ein Bild vom Gefängnis Großstadt, an dessen Mauern sich die Bewohner Brooklyns buchstäblich die Schädel einrennen, weil ihre Phantasie verkrüppelt ist und noch nicht mal ausreicht, um sich auf die andere Seite des East River nach Manhattan zu projizieren.

Sorrentino arbeitet inzwischen als Lektor für die berühmte Grove Press in New York, wo zu Beginn der 60er Jahre die richtungsweisende Anthologie *New American Poetry 1945 - 1960* mit zwei Gedichten von ihm erschienen ist. Zunächst liest er freiberuflich Korrektur für Grove, wechselt dann als festangestellter Assistent ins Lektorat und wird schließlich einer der Cheflektoren. »Grove Press begann als avantgardistischer Verlag und blieb das auch, als das Programm größer wurde. Wir veröffentlichten damals nicht nur interessante einheimische Autoren, sondern auch neue Literatur aus Deutschland, Frankreich und Italien. Wer bei Grove als Lektor arbeitete, lernte wirklich alle Aspekte des Verlagsgewerbes kennen, denn man war für jedes Buch allein verantwortlich. Also machte man das komplette Lektorat, schrieb die Klappentexte und legte zusammen mit der Herstellung die Aufmachung des Buchs und des Umschlags fest. Ich habe fünf Jahre für Grove gearbeitet und war gern dort, aber Anfang der 70er Jahre hatte der Verlag aus verschiedenen Gründen sehr viel Geld verloren und mußte sein Personal binnen vier Wochen um die Hälfte verringern. Ich gehörte zu den Leuten, denen gekündigt wurde. Damals bekam ich 52 Wochen lang Arbeitslosengeld, außerdem hatte der Verleger von Grove ein so schlechtes Gewissen, seine langjährigen Angestellten auf die Straße zu setzen, daß er allen eine ansehnliche Abfindung gab. So mußte ich zum erstenmal in meinem Leben nicht gleich wieder arbeiten gehen und den nächstbesten Job annehmen, sondern konnte nun wirklich hauptberuflich schreiben.«

In diese Zeit, Anfang der 70er Jahre, fallen die ersten Vorarbeiten zu dem Buch, das als Sorrentinos Hauptwerk gilt: *Mulligan Stew*. Der Roman beginnt mit einer Reihe von Briefen, in denen Sorrentino einen Verlag für sein Manuskript zu finden versucht, und diese Doppelbödigkeit setzt sich das ganze Buch hindurch fort. Es geht um den ebenso ehrgeizigen wie inkompetenten Krimiautor Antony Lamont, der nicht versteht, daß die Sprache selbst Gegenstand der Erzählung ist, nicht ausgeklügelte Charaktere oder Handlungen. Lamont will einen avantgardistischen Detektivroman mit dem Titel *Guinea Red* schreiben, doch Sorrentino läßt die Figuren Lamonts ein Eigenleben annehmen und gegen ihren Autor rebellieren.

Kurt Tucholsky urteilte 1927 über Joyces *Ulysses*, den er nur in der Goyertschen Übersetzung kannte: »Liebigs Fleischextrakt. Man kann es nicht essen. Aber es werden noch viele Suppen damit zubereitet werden.« Joyce und Flann O'Brien liefern denn auch einige Zutaten zu *Mulligan Stew*, und wie schon in *Nehmen wir an, daß es wirklich stimmt*, wo Sorrentino Nabokovs Lolita ein Comeback verschaffte, treten auch in diesem Roman Figuren aus früheren Büchern Sorrentinos und den Werken anderer Schriftsteller auf, so etwa Ned Beaumont aus Dashiell Hammetts *Der gläserne Schlüssel*.

Wie sieht Sorrentino heute *Mulligan Stew*? »Ich wollte mit diesem Buch alle Glaubenssätze der Moderne ad absurdum führen, sie einfach erschöpfen und mich davon befreien. Aber sobald ich einen Roman zu Ende geschrieben habe, versuche ich, ihn so schnell wie möglich zu vergessen. Wenn ich heute Monografien und wissenschaftliche Aufsätzen über mich lese, konzentrieren sich die Autoren fast immer auf *Mulligan Stew*. Manche halten den Roman für eines der bedeutendsten Bücher der 70er Jahre, was immer das heißt, und viele glauben, ich hätte außer diesem Roman nichts anderes geschrieben. Ich könnte mir vorstellen, daß das Buch deutschen Lesern gefällt. Die Übersetzung muß ungeheuer schwer sein, das Buch wimmelt von erfundenen Wörtern und kuriosen Amerikanismen. Vor Jahren wollte Gallimard in Paris den Roman veröffentlichen, entschied sich dann aber dagegen, weil sie fanden, die Übersetzungsprobleme seien einfach zu groß.«

So unterhaltsam und witzig *Mulligan Stew* ist, ein kommerzieller Erfolg wurde es nicht. Auch heute kann Sorrentino nicht von den Einnahmen seiner Bücher leben, deshalb unterrichtet er. Erst in New York an der New School for Social Research, dann am Sarah Lawrence College und der Columbia University, schließlich in Stanford, wo er der einzige Professor ohne Doktortitel ist. »Als ich das Angebot von Stanford bekam, haben meine Frau und ich lange darüber diskutiert. Ich war 52 Jahre alt, hatte keine Ersparnisse auf der Bank, keine Krankenversicherung, keine Rente, nichts. Was, wenn einer von uns im Alter krank würde? Davor hatte ich wirklich Angst, denn ich wußte nicht, was wir dann tun sollten. Die USA sind mit Ausnahme von Südafrika und vielleicht noch irgendeinem Scheißland der einzige Staat auf der Welt, wo man einfach verreckt, wenn man kein Geld hat. Also bin ich hier Professor geworden, obwohl ich eigentlich kein Akademiker bin. Meine Bücher verkaufen sich nun mal nicht so gut, daß ich davon leben könnte, und das wird sich auch in absehbarer Zeit vermutlich nicht ändern.«

Sorrentino gilt als ›a writer's writer‹, als ein Autor, der zwar die Hochachtung seiner Kollegen genießt, mit seinen Texten aber keine große Leserschaft erreicht. In der ganz von kommerziellen Erwägungen bestimmten Verlagswelt New Yorks wird so etwas schnell zur sich selbst erfüllenden Prophezeihung. Einen Grund dafür, warum sich die amerikanische Leserschaft so reserviert gegenüber seinen Büchern verhält, sieht Sorrentino in einer typisch amerikanischen Sehnsucht nach Realismus. »Warum diese Sehnsucht in Amerika so stark ist, weiß ich nicht, aber es hat vielleicht damit zu tun, daß von amerikanischen Schriftstellern erwartet wird, mehr als nur Schriftsteller zu sein – amerikanische Autoren müssen auch immer die Rolle des Experten für alle Lebensfragen spielen. Man erwartet von ihnen eine Erklärung der Gesellschaft, und wer in seinen Büchern keine solchen Erklärungen anbietet, gilt als frivol oder formalistisch. Seit Jahren gibt es zwei abwertende Begriffe in der amerikanischen Lyrik, die auf alles angewandt werden, was nicht mühelos verständlich ist: ›Salonlyrik‹, was ausdrücken soll, das Gedicht habe mit der wirklichen Welt nichts zu tun, und ›geistige Selbstbefriedigung‹. In meinen 63 Lebensjahren habe ich die Erfahrung gemacht, daß jedes wirklich gute Kunstwerk von irgend jemand früher oder später als Ausdruck geistiger Selbstbefriedigung bezeichnet wird. Ich muß dabei an amerikanische Besprechungen von Fellini-Filmen denken – da hieß es immer, das ist natürlich ein Fellini-Film, aber dieser Film ist dennoch nichts weiter als geistige Selbstbefriedigung des Regisseurs. Ich habe mich oft gefragt, was das heißt. Offenbar soll damit ausgedrückt werden, der Künstler habe sein Werk geschaffen, ohne an das Publikum zu denken. Nun kann ich mir nicht vorstellen, daß Kunst auf irgendeine andere Weise entstehen kann. Aber Amerikaner glauben, der Schriftsteller schreibe für sie, daß man also erst an seine Leserschaft denkt, ehe man das leere Blatt konfrontiert. Entsteht jedoch der Eindruck, das Publikum bleibe außen vor, dann reagieren sie feindselig. Auf perverse Weise hat das etwas mit dem amerikanischen Demokratieverständnis zu tun. Irgendwas muß da in den Leuten vorgehen – so etwa: der hält sich wohl für was besseres, ach, das ist ja ein ganz Oberschlauer, wer zum Teufel will diesen Kram schon lesen? Dahinter steht die Vorstellung, ein Schriftsteller sei im Grunde wie jeder Amerikaner, nur daß er eben Bücher schreibt, statt Versicherungen zu verkaufen. Diese Bücher sollen dann gefälligst verständlich sein, und zwar bitteschön auf Aufhieb. Man soll sie wie eine Zeitung auf den ersten Blick erfassen können. Sie müssen unmittelbar konsumierbar sein. Man bezahlt dafür, also will man auch etwas für sein Geld haben. Und wenn man das Buch gekauft hat, dann muß es auch eine Botschaft enthalten, und diese Botschaft muß in der Praxis umsetzbar sein.«

Dahinter sieht Sorrentino ein utilitaristisches Literaturverständnis, die Forderung nach einer Kunst als Fortsetzung des Kapitalismus mit anderen Mittel. »Meinen Studenten erkläre ich oft folgende Faustregel für den Unterschied zwischen Moderne und Postmoderne und der realistischen Tradition: die realistische Erzähltradition wurzelt im Frühkapitalismus des 19. Jahrhunderts. Man investiert als Leser seine Zeit, Energie und Intelligenz, und das Buch macht sich bezahlt. Das ist, als würde man Geld in Maschinen investieren oder in Aktien anlegen: man setzt sein Kapital ein und erhält dafür einen Ertrag. Doch außer Lesevergnügen liefert der zeitgenössische Roman geringen Ertrag. Ich habe neulich wieder Roland Barthes' *Die Lust am Text* gelesen. Barthes sagt, wenn man das Wort Lust im Zusammenhang mit Literatur erwähnt, treten sofort zwei Polizisten auf den Plan. Der eine ist der politische Polizist, der die Relevanz des Texts in Frage stellt, ihn als geistige Selbstbefriedigung des

Autors sieht, und der andere ist der psychologische Polizist, der jeden Text als Symptom betrachtet und fragt, warum zum Teufel hat der Typ das geschrieben, mit dem stimmt doch was nicht. Für Lust am Text bleibt da kein Platz, denn die Lektüre soll sich ja in irgendeiner Form bezahlt machen und nicht nur Lust bereiten. Das ist sehr amerikanisch. Die Leser hier wollen Bücher wie Tom Wolfes *Fegefeuer der Eitelkeiten*, so daß sie am Ende sagen können: Jetzt weiß ich wirklich, was in New York vorgeht. Von wegen, gar nichts wissen sie!«

Für Sorrentino ist die Vorstellung von Literatur als Spiegel der Wirklichkeit obsolet. Wenn er in dem Roman *Die scheinbare Ablenkung des Sternenlichts* das gleiche Geschehnis – eine gescheiterte Urlaubsliebe im Kleinbürgermilieu des Amerikas von 1939 – immer wieder neu aus vier unterschiedlichen Perspektiven beleuchtet, geht es ihm nicht um größere Wahrhaftigkeit. Statt Klarheit zu gewinnen, ergreift den Leser des Romans eine immer stärkere Verunsicherung, ein immer größeres Mißtrauen gegen den Realitätsbezug des Texts – und genau das ist Sorrentinos Absicht. Literatur, schreibt Sorrentino einmal, lehre einen höchstens, daß sie als Hilfsmittel zur Bewältigung des Lebens untauglich sei. Wer einen Ratgeber brauche, sei mit Billy Graham besser bedient als mit James Joyce. Als ich das Gespräch mit Sorretino führe, liegen die Rassenunruhen von Los Angeles erst wenige Tage zurück. »Wenn Ihr Leben verpfuscht ist und Sie James Joyce lesen, bleibt Ihr Leben auch danach verpfuscht. Aber wenn Sie zu Ihrem Geistlichen gehen, kann der Ihnen vielleicht helfen. Bei James Joyce sind jedenfalls an der falschen Adresse. Joyce hilft Ihnen höchstens bei der Lektüre von Joyce. Ich verfolge nicht oft Diskussionssendungen im Fernsehen, aber bestimmt werden in den nächsten ein oder zwei Wochen viele Schriftsteller im amerikanischen Fernsehen auftauchen, die man nach den Unruhen von Los Angeles fragen wird. Man wird ihnen diese Fragen stellen, weil sie Schriftsteller sind und weil man aus irgendwelchen Gründen annimmt, sie wüßten, was da vorgegangen ist. Genau das wissen Schriftsteller aber nicht, sie wissen darüber nicht mehr als jeder andere. Ein Schriftsteller weiß, wie man schreibt. Aber das reicht den Amerikanern nicht, sie wollen, daß ihre Schriftsteller Seher sind und ihnen die Geheimnisse des Lebens verraten. Fidel Castro sagte in einer Rede kurz nach der Eroberung Havannas den berühmten Satz: ›Pflicht des Revolutionärs ist es, eine Revolution zu schaffen.‹ Ich wandle diesen Satz immer ab und sage: ›Pflicht des Künstlers ist es, Kunstwerke zu schaffen.‹ Das ist seine Berufung, und nur das zählt. Alles andere ist schlicht nebensächlich.«

BIBLIOGRAPHIE:

The Darkness Surrounds Us, 1960.
Black and White, 1964.
The Sky Changes, 1966.
The Perfect Fiction, 1968.
Steelwork, 1970,
  in der Übersetzung von Joachim Kalka unter dem Originaltitel bei Maro 1990.
Imaginative Qualities of Actual Things,
  in der Übersetzung von Joachim Kalka als
  Nehmen wir an, daß es wirklich stimmt bei Maro 1993.
Corrosive Sublimate, 1971.
Splendide-Hôtel, 1973.
Flawless Play Restored: The Masque of Fungo, 1974.
A Dozen Oranges, 1976.
White Sail, 1977.
Sulpiciae Elegidia / Elegiacs of Sulpicia, 1977.
The Orangery, 1978.
Mulligan Stew, 1979.
  in der Übersetzung von Joachim Kalka unter dem Originaltitel bei Maro voraussichtlich 1996
Aberration of Starlight, 1980,
  in der Übersetzung von Joachim Kalka als *Die scheinbare Ablenkung des Sternenlichts* bei Maro 1991.
Selected Poems 1958-1980, 1980.
Crystal Vision, 1981.
Blue Pastoral, 1983.
Something Said, 1984.
Odd Number, 1985.
Rose Theatre, 1987.
Misterioso, 1989.
Under the Shadow, 1991.

ROBERT STONE: ROTHÄUTE UND BLEICHGESICHTER

▼▼▼

▼▼▼

Als Bob Stone taucht er auf in *The Electric Kool-Aid Acid Test*, Tom Wolfes Reportage von 1968 über die legendäre Busreise von Ken Kesey und seiner Truppe LSD-seliger Spaßguerillas, den Merry Pranksters. Mit Kesey, dem Autor des Kultbuchs *One Flew Over the Cuckoo's Nest*, verbindet Stone eine lebenslange Freundschaft, die auf gemeinsame Anfangstage an der Stanford University zurückgeht. Inzwischen ist aus dem fröhlichen Witzbold Bob unter seinem bürgerlichen Namen Robert Stone selbst einer der angesehensten Schriftsteller der Vereinigten Staaten geworden, neuerdings Professor gar, und an die wilde Zeit der 60er erinnert nur noch sein Vollbart, doch selbst der ist mittlerweile nicht mehr patriarchalisch lang, sondern auf Hemingwaymaß gestutzt.

Ich treffe Robert Stone in Baltimore, wo er im Frühjahr 1993 den Lehrstuhl John Barths für amerikanische Literatur und Creative Writing an der renommierten Johns Hopkins University übernommen hat. Stone wirkt wie ein ergrauter Bär. Nicht von der Sorte knuddeliger Teddy, eher wie ein mürrischer, reizbarer Grizzly. Als ich auf dem Bahnhof von Baltimore ankomme, der für eine Stadt mit über 700.000 Einwohnern lächerlich klein ist, nach Stones Gesicht suche, das ich von Fotos kenne, habe ich bei dem Gedanken an das bevorstehende Interview ein ungutes Gefühl – so einer, denke ich mir, sagt bestimmt nicht viel, brummelt höchstens Galliges in seinen Bart. Die ersten Minuten in Stones Gesellschaft zerstreuen meine Befürchtungen. Fotos lassen ihn versteinern, transportieren nichts von Stones ansteckender Gelassenheit, die angenehm ist und ganz anders als die bedrückende Atmosphäre seiner Bücher, wo gehetzte, entwurzelte Figuren atemlose Hektik verbreiten.

Fünf Romane hat Stone seit 1967 geschrieben. Sie trugen ihm neben den wichtigsten amerikanischen Literaturpreisen auch den Ruf eines Moralisten ein, eines Autors also, der sich nicht darauf beschränken will, die vorgefundene Gesellschaft zu beschreiben, sondern diese Gesellschaft daran mißt, wie weit sie ihren eigenen Ansprüchen im Alltag gerecht wird. Nirgendwo liegt dies so nahe wie in den USA, die als einziges Land ihren Einwohnern schon in der Verfassung das Recht des »pursuit of happiness« verbriefen. Daß das Recht auf Streben nach Glück nicht mit dem Recht auf Glück gleichzusetzen ist, zählt zu den Gemeinplätzen jedes politikwissenschaftlichen Proseminars und muß doch graue

Theorie bleiben, denn wer mag seine Erwartungen ans Lebens schon darauf reduzieren? So schickt Stone die Protagonisten seiner Romane allesamt auf die Suche nach dem Glück, dem großen öffentlichen oder dem kleinen privaten. Letzteres ist im Kapitalismus unabänderlich mit der Jagd nach dem schnellen Dollar verbunden, und daher bewegt sie der Wunsch »Gott zu dienen ... und reich zu werden wie alle Menschen.«

Dieser Satz stammt von John Converse, dem Antihelden aus *Dog Soldiers*, Robert Stones zweitem Roman, erschienen 1974 und bis heute sein bekanntester. Als Kriegsberichterstatter in Vietnam Anfang der 70er Jahre wird Converse in einen obskuren Drogendeal um drei Kilo Heroin verwickelt, womit man zwar reich werden, doch höchstens dem Gott Mammon dienen kann. *Dog Soldiers* hat alle Ingredienzen eines packenden Action-Thrillers – bestechliche Polizisten, zwielichtige Schmuggler, Verfolgungsjagden vor pittoresker Szenerie –, und doch geht es Stone um mehr als spannende Unterhaltung: das in die USA eingeschmuggelte Heroin dient ihm als Metapher des schleichenden moralischen und politischen Verfalls, der sein Heimatland seit dem Fiasko des Vietnamkriegs erfaßt hat.

Nach seiner Zeit bei den Merry Pranksters war Stone einige Monate als Journalist in Vietnam, hat erlebt, wie sich die Aufbruchsstimmung und der Idealismus der 60er Jahre in sinnlose Gewalt- und Drogenexzesse verkehrte – nicht nur auf den *killing fields* Asiens, auch in den Vereinigten Staaten selbst. »Vietnam war eine entscheidende Zäsur in der amerikanischen Geschichte«, erzählt mir Stone in einer Kneipe am Inner Harbor Baltimores. Er hat sich den Tag freigenommen, mir das Grab von Edgar Allan Poe im Kirchhof von Westminster gezeigt, nicht ohne anzumerken, Poes unscheinbarer Grabstein ziehe deutlich weniger Touristen an als das Geburtshaus der Baseball-Legende Babe Ruth in der Emory Street. Smalltalk ist Robert Stones Sache nicht, er bevorzugt im Gespräch wie in seinen Romanen die großen Themen und letzten Fragen, ohne dabei ins Schwadronieren zu geraten. »Das 20. Jahrhundert wurde in den USA von der Entscheidung bestimmt, international im Namen einer Ordnung zu intervenieren, die bereits seit 1914 im Niedergang begriffen war. Auch wenn ein gewisser oberflächlicher Zynismus dies manchmal verbrämte, lag diesem Engagement die Überzeugung zugrunde, daß die Interessen der Menschheit und die Interessen der USA deckungsgleich seien, daß also die internationalen Interventionen der Vereinigten Staaten letzten Endes dem Gemeinwohl dienten. Bei dem Versuch, diese Einstellung auf einen Krieg in Asien zu übertragen, mußten die USA erkennen, daß sie völlig überfordert waren – und zwar nicht nur, was die Ressourcen betraf, also in militärischer und materieller Hinsicht, sondern auch moralisch und letztlich seelisch. Es war eine Lektion, wie sie jedes Land früher oder später zu lernen hat. Meine Generation, die in den Jahren nach dem Zweiten Weltkrieg groß geworden ist, traf diese Erkenntnis besonders unvorbereitet, denn wir hatten ja noch nie erlebt, daß unser Land einmal scheitert. Deshalb war es so erschütternd, in Vietnam diese unvorstellbaren Massen von Soldaten, Waffen und Fahrzeugen zu sehen und dann zu merken, daß dies alles einen Fehler darstellte, daß ein Irrtum diese Menschen zehntausend Meilen von zu Hause weggeführt hatte. So etwas vergißt man nie. Niemand, der in Vietnam war, kann dies aus seinem Gedächtnis streichen, und wer diese Zeit hier in den Staaten erlebt hat, wird sich an die enorme Verbitterung und Zwietracht erinnern, die der Krieg auslöste: Menschen sprachen nicht mehr miteinander, persönliche Freundschaften gingen daran kaputt, Familien brachen deswegen auseinander, und über all dem lag dieses Gefühl, als ob alles vor die Hunde gehe.«

Stone erlebt die Vietnamzeit aus drei unterschiedlichen Perspektiven: teils in Vietnam selbst, teils in den Vereinigten Staaten und teils als *expatriate* in London, wo er von Stanford aus für einige Jahre umsiedelt. Die Endzeitstimmung, die Anfang der 70er Jahre im Gefolge des kein Ende nehmen wollenden Krieges aufkam, erscheint Stone im Rückblick ungerechtfertigt, die Rhetorik der damaligen Zeit zu schrill. »Wenn ich einen Schritt zurücktrete und das alles Revue passieren lasse, muß ich schon sagen, daß es übertrieben war, wie sich Amerika damals selbst zerfleischte und Asche aufs Haupt streute. Übertrieben war aber auch die Reaktion des Auslands, besonders in Europa, wo manche das Ende der amerikanischen Republik für gekommen hielten. Es gab viele solcher Übertreibungen, aber das ändert nichts an der Bedeutung dieses Ereignisses. Die Menschen, die es durchlebten und deren Schicksal damit verbunden war, bleiben bis an ihr Lebensende davon gezeichnet.«

Die Wunden, die der Vietnamkrieg in USA gerissen hat, schwären noch heute. Das Trauma der verdrängten Niederlage ist das verborgene Zentrum, um das alle Romane Robert Stones kreisen, auch wenn sie auf den ersten Blick von der Filmindustrie handeln wie *Children of Light*, von politischen Unruhen in Mittelamerika wie *A Flag for Sunrise* oder vom Versuch einer Einhandweltumseglung wie *Outerbridge Reach*. Dabei ist Stones Weltbild nicht primär politisch. Ginge es seinen Protagonisten lediglich um die Aufarbeitung und Bewältigung des verdrängten Krieges, sie könnten sich trösten mit Rilkes fatalistischem Diktum »Wer spricht von Siegen? Überstehen ist alles«. Dem aber widerspricht jede Zeile, die Robert Stone je geschrieben hat. Vietnam ist ihm längst zur Chiffre geworden, zum Symbol all der psychischen Beschädigungen seiner Figuren, ihrer Defekte und Blindstellen, die weniger von nicht eingelösten Glücksversprechen herrühren als von ihrer unbezähmbaren Sehnsucht nach Sinn. Das Handlungspersonal von Stones Romanen sucht Auswege aus einer Welt, die als bedeutungsleer erfahren wird, Auswege, die sich immer wieder als Sackgassen erweisen – sei es Alkohol- oder Drogensucht, sei es Flucht in die Arbeit oder ein existentialistischer Selbsterfahrungstrip wie die große Regatta rund um die Welt in *Outerbridge Reach*. Letztlich ringen Stones Figuren um Erlösung, um die Erfahrung eines Sinnzusammenhangs, einer wie auch immer gearteten Transzendenz. Als ich Stone darauf anspreche, verweist er auf die Figur des zynischen Filmemachers Strickland in seinem jüngsten Roman, die fast so etwas wie ein

Selbstporträt sei: »Wie ich kann Strickland nicht an die Gültigkeit von Begriffen wie Idealismus oder Heldentum glauben, und doch ist er jedesmal ein wenig enttäuscht, wenn er sie als hohl und falsch überführt sieht. Er hofft entgegen seiner persönlichen Überzeugung, daß Heldentum noch möglich sei. Er will nur zu gern glauben, daß ein Mensch die Niederungen der Gewöhnlichkeit und des Mittelmaßes überwinden kann, daß sich das Leben irgendwie lohnt. Und ich glaube, darin bin ich Strickland sehr ähnlich. Meinem Temperament und meiner Veranlagung nach bin ich im Grunde religiös. Allerdings fehlt mir der Glaube, und daraus resultiert wohl eine gewisse Spannung, ein Zwiespalt in meiner Weltsicht.«

Diesen Zwiespalt kennt man von Graham Greene oder Joseph Conrad, Autoren, mit denen Stone von der amerikanischen Kritik gern und oft verglichen wird. Dabei nimmt sehr für Stone ein, daß er es nicht bei skrupulösen Gewissenserforschungen seiner Figuren bewenden läßt, sondern die existentielle Sinnfrage in einen über das Individuelle hinausweisenden Kontext stellt. Diese Dimension seines Schreibens, die Analyse von Gesellschafts- und Machtstrukturen, wird besonders deutlich in *A Flag for Sunrise*, einem in dem fiktiven Staat Tekan angesiedelten Polit-Thriller, der eine detaillierte Karte der geistigen Landschaft Mittelamerikas entwirft.

Stone zählt neben Don DeLillo und Thomas Pynchon zu den wenigen amerikanischen Gegenwartsautoren, die ein ausgeprägtes Interesse an internationalen Fragestellungen haben. Auf der Fahrt durch Baltimore zu seiner neuen Wohnung in einem Hochhaus in der Nähe des Johns-Hopkins-Campus erzählt er mir von seinen Recherchen zu einem neuen Roman, der im Nahen Osten spielen soll. »Wenn ich ein neues Buch in Angriff nehme, lasse ich mich dabei natürlich von meinem persönlichen Interesse leiten. Ich fand es immer sehr spannend, welche Rolle Amerika im Rest der Welt spielt«, erläutert er mir die Wahl seiner Stoffe. »Es gibt bestimmte Elemente in der amerikanischen Kultur, die am unauffälligsten, in gewisser Weise aber am einflußreichsten sind. Von außen muß Amerika manchmal wie ein gigantisches Babel wirken. Dieses unablässige Wortgeklingel und all diese kurzlebigen, grellen Aspekte unserer Kultur haben aber nichts mit dem zu tun, wovon dieses Land eigentlich zehrt. Dieser frenetische Rummel ist das Nebenprodukt einer im 19. Jahrhundert entstandenen Unterhaltungsindustrie, die sich an eine große Masse von Menschen richtete, welche sowohl die Muße als auch die Mittel zur Teilnahme an der Kultur hatten. Folglich wurde die Kultur schrecklich vulgarisiert, denn es gab ja keine Macht, die in diese Vermarktung der Kultur hätte eingreifen können. Der Begriff Amerikanisierung wird heute als Synonym für jede Art von Vulgarisierung einer Kultur benutzt, für Populärkultur. Dabei wird jedoch vergessen, daß bevor die Welt amerikanisiert wurde – falls das denn je der Fall war –, erst Amerika amerikanisiert werden mußte. Aber ist diese Populärkultur? Einerseits war sie eine Folge des Unterhaltungsbedürfnisses von einfachen, ungebildeten Menschen, die relativ viel Freizeit und Geld hatten. Hinzu kamen die Einwanderer, die zu Millionen ins Land strömten und das Englische nur ungenügend beherrschten. Aus diesen beiden Elementen entstand quasi über Nacht die amerikanische Populär- oder Massenkultur. Aber Amerika ist mehr als diese Massenkultur, genau wie ein Mensch mehr ist als die Summe dessen, was er in einem beliebigen Moment gerade denkt oder sagt. Wovon wir in Wahrheit zehren, ist viel unscheinbarer und stiller und hat eine viel längere Tradition. Es gibt einen roten Faden, der zu den Puritanern zurückreicht, die dieses Land besiedelt haben. Damit meine ich nicht so oberflächliche Dinge wie die amerikanische Prüderie, sondern einen Hang zur Introspektion, zur Auslotung des eigenen Gewissens. Im Mittelpunkt steht dabei letztlich die Frage, ob wir im theologischen Sinne errettet sind oder nicht. Das ist es, was Amerika am Leben hält und zu dem Land macht, das es ist. Diese Dinge lassen uns keine Ruhe, diese Innenwelt macht das Wesen, die Seele dieses Landes aus. Wir nehmen Amerikas Rolle in der Geschichte der menschlichen Freiheit sehr ernst, und das zu Recht. Unsere Wurzeln liegen nun mal in der Unabhängigkeitserklärung, diesem wunderbaren Dokument des 18. Jahrhunderts. Die amerikanische Republik ist ein Produkt des Rokokos und der Aufklärung, zudem kann man sie als Fortsetzung der Reformation begreifen. Aber das haben wir aus den Augen verloren, und daher rührt unsere Orientierungslosigkeit – weil das alles durch den schrillen Geräuschpegel der Populärkultur in den Hintergrund gedrängt, zu schattenhaften Erinnerungen verblaßt ist. Wir müssen heute feststellen, daß diese Traditionen für die jüngere Generation ihre Bedeutung verloren haben. Aber wir können ohne diese Dinge nicht leben, sie bilden unsere Identität. Amerika ist keine durch Blutsbande entstandene Nation und wird das auch nie werden. Wir sind immer nur das, was wir in unserer Phantasie aus uns machen. De Gaulle zum Beispiel verstand unter einer Nation eine Gemeinschaft, die auf eine lange Geschichte und uralte Stammesverwandtschaften zurückgeht. Solche Nationen besitzen eine Art Seele im Hegelschen Sinne und haben die Fähigkeit, sich selbst zu heilen – sie können sich auf fast biologische Weise regenerieren. Die amerikanische Nation ist jedoch in hohem Maße das Produkt ihrer Vorstellungskraft. Ich habe immer die Ansicht vertreten, daß ein Schriftsteller etwas Nützliches für die Gesellschaft beizutragen hat. Ich halte die Beschäftigung mit diesen Dingen für lohnend und notwendig, und im Versuch, einen nützlichen Beitrag zu leisten, wähle ich sie mir zu meinem Thema.«

Solch ideengeschichtliche Privatissima sind Robert Stones ureigenes Terrain, und darin liegt auch eine Stärke seiner Romane. Formal steht er in der Tradition des amerikanischen Realismus, wie er von Fitzgerald und Hemingway entwickelt wurde und für den Großteil der US-Gegenwartsliteratur auch heute noch verbindlich ist. Altmodisch wirkt Stones Stil jedoch nie, dafür hat er ein viel zu sicheres Ohr für Dialoge und weiß geschickt, die Handlungsstränge und Motivketten seiner komplex gebauten Romane zu verknüpfen. Stone fühlt sich dem psychologischen Realismus verbunden, will sich aber auf keine bestimmte Form festlegen lassen. »Ich bin jetzt an einem Punkt meines Lebens angekommen, wo ich meinen Verpflichtungen gegenüber meiner Arbeit und mir selbst nachkommen möchte – I'm trying to get my job done.« Sprachliche oder formale Innovationen haben ihn dabei nie sonderlich interessiert. Leben sei Leben, sagt er, Dinge seien Dinge und Sprache sei Sprache. Durch eine bestimmte Form die Sprache näher zu den Dingen zu bringen, habe zwar zu interessanten Experimenten geführt, sei aber unterm Strich gescheitert. »Wir sind alle Gefangene der Sprache, nur durch die Sprache können wir uns halbwegs zusammenhängend mit den Dingen beschäftigen. Postmodern sind für mich Texte, die sich nicht mehr an der alten Fehde zwischen allen möglichen Spielarten des Realismus und des Formalismus beteiligen. Die ersten Autoren der Moderne hatten ein ganz anderes Weltbild als die Generationen vor ihnen, und da wir alle von ihnen abstammen, sind wir schon in dieser Hinsicht postmodern. Aber ich glaube die beste Definition der Postmoderne ist die schlichte Einsicht in die Unmöglichkeit, durch irgendeinen Trick die Sprache zu umgehen und dadurch authentischer zu schreiben. Dieser Traum ist ausgeträumt.« Folglich, so Stone, bleibe einem nichts anderes übrig, als die in jeder Kunst steckende Künstlichkeit zu akzeptieren. Statt sich in endlosen formalen Spielereien zu verzetteln, ziehe er es vor, sich mit den Dingen selbst zu beschäftigen. »Ein Land ist auf Literatur angewiesen, es braucht Geschichten, so wie das Bewußtsein Träume braucht, wenn es nicht wahnsinnig werden will. Dafür ist

Literatur meiner Meinung nach da. Ich habe nie geglaubt, daß Literatur außerhalb eines wie auch immer gearteten moralischen Rahmens existieren kann. Und damit meine ich gewiß nicht, daß die Literatur moralisieren soll, daß es Aufgabe des Romanciers ist, zu predigen, Besorgnis kundzutun oder Bedenken zu tragen. Darum geht es nicht. Aber Literatur kleidet sich nun mal in Sprache, und da Sprache mit Grammatik und Logik zusammenhängt, ist ein moralisches Element beim Schreiben ganz unvermeidlich. In vielen der besten Werke der amerikanischen Literatur ist dieses Nachdenken über Moral enthalten. Hemingway ist dafür ein gutes Beispiel. Als Mensch mag Ernest Hemingway widerwärtig und infantil gewesen sein, als Künstler war er absolut vernünftig. Ich denke, was Hemingway in seinem Roman *A Farewell to Arms* über den Krieg zu sagen hat, ist ausgesprochen weise, auch wenn es im Widerspruch zu allem steht, was er privat gelebt und gesagt hat. Der beste Teil der amerikanischen Literatur hat immer versucht, etwas über den inneren Zustand dieses Landes auszusagen. *The Great Gastby* handelt von nichts anderem als von den Vereinigten Staaten. Gatsby ist eine geniale Figur, es ist ein brillanter Roman über dieses Land, über seine Leere, seine Identitätskrise. In gewisser Weise leben und denken wir heute so, wie wir das tun, weil Hemingway geschrieben hat, weil Fitzgerald uns *The Great Gatsby* gegeben und darin etwas über uns gesagt hat, das wir zum Weiterleben brauchen. Genau das tun die besten Lyriker und die besten Romanciers – sie geben uns etwas zum Weiterleben.«

Literatur als Grund zum Weiterleben? Stones Vertrauen auf die Kraft der Geschichten erklärt sich ein Stück weit sicher aus seiner Biographie. Darüber spricht er nicht gern, das höre sich zu sehr nach Kitschroman an, findet er. Als Kind einer psychisch kranken Mutter wird er 1937 in New York geboren und verbringt die ersten Jahre seines Lebens auf den Straßen Brooklyns. Es folgt die Einweisung in ein katholisches Kinderheim. Mit 17 flieht er aus der Welt der drakonischen Disziplin und eingetrichterten Schuldgefühle seiner katholischen Lehrer in das nicht minder anti-intellektuelle und beengende Milieu der amerikanischen Navy. »Meine Motive dafür waren sehr naiv, ich bin auf den alten Rekrutierungsslogan hereingefallen: ›Join the Navy and see the world‹. Ich habe die Welt gesehen, aber viel damit anfangen konnte ich damals nicht. Erst später hat diese Zeit ihren Niederschlag in meinen Büchern gefunden.«

Nach vier Jahren bei der Kriegsmarine sucht sich Stone einen Job in New York, fängt als Laufjunge bei einer Zeitung an. Bald schreibt er selbst Artikel und arbeitet einige Jahre als freier Journalist, ehe er sich der Belletristik zuwendet, Anschluß an die Subkultur der 60er Jahre findet und das an Leben nachholt, was er in seiner Jugend versäumt hat. Auf die wilde Zeit bei Kesey & Co. folgen die Aufenthalte in Vietnam und London und ein Zwischenspiel als Drehbuchschreiber in Hollywood.

Für die amerikanische Filmindustrie hat Stone wenig gute Worte übrig. Sein Erstlingsroman *Hall of Mirrors*, eine abenteuerlichen Geschichte um einen desillusionierten Großstadt-Desperado, der als Diskjockey bei einem faschistischen Rundfunksender in New Orleans der 60er Jahre landet, wurde von Stuart Rosenberg mit Paul Newman unter dem Titel *WUSA* verfilmt. *Halliwell's Film Guide* nennt *WUSA* »von Anfang bis Ende langweilig«, zitiert aber Paul Newman mit der Aussage, dies sei der wichtigste und beste Film, den er je gemacht habe. Das Ironische ist, daß beide recht haben. Schlimmer noch erging es *Dog Soldiers*, ein Roman, den Regisseur Karel Reisz' zu einem eindimensionalen Actionspektakel plattwalzte, das in Deutschland unter dem bezeichnenden Titel *Dreckige Hunde* lief.

Auch wenn Stone sich nie gescheut hat, in seinen Büchern das Unterhaltungsbedürfnis des Lesers zu bedienen, für Verfilmungen sind sie denkbar ungeeignet. Das liegt neben ihrer unverkennbaren Herkunft vom Ideenroman nicht zuletzt an Stones Sinn für Humor, etwa wenn er in *Dog Soldiers* von dem Versuch eines Journalisten der Regenbogenpresse schreibt, die marxistische Mehrwerttheorie in einem Wochenhoroskop auszudrücken: »Haben Sie keine Angst, eine Lohnerhöhung zu fordern, Schütze. Ihr Chef zahlt Ihnen immer *weniger*, als Ihre Arbeit *tatsächlich wert* ist!«

Dieser Journalist ist ein Wesensverwandter Robert Stones, der, darin ganz der Tradition der Aufklärung verpflichtet, unter dem Zuckerguß des Romans seine bittere Medizin an die Leser bringen will, sich »nützlich machen« möchte, wie er es ausdrückt. Ich frage Stone, wie er, der Grenzgänger zwischen Ost- und Westküste, zwischen Gegenkultur der

60er und akademischem Establishment, sich in die literarische Tradition Amerikas einordnen würde.

»Bis zu einem gewissen Grad leben wir alle in dem Land unserer Phantasie. Ein Literaturhistoriker hat amerikanische Autoren einmal in Rothäute und Bleichgesichter eingeteilt. Die Nachfahren von Mark Twain und Walt Whitman waren Rothäute, in diese Kategorie fallen also etwa Jack Kerouac und Allen Ginsberg. Wallace Stevens ist dagegen natürlich ein Bleichgesicht, genau wie Herman Melville, Nathaniel Hawthorne und Emily Dickinson. Aber ich glaube, daß in jedem Bleichgesicht eine kleine Rothaut steckt, und in jeder Rothaut ein kleines Bleichgesicht. Ich bringe mich gern mit beiden literarischen Traditionen in Verbindung, nicht weil ich mich mit diesen Schriftstellern auf eine Stufe stellen will, sondern weil ich nach jemanden suche, auf dessen Schultern ich stehen kann – schließlich habe ich mich nicht erfunden, sondern bin das Ergebnis eines historischen und biologischen Prozesses. Ich hatte Lehrmeister, die ich liebe und verehre und denen ich nachzueifern versucht habe. Im Moment kommt wohl meine Bleichgesicht-Seite stärker zum Vorschein. Das ist nicht weiter überraschend, je älter ich werde, desto bleicher und weniger wild werde ich.«

■ ■ ■

BIBILOGRAPHIE

A Hall of Mirrors, 1967, in der Übersetzung von Paul Baudisch und Wulf Teichmann als *Zerrspiegel* bei Deutsche Verlags-Anstalt 1976.
Dog Soldiers, 1974, in der Übersetzung von Benjamin Schwarz als *Unter Teufeln* bei Rowohlt 1988.
A Flag for Sunrise, 1981, in der Übersetzung von Benjamin Schwarz als *Das Geschrei deiner Feinde* bei Rowohlt 1988.
Children of Light, 1986, in der Übersetzung von Nikolaus Hansen als *Kinder des Lichts* bei Rowohlt 1990.
Outerbridge Reach, 1992.

DANNY SUGERMAN:
IM BANN DES
ELEKTRONISCHEN SCHAMANEN
▼▼▼

▼ ▼ ▼

Danny Sugerman ist ein Junkie. Als Zwölfjähriger nimmt ihn ein Bekannter zu einem Konzert der Doors mit, wo er Jim Morrison »We want the world and we want it NOW!« singen hört. Das verhätschelte Millionärssöhnchen aus Beverly Hills wird auf Anhieb süchtig, süchtig nach dem Rauschgift dieser Musik, süchtig nach der grenzenlosen Freiheit, die sie verspricht. Hier bietet sich eine Alternative zum sinnentleerten Wohlstandsparadies seiner Eltern, deren Nachbarn Raquel Welch und Fred Astaire heißen und die ihren hyperaktiven Sohn lieber mit Beruhigungsmitteln in einen Zombie verwandeln, als ihm die Aufmerksamkeit geben, nach der er verlangt. Rock 'n' Roll wird für Sugerman zur Droge und zur Waffe in der Auseinandersetzung mit seinem Stiefvater, einem engstirnigen Familientyrann.

Millionen Jugendliche machen in den 60er Jahren ähnliche Erfahrungen, die sie für beschränkte Zeit in einer vagen

Gegenkultur zusammenschweißen. Im stärker politisierten Europa kulminiert diese in den Studentenunruhen von 1968 und der Bildung einer außerparlamentarischen Opposition, in den USA ein Jahr später in dem Konzert von Woodstock mit seinem Heilsversprechen einer konfliktlosen Kuschelwelt. Was für die meisten ein Traum bleibt, wird für Sugerman Wirklichkeit: der tägliche Umgang mit dem von ihm verehrten Rockstar. Jim Morrison bemerkt den Teenager, der als Laufbursche für seinen Konzertpromoter arbeitet, wo er hin und wieder einen kurzen Blick auf sein Idol zu erhaschen erhofft. Morrison kümmert sich um den Jungen, gibt ihm einen Job als Sekretär des Doors-Fanklubs und wird zu seinem Mentor. Damit ist er in den engeren Kreis der Band aufgenommen, die Doors ersetzen ihm Vater und Mutter, und Sugermann durchläuft ein Erziehungsprogramm eigener Art. Tagsüber folgt er den Lektüreempfehlungen Morrisons und liest Nietzsche, die französischen Symbolisten, Artaud, Sinclair Lewis, Jack London und Edith Hamilton. Nachts zieht er mit dem längst auf Selbstzerstörung programmierten Lizard King durch die Clubs von Los Angeles, wo er erste Erfahrungen mit den beiden beiden anderen Elementen des verführerischen Dreiklangs von Sex, Drugs & Rock 'n' Roll macht.

Von da an geht alles sehr schnell. Sugerman schreibt Plattenkritiken und lernt das Einmaleins der Musikbranche. Nach und nach bricht er alle Brücken zu seiner Familie ab, führt ein Leben auf der Überholspur, zu dem neben schnellen Autos, schönen Frauen und dem Glamour der Plattenindustrie ganz selbstverständlich auch Kokain und Heroin gehören. Live fast, die young, make a good-looking corpse heißt einer der Slogans aus diesem goldenen Zeitalters der Rockmusik, an dessen Anfang Chuck Berrys »Hail! Hail! Rock 'n' Roll, deliver me from days of old!« steht und dessen Ende der Tod von Janis Joplin, Jimi Hendrix und Jim Morrison markiert. Alle drei lebten schnell und gaben junge Leichen ab, doch am Ende waren es ausgebrannte Wracks, die sich eine Überdosis setzten, im Suff am eigenen Erbrochenen erstickten oder in der Badewanne einen Herzinfarkt erlitten.

Danny Sugerman zählt zu den Überlebenden jener Ära. Sein autobiographischer Roman *Wonderland Avenue* ist eine Bestandsaufnahme der wilden Jahre der Rockmusik und zugleich die Chronik einer Sucht. Große Literatur ist das nicht, soll es auch nicht sein. *Wonderland Avenue* ist ein Dokument aus Lebenszonen, die in der zeitgenössischen amerikanischen Literatur weitgehend ausgeblendet bleiben, und darin liegt sein Reiz. Das Buch nach rein literarischen Maßstäben zu messen, liefe nach Kurt Tucholskys Worten auf die Feststellung hinaus: »Der Mann, der dort auf dem Marterbrett angeschnallt ist, schreit eine Oktave zu hoch!«

Ich treffe den 38jährigen Sugerman im *Spago's*, einer der Futterkrippen der Filmszene Hollywoods. Mein russischer Taxifahrer hat mich einige Minuten zu früh auf dem Sunset Boulevard abgeliefert, und der Zerberus an der Rezeption des Lokals mustert mich frostig, denn es ist Mittag, und ein ansehnliches Grüppchen wartet mit hungrigen Blicken auf das Freiwerden einer der wenigen Tische. Als ich sage, daß ich mit Danny Sugerman verabredet bin, ändert sich sein Verhalten schlagartig. »Oooh, Danny!« haucht er, und auf einen Wink von ihm wird auf der Terrasse ein neuer Tisch aufgestellt. Die Szene hat die Komik eines Billy-Wilder-Films, und Kino ist auch der Grund dieser Vorzugsbehandlung: seit Oliver Stone Sugermans Biographie über Morrison als Grundlage seines Epos *The Doors* benutzte und ankündigte, er wolle die Verfilmung von *Wonderland Avenue* produzieren, gilt Sugerman als ›hot‹. So stellt sich der kleine Moritz Hollywood vor, und genauso ist es.

Bei der Übersetzung von *Wonderland Avenue* habe ich mir Sugerman als menschliche Ruine ausgemalt, mit einem Gesicht wie Keith Richards oder Chet Baker vielleicht, einer, der alles gesehen, alles erlebt und alles ausprobiert hat. Statt dessen begegne ich einem energiegeladenen Power Broker der Rockindustrie, dessen Funktelefon alle zehn Minuten klingelt und der mit Jeans, weißem T-Shirt, Dreitagebart und der obligatorischen dunklen Sonnenbrille eher wie eine Werbung für Sommer, Strand und kalifornische Gesundheitskost wirkt. Sugerman verwaltet den Nachlaß der Doors, und da diese im Moment populärer sind als zu Lebzeiten Jim Morrisons, ist das ein 24-Stunden-Job. Der einzige Hinweis auf seine Fixervergangenheit ist die nervöse Art, mit der er sich eine Mentholzigarette an der anderen ansteckt.

Ich frage Sugerman, wie es zu seiner Zusammenarbeit mit Jerry Hopkins kam, mit dem er *Keiner kommt hier lebend raus* geschrieben hat; die Lebensgeschichte Jim Morrisons zählt mit einer Auflage von inzwischen über zwei Millionen zu den erfolgreichsten Biographien auf dem amerikanischen Buchmarkt. »Jerry Hopkins wollte das Buch zunächst allein schreiben. Aufgrund meiner Arbeit im Büro der Doors und meiner Freundschaft mit Jim Morrison hat mich Hopkins während den Recherchen zu der Biographie interviewt. Auch später, als er an dem ersten Entwurf arbeitete, blieben wir in Verbindung. Hopkins rief micht oft an, wenn sich zwei Aussagen von Freunden widersprachen oder wenn er ein Zitat von Jim verifizieren wollte. Als ich sein Manuskript schließlich zu sehen bekam, war es von nicht weniger als 34 Verlagen abgelehnt worden. Obwohl wir keinen Vertrag hatten, erklärte ich mich spontan dazu bereit, das Buch umzuschreiben. Im Rückblick erscheint mir das als reiner Wahnsinn, aber damals machte ich mir keine Vorstellung davon, wie schwer es ist, ein solches Projekt bei einem Verlag unterzubringen. Ich zweifelte keine Sekunde daran, daß wir einen Verlag für die Biographie finden würden, denn die bleibende Bedeutung von Jim Morrison stand für mich außer Frage. Schließlich nahm Warner Books das Buch unter Vertrag, allerdings nur unter der Bedingung, daß Elektra Records, die ebenfalls zum Warner-Konzern gehörende Plattenfirma der Doors, sich verpflichtete, alle nicht verkauften Exemplare der Erstauflage zu erwerben. Elektra wiederum war dazu nur bereit, wenn das mit den Tantiemen der Doors verrechnet werden durfte. Kein Mensch wollte also an dieses Buch glauben. Aber mein Instinkt hat sich als richtig erwiesen.«

Die Zahl der zu den Doors erschienenen Bücher ist inzwischen unübersehbar, und Jim Morrison droht, von einer Ikone der Gegenkultur zu einem umsatzträchtigen Warenzeichen zu werden, die Micky Maus des Jugendprotests. Sugerman sieht diese Gefahr, verteidigt aber das Verhalten der Band: »Die Rest-Doors haben sich bei der Vermarktung ihrer Musik immer sehr zurückgehalten und nur Poster, T-Shirts und Kalender genehmigt. Es gibt weder Plastikdosen mit den Konterfeis der Band noch Münzen oder Porzellanteller in limitierten Auflagen oder sonst irgendwelchen Schnickschnack. Wir haben auf sehr lukrative Angebote verzichtet und mehr Geld ausgeschlagen, als wir unterm Strich verdient haben. Man hat mir vorgeworfen, ich hätte mich an Morrison bereichert. Tatsache ist aber, daß der Vorschuß für *Keiner kommt hier lebend raus* ganze 1200 Dollar betrug, und dieser Betrag wurde im Verhältnis 60 : 40 zwischen Jerry und mir geteilt, so daß mein ursprüngliches Honorar knapp 500 Dollar betrug. Jetzt schreibt Albert Goldman, der Biograph von John Lennon und Elvis Presley, ein Buch über Jim Morrison und kassiert dafür eine Million Dollar Vorschuß. Vier ehemalige Freundinnen von Jim haben ebenfalls Buchverträge abgeschlossen. Darauf haben wir keinen Einfluß, niemand muß unsere Genehmigung einholen, um über Jim Morrison oder die Doors zu schreiben. Was Platten anbelangt, haben wir immer sehr genau darauf geachtet, was veröffentlicht wird. Wir konnten das kontrollieren, weil die Doors die Rechte an ihrem Material besitzen und wir immer sehr eng mit der

Plattenfirma zusammengearbeitet haben. Wir haben den Markt nie überschwemmt. Das war schon deshalb nicht möglich, weil es keinen Hort von bisher unveröffentlichtem Material gibt, in Archiven taucht höchstens ab und zu etwas Neues, bisher noch Unbekanntes auf. Durch Oliver Stones Interesse an den Doors kam aber plötzlich neues Material in Hülle und Fülle zum Vorschein. Wir haben versucht, den Rahm abzuschöpfen, und konnten tolle Fotos und Filmaufnahmen erwerben. Ein Nebeneffekt von Stones Film war eben auch, daß viele Autoren Verträge für Bücher über Jim Morrison abschließen konnten. In gewisser Hinsicht war das eine Bestätigung, denn vor zehn Jahren hat niemand etwas von den Doors wissen wollen. Leider ist dadurch aber auch viel Mist erschienen.«

Oliver Stones Film *The Doors*, der zusammen mit *JFK* und *Born on the Fourth of July* ein Triptychon der 60er Jahre bildet, markierte den Höhepunkt des Doors-Comebacks und ließ doch einen schalen Nachgeschmack zurück: am Ende des Films wußte man nicht mehr über Jim Morrison als zu Anfang. Auch Sugerman ist mit dem Film nicht zufrieden. »Der Film hat eine neue Generation mit Jim Morrison bekannt gemacht, und wer selbst nie ein Konzert der Doors erlebt hat, erhält ein passable Einführung in ihre Musik. Stone hat dafür viel herbe Kritik einstecken müssen, in einer Zeitschrift stand zu lesen, ein Film über die Doors sei so, als würde man das Profil von Michael Dukakis in den Mount Rushmore meißeln. Ich bewundere Oliver Stone als Regisseur, bin allerdings mit diesem Film ganz und gar nicht einverstanden, denn ich habe Jim Morrison wirklich geliebt, und der Morrison im Film ist alles, nur nicht liebenswert. Jim war Alkoholiker, ein Dr. Jekyll/Mr. Hyde-Typ. Wenn er trank, kam der widerwärtige Mr. Hyde zum Vorschein, aber wenn er nüchtern war, lernte man den bezaubernden Dr. Jekyll kennen. In dem Film ist nur der gewalttätige Irre zu sehen. Aber diesen Irren haben die Leute nur deshalb toleriert, weil der andere Jim Morrison so großartig war.«

Sugerman war von Stone als Berater für den Film verpflichtet worden, sein Job als Nachlaßverwalter der Doors ließ ihn jedoch zwischen Baum und Borke geraten. »Die Leute, mit denen ich arbeite – Ray Manzarek, John Densmore und Robby Krieger – werden in dem Film als geldgierige Arschlöcher dargestellt. Das macht mich wütend, denn es stimmt einfach nicht. Die anderen in der Band sind die eigentlichen Märtyrer in der Doors-Geschichte, zu Lebzeiten von Jim haben sie sich wirklich für den Morrison-Mythos aufgeopfert. Mit Jim auszukommen war nicht leicht, und das hätte in dem Film deutlicher werden müssen. Oliver Stone wollte mehr Drama, aber wie er dafür die tatsächliche Geschichte fiktionalisiert hat, finde ich nicht sehr glücklich. Ein gutes Beispiel ist die Sache mit *Light My Fire*. Im Film verkaufen Ray, John und Robby den Song an Buick für einen Werbespot, und als Jim den Spot im Fernsehen sieht, wirft er den Fernseher aus dem Fenster. Darum ging es Stone, er wollte eine Szene, in der Jim Morrison einen Fernseher aus dem Fenster wirft, und das mußte ja irgendwie motiviert werden. Tatsächlich gab es auch ein solches Angebot von Buick, und weil Jim zu diesem Zeitpunkt mal wieder nirgends aufzutreiben war, haben die anderen Doors zunächst gesagt, sie wollten es sich überlegen, haben es dann aber abgelehnt. Jim hat wirklich mal einen Fernseher aus dem Fenster geworfen, aber nicht, weil er sich über irgendeinen Werbespot aufregte, sondern weil er auf einem Acidtrip war und sich einbildete, daß der Apparat brannte. Ich habe also gewisse Einwände gegen den Film, auch wenn ich ihn andererseits für den mit Abstand gelungensten Film über Rockmusik halte.«

Wonderland Avenue wurde von der amerikanischen Kritik mit *Christiane F.* verglichen, und auch Sugerman selbst sieht eine thematische Verwandtschaft zwischen seinem Roman und der Geschichte der Berliner Fixerin. Doch Sugerman mutet seinen Lesern keine tränenreiche Story um den von bösen Mächten korrumpierten Danny S. zu, sondern analysiert scharfsichtig und ohne Sentimentalität die Welt der Rockstars, Groupies, Dealer und Junkies. Am eindringlichsten sind seine Schilderungen immer dann, wenn er die eigenen Erfahrungen als Rauschgiftsüchtiger beschreibt, etwa bei dieser Aufzählung der Ausreden, mit denen er einen längst überfälligen Entziehungsversuch immer wieder aufschiebt:

»1. Ich habe keine Zeit, krank zu werden. Ich muß einen klaren Kopf haben, wenn ich am Telefon Geschäfte mache.

2. Es ist zu kalt.

3. Es ist zu heiß.

4. Auf einmal mehr oder weniger kommt's auch nicht mehr an. Danach hör ich sofort auf.

5. Bald ist Freitag, und am Freitag habe ich viel zu tun. Ich warte lieber bis zum Wochenende und gewöhn's mir dann ab.

6. Ohne Äitsch kann ich nicht schlafen.

7. Ohne Äitsch kann ich nicht wach bleiben.

...

13. William Burroughs hat jahrelang Äitsch genommen, und es scheint ihm nicht geschadet zu haben.

14. Ich brauche es. Früher habe ich Ritalin gebraucht, jetzt brauche ich Heroin. Ich habe eine Stoffwechselstörung, die nur Heroin beseitigen kann.

15. Ich werde morgen aufhören.«

Das ist mehr als das Psychogramm eines Fixers, so sehen die Ausflüchte aus, mit denen wir alle uns tagtäglich selbst betrügen, und das ist das Erschreckende an diesem Buch: der willensschwache Heroinjunkie steckt in jedem. »Ich habe *Wonderland Avenue* nicht geschrieben, weil ich mich für eine Berühmtheit halte oder der Meinung bin, daß sich die Leute für mich als Person interessieren«, erklärt Sugerman seine Motivation, mit Anfang 30 eine Autobiographie zu veröffentlichen. »Ich glaube nicht, daß mich meine Bekanntschaft mit Jim Morrison oder meine Heroinsucht als Berühmtheit qualifizieren. Die Geschichte des Romans sollte für sich allein bestehen können. Es sollte keine Rolle spielen, ob man wußte, wer Jim Morrison war, und es sollte auch kein Tatsachenbericht über Drogensucht werden. Heroin ist eine Sucht, in gewisser Weise ist es eine extreme

Metapher für jede Art von Sucht – ob nach Geld, Liebe oder Macht. Ursprünglich habe ich mit dem Gedanken gespielt, über gänzlich fiktive Charaktere mit anderen Namen zu schreiben, aber ich konnte niemand Besseren erfinden als Jim Morrison, Iggy Pop oder meinen Vater. Erst als ich mir darüber klar wurde, für was diese Menschen eigentlich standen, konnte ich meinem eigenen Ich einen Schritt näherkommen. Nach meiner Überarbeitung von *Keiner kommt hier lebend raus* rief mich John Brockman an, der Agent von Jerry Hopkins. Ihm hatte gefallen, wie ich das Manuskript in Form gebracht hatte, und er fragte mich, wie es zu meiner Freundschaft mit Jim Morrison gekommen war. Also erzählte ich ihm die Geschichte, wie ich Jim auf einem Konzert der Doors zum erstenmal begegnet war. Für mich war dieses Konzert wie eine Initiation in die Eleusinischen Mysterien, eine heidnische, dionysische Erfahrung, die mein Leben schlagartig veränderte. Obwohl ich gerade mal zwölf Jahre alt war, stand für mich fest, daß ich den Rest meines Lebens mit dieser Musik verbringen wollte. Und als ich Brockman davon erzählte, erwähnte ich auch, daß ich schon immer einen Entwicklungsroman schreiben wollte, eine Art Rock 'n' Roll-Version von *Der Fänger im Roggen*. Wie Salingers Roman in der ersten Person geschrieben, aber statt im Collegemilieu der Ostküste in den 50ern sollte das Buch in der Rock 'n' Roll-Welt von Los Angeles in den 60ern spielen. Brockman war von der Idee begeistert und fragte, wieviel Geld ich dafür haben wollte. Ich antwortete, das Geld sei mir egal, wenn er mir einen Vertrag für das Buch besorgen könne, würde ich mich an die Arbeit machen. Auch in diesem Fall muß ich mich im Rückblick wundern, wie blauäugig ich war, soviel Arbeit in ein Projekt zu investieren, an das außer mir kaum jemand glaubte. Niemand interessierte sich mehr für Jim Morrison, überall bekam ich zu hören, daß die Doors in die 60er gehörten, und die 60er seien vorbei. Morrison sei nicht mit Jimmy Hendrix oder Janis Joplin vergleichbar, weil er in einer Band gesungen habe und die Leute schon vergessen hätten, wer er war.«

Ursprünglich wollte Sugerman auch bei *Wonderland Avenue* mit einem Coautor zusammenarbeiten. Zuvor hatte er einen Vertrag für ein Buch über die Geschichte der Doors abgeschlossen, war aber wegen seiner Heroinsucht nur in der Lage gewesen, einen Band mit Fotos und Artikeln anderer Journalisten zusammenzustellen. »Vielleicht ist es besser so, denn statt Danny Sugermans Gedanken erfährt der Leser auf diese Weise die Gedanken von hundert Autoren und Fotografen zu den Doors«, meint Sugerman im Rückblick. »Bei dem Exposé zu diesem Projekt hatte mir Michael Talbot geholfen. Er ist ein sehr vielseitiger Autor, der sowohl brillante Sachbücher über moderne Physik als auch faszinierende Horrorromane schreibt. Weil ich von Talbot einen Vampirroman gelesen hatte, glaubte ich, daß er auch über Heroinsucht schreiben konnte. Während er sehr methodisch arbeitet und große Sorgfalt auf Details verwendet, zähle ich eher zur Schule eines Hunter S. Thompson, der eher intuitiv schreibt. Michael Talbot half mir auch beim Exposé für *Wonderland Avenue*. Ich schrieb zunächst drei

Kapitel, und er bearbeitete sie, aber das klappte nicht – ich konnte mich mit dem, was er aus meinem Manuskript gemacht hatte, einfach nicht mehr identifizieren. Deshalb heuerte ich einen anderen Schriftsteller an, Charles M. Young, der für *Rolling Stone*, den *Playboy* und eine Reihe von Musikzeitschriften schreibt. Young hat einen großartigen Sinn für Humor und war von dem Projekt begeistert, aber er litt an einer Schreibhemmung und kam mit dem Buch einfach nicht klar. Also hatte ich zwei Coautoren verschlissen und war wieder ganz am Anfang. Erst in diesem Moment merkte ich, daß ich das Buch allein schreiben mußte, wenn ich meine Vorstellungen davon kompromißlos realisieren wollte – und das machte mir große Angst. Es war für mich aber auch ein Anreiz, endlich clean zu werden.

Anders als im Buch dargestellt, endete Sugermans Drogensucht nicht mit 21, sondern erst zehn Jahre später. »Ich arbeite gerade an einer Fortsetzung unter dem Titel *Wild Child*, und meine Freundin sieht das gar nicht gern. Sie will, daß ich die Leser in dem Glauben lasse, daß ich mit 21 clean wurde, das perfekte Happyend, die Leute sollen nicht erfahren, daß ich zehn Jahre später immer noch auf Heroin war. Aber genau darum geht es ja, eine Drogensucht entzieht sich dieser Logik von einem ordentlichen Anfang, einer Mitte und einem Ende, geschweige denn einem Happyend. Mit 21 hatte ich lediglich gelernt, daß ich meinen Freundeskreis und meinen Lebensstil ändern mußte. Ich wollte herausfinden, was eigentlich in mir steckt, zu was ich fähig war. Das war im Grunde meine Motivation zu dem Buch. Mit 31 oder 32 als Junkie zu sterben, wäre ein Antiklimax gewesen. Mit 21 habe ich mir eingeredet, daß es nicht romantisch sei, so früh zu sterben, aber es ist jedenfalls viel romantischer, als mit 31 ins Gras zu beißen. So auf halbem Weg zur Rente einfach abzukratzen, fand ich nicht besonders cool.«

Sugerman besitzt die an Exhibitionismus grenzende Offenheit desjenigen, der dem Tod von der Schippe gesprungen ist. Es macht ihm nichts aus, über seine Drogenerfahrungen zu sprechen, ja er genießt es geradezu. »Wenn man von der Droge loskommen möchte, ist es sehr wichtig, daß man den eigenen Erfahrungen Ausdruck verleiht und anderen Rauschgiftsüchtigen hilft. Mein Versuch, den Tod von Jim Morrison zu verdrängen, hat mich fast das Leben gekostet. Es ist eine Art Katharsis für mich, einen Sinn darin zu erkennen und darüber zu schreiben, eine Art Heilunsprozeß. Als ich meine Drogensucht überwunden hatte, mußten sich meine Augen erst wieder ans Lesen gewöhnen, vom Schreiben ganz zu schweigen. Meine emotionale Verbindung zu dem, was ich erlebt hatte, war jedoch noch so stark, daß die Geschichte nur so aus mir heraussprudelte. Als ich den Vertrag über den Roman abschloß, traute ich mir nicht zu, das Buch ganz allein zu schreiben. Nachdem ich aber einen ersten Entwurf hatte und meine Coautoren aus den genannten Gründen ausfielen, machte ich mich selbst an die Überarbeitung. Ich war mit dieser ersten Fassung überhaupt nicht zufrieden, aber es war immerhin ein Anfang. Der Vorgang des Umschreibens war mir durch *Keiner kommt hier lebend raus* schon vertraut, und so habe ich mich sozusagen selbst überlistet und die Angst vor dem weißen Blatt Papier überwunden.«

Insgesamt arbeitet Sugerman vier Jahre an *Wonderland Avenue*, das Ergebnis ist das Portrait einer Generation, die nach Sugermans Ansicht nicht erwachsen werden wollte und dadurch viel zu schnell erwachsen werden mußte. *Break on through to the other side* hieß die Losung der Doors, befreit euch von den erdrückenden Konventionen der Erwachsenenwelt, experimentiert, macht kaputt, was euch kaputt macht. Aber was lag auf dieser anderen Seite? Diese Antwort blieb Jim Morrison sowohl im Leben wie in seinen Texten schuldig, am Ende machten er und seine Jünger nur sich selber kaputt, schneller und gründlicher, als es die verhaßte Suburb-Bourgeoisie je hätte tun können. Im Nachwort zählt Sugerman das weitere Schicksal der im Roman auftretenden Personen auf, und es ist ein einziger Nekrolog, fast alle setzten sich früher oder später den Goldenen Schuß.

Was bedeutet Jim Morrison heute für ihn, frage ich Sugerman. »Jim Morrison war ein Mentor für mich. Robert Bly ist in letzter Zeit sehr bekannt geworden mit seiner These, daß junge Männer in westlichen Gesellschaften keine Mentoren mehr fänden. Ich hatte bereits lange an *Wonderland Avenue* gearbeitet, als ich von Blys These hörte, aber ich erfaßte intuitiv, daß Jim genau diese Rolle des Mentors in meinem Leben gespielt hat. In diesem Kontext sehe ich den Roman, es ist die Geschichte eines Kinds, seines Mentors und seiner Sucht. Ich entschuldige nichts an Jims

Leben. Jim hat sich entschieden, so leben und zu sterben, wie er das tat. Er wollte jung sterben, er fiel auf diesen Mythos herein. Man darf nicht vergessen, daß das zu Lebzeiten von Jim Morrison noch kein Klischee war, es ist heute ein Klischee, weil er es getan hat. Meine Auseinandersetzung damit ist noch nicht abgeschlossen, ich kann nicht sagen, daß er falsch gehandelt hat. Viel von dem, was ich heute mache, ist immer noch eine Reaktion auf Jim. Ich bin mir inzwischen darüber klar, daß ich nicht so wie er leben und sterben möchte, auch wenn ich immer verteidigen werde, was er getan hat. Jim Morrison repräsentiert den Typus Künstler, der zu sensibel ist, als ihm gut tut, der einen Puffer braucht zwischen sich und der Außenwelt. Aber diese Sensibilität hat ihren Preis. Der Preis für Jim Morrisons Kunst, die unser Leben auch heute noch bereichert, war seine Drogensucht und sein unmögliches Verhalten. Was Jim groß gemacht hat, hat ihn auch zerstört.«

Der Lizard King in Wahrheit also ein ach so sensibler und daher lebensuntüchtiger Künstler? Diese Vorstellung steht im Mittelpunkt von Sugermans Erinnerungen an sein Idol, und dahinter scheint natürlich das Künstlerbild der Romantik auf, eines Byron etwa, über den eine Zeitgenossin 1812 schrieb, er sei »mad, bad, and dangerous to know« – eine Charakterisierung, die ohne weiteres auf Jim Morrison übertragen werden könnte. »Sicher, es gibt diese Tradition, die nicht nur auf die Romantiker zurückreicht, auch Oscar Wilde und Truman Capote haben darüber geschrieben«, erläutert Sugerman seine Interpretation des Morrison-Mythos. »Die Griechen haben als erste die enge Verbindung zwischen Wahnsinn und Kreativität erkannt. Das Ziel ist die Verbindung zwischen dem Dionysischen und dem Apollinischen, um Nietzsche zu zitieren. Das wahnsinnige Genie von Dionysus ist nichts ohne die Disziplin und Logik von Apollo. Auf die Doors übertragen standen die anderen Musiker in der Band für Apollo und Jim Morrison für Dionysus. Ohne die apollinische Disziplin von Ray, Robby und John wären die dionysische Texte von Jim nie entstanden. Freilich darf man dabei nicht vergessen, daß auf jeden hypersensiblen Künstler wie Jim Morrison zehntausend Trittbrettfahrer kommen, die das Verhalten mit der Kunst verwechseln. Ich weiß, wovon ich rede, denn ich war selber so ein Trittbrettfahrer. Es hat lange Zeit gedauert, bis ich merkte, daß es im Leben nicht darauf ankommt, sich bis zur Bewußtlosigkeit vollzukiffen, sondern so viel wie möglich zu lernen und sich weiterzuentwickeln. Mein Medium dafür ist die Literatur.«

Sugerman sieht seine Rolle durchaus illusionslos als die eines Mitläufers, der wie so viele seinem Idol hauptsächlich in den Drogen- und Alkoholexzessen nacheiferte. In einem hämischen Kommentar zu Oliver Stones Film über die Doors schrieb das Nachrichtenmagazin *Newsweek*, Morrison sei lediglich für die interessant, die mit andächtiger Miene in den Trümmern der 60er Jahre nach Reliquien stöberten, sein Vermächtnis bestehe aus einer Handvoll peinlicher Gedichte und einigen zweitklassigen Platten. Daran ist sicher wahr, daß es wortmächtigere Lyriker gab als

Morrison und auch stimmgewaltigere Rocksänger, aber darauf kommt es gar nicht an. Waren James Dean und Marilyn Monroe überragende Schauspieler? Ihr früher Tod hat verhindert, daß sie wie Marlon Brando oder Elizabeth Taylor nur noch mit neuen Diätplänen und erbärmlichen Gaststarrollen in die Schlagzeilen kommen, das rechtzeitige Ableben sicherte ihnen jenen Hauch von Tragik, der für die Mythenbildung unabdingbar ist. Dennoch ist Morrisons anhaltende Popularität nicht als bloße Modeerscheinung im Zuge der Nostalgiewelle für die 60er zu deuten. Songs wie *Five to One* (»They got the guns but we got the numbers«), das ödipale Drama von *The End* mit der berühmten Zeile »Father? Yes, son? I want to kill you; Mother, I want to ... fuck you!« oder *Riders on the Storm* haben kein Verfallsdatum. Eine neue Ausgabe des *Oxford Dictionary of Quotations* widmet Morrison drei Einträge, darunter auch folgende Passage aus *When the Music's Over*:

»What have they done to the earth?
What have they done to our fair sister?
Ravaged and plundered and ripped her and did her,
Stuck her with knives in the side of the dawn,
And tied her with fences and dragged her down.
I hear a very gentle sound,
With your ear down to the ground:
We want the world and we want it NOW!«

Das sind kluge Fragen und kluge Antworten, und darin

artikuliert sich mehr als das spezifische Lebensgefühl der Jugend von 1967, dem Jahr, in dem dieser Song entstand. Die anhaltende Faszination, die Jim Morrison auf die heutige Generation ausübt, erklärt Sugerman so: »Ich glaube, Jim Morrison ist zeitlos, weil er den klassischen Antihelden verkörpert. Die Leute sind versessen auf Helden. Rockmusik ist die neue Mythologie im ausgehenden 20. Jahrhundert. Wir haben keine Götter auf dem Olymp, wir haben Rockstars. Und ich glaube, jede Kultur braucht so eine Mythologie. C. G. Jung zufolge haben Mythen für die Gesellschaft die gleiche Funktion wie Träume für das Individuum. Und wir alle wissen, wie ungesund es für den Haushalt unserer Psyche ist, wenn wir nicht träumen. In der Einleitung zu *Keiner kommt hier lebend raus* habe ich Jim Morrison mit einem Gott verglichen, was mir die Kritik sehr verübelt hat. Ich habe diesen Vergleich gewählt, weil Rimbaud den von ihm bewunderten Baudelaire einmal einen Gott nannte und Jim mich mit diesen beiden Lyrikern bekannt gemacht hat. Mit 23, drogenabhängig und ignorant wie ich war, konnte ich nur stammeln: Jim Morrison ist ein Gott. Heute kann ich das besser erklären. Wenn man Rockmusik als Religion sieht, dann sind Drogen das Sakrament, Konzerte der Gottesdienst, jeder Auftritt ein Gebet und Jim Morrison ein Gott. So erkläre ich mir Jims Popularität. Er artikulierte in seiner Kunst das Drama der Adoleszenz, und ich glaube, seine Symbolik und sein Vokabular werden für jede Generation verständlich und glaubhaft bleiben. Neulich veröffentlichte eine amerikanische Zeitschrift nach Altersgruppen getrennte Top-Ten-Listen mit den besten Bands aller Zeiten. Die Doors standen nur auf einer Liste auf Platz Eins, und das war in der Altersgruppe der 13- bis 25jährigen. Für die Älteren waren es die Rolling Stones. Die Doors haben für Jugendliche eine besondere Bedeutung, denn in dieser Lebensphase definiert man sich durch Verneinung. Es ist wie eine zweite Kindheit. Wenn man als Kind zum erstenmal lernt, nein zu sagen, dann sagt man zu allem nein: Möchtest du spazierengehen? Nein! Möchtest du etwas essen? Nein! So lernt das Kind, sich von der Mutter zu lösen, und dieser Prozeß ist sehr wichtig für die Entwicklung einer eigenständigen Persönlichkeit. Das gleiche passiert in der Jugend, wenn wir rebellieren, uns von der Familie lösen und unsere Eltern zum erstenmal als Menschen und nicht als göttliche Autoritätsfiguren sehen. Diese zweite Verneinungsphase der Jugend, in der sich alles um den Augenblick dreht, hat niemand so treffend artikuliert wie Jim Morrison. In seinen Texten geht es genau wie für den Teenager immer um den jeweiligen Augenblick, zum Beispiel in der berühmten Zeile ›We want the world and we want it NOW‹ oder ›I woke up this morning / Got myself a beer / The future is uncertain and / The end is always near‹. Je älter ich werde, desto klarer wird mir das. Ich versuche, soviel wie möglich darüber zu schreiben, denn mir ist klar, daß ich mit dem Älterwerden meine leidenschaftliche Identifikation mit Jim Morrison und dem, wofür er stand, verlieren werde.«

Sugerman ist ehrlich genug einzuräumen, daß sein Bild von Jim Morrison mit der Zeit weniger verklärte Züge annehmen wird; aus dieser Erkenntnis erklärt sich der melancholische Ton, der alle Passagen von *Wonderland Avenue* durchzieht, in denen Morrison auftaucht. Ich frage Sugerman, ob er es für möglich hält, als Erwachsener noch einmal so etwas wie jenes erste Konzert der Doors zu erleben, ob es dafür in der Rockmusik nicht längst zu sehr ums große Geld geht. »Die Zeiten haben sich geändert. Jim Morrison ist an diesem Abend nicht aufgetreten, weil die Doors ein paar tausend Dollar für das Konzert bekamen, sondern weil er im Scheinwerferlicht mit seinen Dämonen rang. Mit Geld als Motivation ist man nicht sehr kreativ. Das ist einer der Gründe, weshalb ich Guns n' Roses für die zur Zeit interessanteste Band halte. Sie sind authentisch, weil sie dem dionysischen Geist der Rockmusik verpflichtet sind, und dazu gehört Spontanität. Sie sind das Gegenteil von Madonna, die alles kalkuliert und sehr gezielt Kontroversen auslöst. Guns n' Roses studieren nicht jeden Song hundertmal ein, um ihre Bewegungen auf der Bühne bis hin zum kleinsten Lichteffekt abzustimmen. Das alles ist ihnen scheißegal. Für Guns n' Roses ist Rockmusik das einzige, was sie im Leben interessiert, ihnen geht es nicht ums Geld. Natürlich bin auch ich versucht, den Jungs zu sagen, sie sollen mal etwas Verantwortung übernehmen und aufhören, den Rest der Welt für ihre Probleme verantwortlich zu machen. Aber das konnte man auch den Doors vorwerfen. In unserer Kultur gibt es keine Initiationsriten mehr, mein Erlebnis auf diesem ersten Doors-Konzert glich aber in vielem einer Initiation. Die Grundlage dafür war natürlich die Pubertät und das damit verbundene hormonelle Chaos. Morrison war ein elektronischer Schamane, der mich mit der Macht seiner Musik berührt und geheilt hat, die Voraussetzungen zu diesem Erlebnis hingen jedoch mit meinem Alter zusammen. Könnte ich heute wieder so etwas erleben? Wahrscheinlich nicht. Ich habe oft darüber nachgedacht, was aus mir geworden wäre, wenn ich damals nicht Jim Morrison kennengelernt hätte. Natürlich kann ich diese Frage nicht beantworten. Ich habe jetzt 25 Jahre meines Lebens Jim Morrison und den Doors gewidmet, und es macht mir ungeheuren Spaß, den Nachlaß der Band zu verwalten. Diese Arbeit und das Schreiben über Rockmusik und die Bedeutung dieser Musik für unsere Kultur ist mein Lebensinhalt. Jim Morrison hat einerseits Drogen und den damit verbundenen Lebensstil glorifiziert, andererseits ließ er das Leben eines Intellektuellen genauso verlockend erscheinen. Jim brachte das Kunststück fertig, von Literatur die gleiche Faszination wie von Drogen ausgehen zu lassen. Beides war schrecklich verführerisch für mich, und ersteres hat mir geholfen, letzteres zu überwinden.«

BIBLIOGRAPHIE

Jerry Hopkins / Danny Sugerman, *No On Here Gets Out Alive*, 1980, in der Übersetzung von Werner F. Bonin als *Keiner kommt hier lebend raus* im Maro Verlag, 1981.

The Doors: The Illustrated History, 1989, in der Übersetzung von Carl Reichert und Eva Dempewolf als *Jim Morrison & The Doors. Eine Bildgeschichte* bei Schirmer Mosel 1991.

Wonderland Avenue, 1989, in der Übersetzung von Denis Scheck unter dem Originaltitel im Maro Verlag 1991.

The Days of Guns 'n Roses, 1991, deutsch als *Guns 'n Roses,* 1993

KURT VONNEGUT:
ES GIBT KEIN WARUM
▼▼▼

▼▼▼

»Ich bin Skeptiker, kein Zyniker, ich mißtraue nicht den Motiven der Menschen, sondern ihrer Intelligenz.« Diesen Satz spricht Kurt Vonnegut in mein Mikrofon, als ich ihn um ein paar Worte bitte, um mein Bandgerät auszusteuern. Mich verblüfft, wie unvermittelt Vonnegut die Ebene des zur Begrüßung vorangegangenen Smalltalks verläßt, wie übergangslos er von Banalem zu Tiefsinnigem kommt. Dieser abrupte Wechsel zwischen E und U ist Erzählprinzip Vonneguts, daraus resultiert ein Teil der bitteren Komik seiner Texte und die Verwirrung, die diese bei der Kritik in Deutschland und Amerika stiften.

Ich treffe Vonnegut kurz vor seinem siebzigsten Geburtstag in New York. Er ist ein großer, schlanker Mann, der mit seiner dichten Lockenmähne, dem Schnurrbart und zerknautschten Gesicht aussieht wie einer der schrulligen Typen auf Gemälden Norman Rockwells. Ich habe ihm eine

Schachtel Pall Mall ohne Filter mitgebracht, die Zigarettenmarke, über die er in seinen Büchern immer wieder schreibt, das verhaßt-geliebte Gift, mit dem er seit nun über fünfzig Jahren Selbstmord auf Raten begeht. 1984 versuchte Vonnegut mit einer Überdosis Tabletten, diesen Selbstmord zu beschleunigen, ebenso wie die Krisen in seiner Ehe mit der Fotografin Jill Krementz, ein gefundenes Fressen für die New Yorker Klatschpresse.

Mir fällt am meisten die frappierende Übereinstimmung zwischen Vonneguts Art zu reden und seiner Art zu schreiben auf: wie in den Kurzkapiteln seiner Romane läuft fast alles, was er sagt, auf eine Pointe hinaus, die nicht selten im rauhen, kurzatmigen Gelächter und Gehuste des Kettenrauchers unterzugehen droht.

Von Saul Bellow stammt die Formulierung, es gebe Literatur und Superliteratur. Während Literatur die Tragödie oder Komödie des Privatlebens zum Thema habe, handele Superliteratur vom möglichen Ende der Welt jenseits aller persönlicher Geschichte. In diesem Sinne schreibt Kurt Vonnegut Superliteratur – komplexe Beziehungsdramen interessieren ihn ebensowenig wie fein auspsychologisierte Charakterstudien. Ihm geht es um größere Zusammenhänge, im Zentrum all seiner Romane stehen die ›letzten Fragen‹: Warum leben wir, was kommt nach dem Tod, weshalb bringen wir uns so gern gegenseitig um?

Die Antworten des philosophischen Autors Vonnegut haben mit den Jahren einen immer bittereren Unterton angenommen. Trost ziehen läßt sich aus seiner Menschheits-

Diagnose wenig, denn diese lautet schlicht: Hirn zu groß, Verstand zu klein. So das Fazit von Vonneguts 1987 erschienem Roman *Galapagos*. Fünfundzwanzig Jahre zuvor formulierte er in *Katzenwiege*: »Was kann sich ein vernünftiger Mensch angesichts der Erfahrungen der letzten Jahrmillionen erhoffen? Nichts.«

Die amerikanische Kritik ist in den letzten Jahren nicht freundlich mit Kurt Vonnegut umgesprungen. Ähnlich wie anderen Autoren seiner Generation, Norman Mailer oder Gore Vidal etwa, ist ihm in den letzten Jahre viel Häme entgegengeschlagen. Die *New York Times* hielt Vonnegut anläßlich einer Rezension seines neuesten Romans *Hokus Pokus* vor, seine revolutionäre Prosatechnik habe sich abgenutzt, er warne nun schon zu lange vor dem Weltuntergang, als daß ihn noch jemand ernst nehmen könne. Doch die tonangebenden Literaturkritiker hatten schon immer ihre Schwierigkeiten mit Vonnegut, der mit seinem strikten Antimilitarismus den Zeitgeist Ende der 60er Jahre traf und dessen Roman *Schlachthof 5* zu einem der Kultbücher der Anti-Vietnam-Generation wurde. Daß er unter den Glitterati, wie die New Yorker Mischung zwischen Jet Set und Pseudointellektuellen genannt wird, gerade etwas aus der Mode ist, kümmert Vonnegut wenig. »Das Schöne an meinem Beruf ist, daß es unter Romanautoren fast keinen Neid gibt. Ich glaube, das ist auf der ganzen Welt so. Wir wissen alle, was es heißt, so allein und auf sich gestellt zu arbeiten, ohne jemand anderen für einen Fehlschlag verantwortlich machen zu können. Deshalb mögen wir uns in der Regel und feiern unsere gegenseitigen Erfolge. Meine Einstellung zu allen Experimenten in den Künsten ist die gleiche wie die, die ich zu den Drogenexperimenten der 60er Jahre hatte: wenn die Leute das Zeug sowieso schlucken, warum dann nicht herausfinden, was es bewirkt? Vielleicht endecken sie zufällig etwas ganz Tolles? Leider war das nicht der Fall. Obwohl Heroin, nach allem, was ich höre, wundervoll sein soll. Freilich ist der Preis dafür verdammt hoch.«

Vonnegut bricht in dröhnendes Gelächter aus, gefolgt von rasselndem Husten. Er steckt sich eine neue Pall Mall an und erzählt, warum er sich nicht wie andere Künstler ganz auf den engen Kreis der persönlichen Erfahrung zurückzieht. »Ich war Lehrer und Journalist, und in beiden Berufen hat man das Ziel, zu informieren und zu unterrichten. Wer dieses Ziel aufgibt, verschwendet in meinen Augen nur Zeit und Papier. Ich finde, es gibt so vieles, über das sich zu reden lohnt, daß es mir ein Rätsel ist, wie man heute als Schriftsteller Minimalist sein kann. Die minimalistischen Maler haben ihrem Lebensgefühl Ausdruck verliehen. Das war ein sehr persönlicher Kommentar, und zudem auch ein Kommentar über den Kunstmarkt. Ich kenne viele dieser Maler, und auch sie wollen ihre Brötchen verdienen. Sie haben Frau und Kinder, Hauspersonal und was weiß ich. Meine beiden Töchter zeichnen so gut wie Albrecht Dürer und wurden dafür auf der Kunstakademie zur Schnecke gemacht. Das gilt heute als passé. Diese neue Masche gibt den Kritikern etwas zum Reden. Das Ironische am Minimalismus war, daß er die Leute zwang, ausführlich über absolut nichts zu reden. Deshalb sind sie so begeistert, wenn irgend jemand mit etwas Neuem kommt, über das sich tatsächlich etwas aussagen läßt. Nehmen Sie nur Julian Schnabel, ein junger Künstler, der Porzellanscherben auf Leinwände klebt. Damit wurde er zum Mann der Stunde, denn für die Kritiker war das eine Erlösung. Jetzt konnten sie wenigstens über Porzellanscherben reden.«

Vonnegut lacht Tränen. »Meine Frau hatte eine Sammlung von Porträttellern aus dem napoleonischen Zeitalter. Das waren sehr hübsche Porträts von Adligen auf Porzellantellern, die bei uns in einem Gestell an der Wand hingen. Eines Tages fiel das Gestell herunter, und die ganze Sammlung ging in tausend Scherben. Also rief meine Frau den Agenten Schnabels an und fragte, ob er die Scherben haben wolle. Dadurch hätte sich schließlich für seine Arbeit eine ganz neue Dimension eröffnet – Fragmente von Adligen aus der Zeit Napoleons, die Kritiker wären begeistert gewesen. Aber Schnabel zeigte kein Interesse. Meine Frau war sehr enttäuscht, und auch ich finde, er hat sich da eine große Chance entgehen lassen.«

Für wen er schreibe, wurde Vonnegut einmal gefragt. Seine Antwort: Für Leute, die intelligenter sind, als ihre Position in der Gesellschaft vermuten lasse. Dieser Satz verrät etwas vom stolzen Habitus des literarischen Autodidakten Kurt Vonnegut, der sich zeit seines Lebens um die literarische Avantgarde wenig gekümmert hat. Andererseits hat Vonnegut in seinen seit 1950 entstandenen dreizehn Romanen nie einfach geradlinig Geschichten abgespult. Erzählt wird bei Vonnegut immer auf mehreren Ebenen zugleich, und ein wenig steckt der Poeta doctus, der listig Fährten legende Gelehrte, auch in ihm – nur schöpft er neben Klassikern wie Swift und Melville und Mark Twain noch aus anderen Quellen. Seine Romane wimmeln von Anspielungen auf Werbeslogans, berühmte Komiker der Filmgeschichte und längst vergessene Eigenbrötler der politischen Szenerie um 1900. Nicht zuletzt hat er in seinem Werk etliche Gestalten und Begriffe geschaffen, auf die er immer wieder zurückkommt – sie sind Teil des Vonnegutschen Kosmos, seiner Automythologie.

In einer so ahistorischen Gesellschaft wie der amerikanischen fällt besonders die Hartnäckigkeit auf, mit der Vonnegut sowohl die Weltgeschichte als auch seine private Familiengeschichte immer wieder in sein Schreiben einbezieht. Diese Berührungspunkte zwischen Vonneguts Leben und dem seiner Romanfiguren sind der Grund dafür, daß selbst seine phantastischsten Plots so real wirken. Die biographische Annäherung an Vonnegut ist denn auch der vielversprechendste Weg zu einem Verständnis seines Werks, das bei der Kritik hierzulande eine heillose Sprachverwirrung ausgelöst hat. Da ist von Vonneguts Fatalismus, Ironie und Sarkasmus die Rede, seine Romane werden mal als Parodien, mal als Persiflagen, Satiren, Allegorien oder Parabeln gedeutet. Das alles ist nicht ganz falsch und geht doch immer haarscharf am Kern vorbei.

Vonnegut will diese Mehrdeutigkeit. Seine Texte sind bewußt so offen gehalten, daß immer dann, wenn eine feste

Interpretation gefunden zu sein scheint, der Autor auftaucht und dem Leser eine Nase dreht. Soviel steht immerhin fest: alle seine Romane knüpfen an das bodenständig-konservative Milieu des amerikanischen Mittleren Westens an, in das Kurt Vonnegut 1922 hineingeboren wurde.

Seine Vorfahren waren westfälische und sächsische Kaufleute, die mit der riesigen deutschen Einwanderungswelle zwischen 1820 und 1870 nach Amerika kamen und sich in Indiana ansiedelten. Vonnegut über seine deutschen Wurzeln: »Alles, was in diesem Land Antisemiten abstoßend an Juden finden, ist in Wahrheit abstoßend an Deutschen. Es waren ja auch deutsche Juden, die durch ihr Deutschtum dieses Klischee überhaupt erst aufkommen ließen. Meine Verwandten bildeten einen regelrechten Klüngel, sie heirateten untereinander und gingen keine Mischehen mit den Angloamerikanern ein, sie sprachen zu Hause eine fremde Sprache und waren äußerst erfolgreiche Geschäftsleute. Meine Vorfahren kamen in dieses Land, ehe es die Freiheitsstatue gab. Sie waren gebildete Leute und verfügten über etwas Geld, sie waren Spekulanten. Sie kauften Geschäfte oder Land, sie gründeten Banken und hatten – ganz dem jüdischen Klischee entsprechend – überdurchschnittlichen Erfolg, was bei den Angloamerikaner, die schon viel länger hier waren, natürlich Anstoß erregte. Was meine Vorfahren aus Deutschland vertrieben hatte, verkörperte auf groteske Weise der Kaiser und seine Familie. Sie verabscheuten diese Pickelhauben, die deutsche Form des Christentums, diese Militärfrömmigkeit, davor waren sie weggelaufen. Mit der

Zeit haßten sie Deutschland. Aber die deutsche Musik und die deutschen Dichter haben ihnen immer sehr viel bedeutet. In gewisser Weise bin ich das Opfer eines anhaltenden Deutschenhasses, der in die Zeit vor dem Ersten Weltkrieg zurückgeht. Jeder vierte weiße Amerikaner stammt von Deutschen ab. Ich habe rein deutsche Vorfahren, aber mir war immer bewußt, daß die Angloamerikaner in unserer Gesellschaft die Deutschen nicht mochten. Und dieser Haß trat während des Ersten Weltkriegs an die Oberfläche - damals wurden die Geschäfte meiner Verwandten boykottiert. Auch heute mögen die Angloamerikaner die Deutschen nicht, denn sie wissen nicht recht, was sie von ihnen halten sollen.«

Die antideutschen Ressentiments im Amerika der 20er Jahre sind noch so stark, daß Vonneguts Eltern ihre Kinder ganz bewußt ohne Verbindung zu ihrem kulturellen Erbe aufwachsen lassen. Vonneguts Vater stammt aus einer reichen Kaufmannsfamilie, seine Mutter aus der millionenschweren Bierbrauerdynastie Lieber, und so gehört eine Dienerschaft ebenso selbstverständlich zum Lebensstil der Vonneguts wie ausgedehnte Europareisen. Das soll sich rasch ändern, denn die Prohibition trifft die Familie sehr hart – die Lieberschen Bierbrauereien müssen schließen, das Familienvermögen schmilzt dahin. Kurt Vonnegut muß von einer teuren Privatschule auf eine öffentliche Schule wechseln.

Der Eindruck, den die Verarmung der Familie während der Weltwirtschaftskrise auf Vonnegut macht, ist nachhaltig. Der Achtjährige erlebt, wie die als unerschütterlich geltende

Welt bürgerlicher Wohlhabenheit seiner Eltern praktisch über Nacht aus den Fugen gerät. Was den Eltern nie gelingen soll – sich auf die so unerwartet veränderten Lebensbedingungen einzustellen –, bereitet ihrem Sohn keine Probleme. Später wird dies zu einem Grundmotiv seines Schreibens: der in allen seinen Romanen aufscheinende Relativismus – wie unerwarteter Reichtum, plötzliche Armut oder sonst eine abrupte Veränderung Weltbilder umschlagen lassen, ja buchstäblich auf den Kopf stellen können.

Und noch ein zweiter Einfluß auf den Schriftsteller Kurt Vonnegut reicht in die Zeit der Weltwirtschaftskrise zurück: die Begegnung mit den großen amerikanischen Komikern der 20er und 30er Jahre. Einige – Buster Keaton und Laurel und Hardy – lernt er im Kino kennen, andere – Fred Allen und Jack Benny etwa –, haben eigene Radioshows und erreichen damit eine Popularität, die sich mit der großer Hollywoodstars messen kann.

Slapstick, Vonneguts persönlichstes Buch, widmet er Laurel und Hardy, die er als »zwei Engel meiner Zeit« bezeichnet. Die Komik von Laurel und Hardy ist immer ein Lachen unter Tränen und darin der Komik Vonneguts sehr ähnlich. So tollpatschig das Duo sich auch anstellt, es läßt sich nie unterkriegen, versucht immer, sein Bestes zu geben, um die jeweilige Situation zu meistern – darin sind Laurel und Hardy geistige Verwandte der Antihelden Vonneguts.

Als Vonnegut 1940 die High School beendet, ist das Familienvermögen fast aufgebraucht. Seine Eltern erteilen ihm die strikte Anweisung, nur etwas zu studieren, das seinen Mann ernähren kann – am besten eine Naturwissenschaft wie sein älterer Bruder Bernard, der heute ein berühmter Physiker ist.

Während in Europa bereits der Zweite Weltkrieg tobt, verläßt Kurt Vonnegut Indiana, um im Staat New York an der Universität von Cornell Chemie zu studieren. Er immatrikuliert sich für dieses Fach, doch sein Interesse gilt längst dem Schreiben. Das Handwerkszeug dazu hat er aus Indianapolis mitgebracht, »wo die Alltagssprache wie eine Bandsäge klingt, die sich durch Bleche frißt, und wo der Wortschatz schmucklos ist wie ein Satz Schraubenschlüssel«, wie er später schreibt. Auf seiner High School in Indianapolis hat Vonnegut an einer Schülerzeitung mitgearbeitet, nun bietet sich ihm in Cornell die Chance, neben seinem Studium als Redakteur für die Studenten-Tageszeitung *Sun* zu schreiben. Für die *Sun* berichtet Vonnegut über das Campus-Leben, schreibt erste Geschichten und auch politische Kolumnen, in denen er den Eintritt der USA in den Zweiten Weltkrieg kritisiert – so heftig, daß die anderen Redakteure sich in einem Artikel von Vonneguts pazifistischen Ansichten distanzieren.

Ungeachtet dieses frühen Pazifismus meldet sich Vonnegut 1943 freiwillig zum Heer, wohl um dem ungeliebten Chemie-Studium zu entkommen – und vielleicht auch der zunehmend irrealen Atmosphäre in seinem Elternhaus. Kurt Vonnegut senior kann keine Arbeit als Architekt finden und widmet sich ganz dem Malen. Vonneguts Mutter versucht, durch das Schreiben von Kurzgeschichten zu etwas Geld zu kommen – ohne Erfolg. Ihr fehlt »das Händchen fürs Vulgäre«, wie ihr Sohn es ausdrückt.

1982 setzt Vonnegut seinen Eltern in dem Roman *Zielwasser* ein Denkmal, doch es ist keine postume Liebeserklärung. Vonneguts Vater stand Pate für die Figur des exzentrischen Deutsch-Amerikaners Otto Waltz, der 1910 in Wien von der Akademie der Schönen Künste abgewiesen wird. Waltz bleibt in Wien und freundet sich dort mit einem anderen Möchtegern-Maler an. Sein Name: Adolf Hitler. Wieder in USA, macht Waltz aus seinem Haus eine regelrechte Weihestätte für die deutschen Nazis. Als sein Sohn beim Spielen mit einem Gewehr eine schwangere Frau erschießt, stürzt dieser Unfall die Familie ins Elend, der Vater kommt ins Gefängnis. Die in Rückblenden erzählte Geschichte endet mit der Zerstörung von Waltz' Heimatstadt durch eine Neutronenbombe, wobei es offen bleibt, ob dies ein Unfall oder ein absichtlicher Test der amerikanischen Regierung war. So verfremdet diese mit ihren apokalyptischen Momenten typische Vonnegut-Geschichte auch ist, in einem Punkt entsprechen Vonneguts Eltern, die zeit ihres Lebens Pazifisten waren und keinerlei Sympathien für die Nazis hegten, genau dem Ehepaar Waltz: in ihrer Lebensuntüchtigkeit.

Vonneguts Mutter hatte ihre ganzen Hoffnungen darauf gesetzt, mit Schreiben einen Ausweg aus der materiellen Misere zu finden. Die Ablehnung ihrer Kurzgeschichten und der Krieg in Europa, in dem ihr Sohn vielleicht sein Leben lassen wird, ist zuviel für sie – am 14. Mai 1944 bringt sie sich mit einer Überdosis Schlaftabletten um. Anfang der 80er Jahre schreibt Vonnegut in einem Essay, Selbstmord sei immer eine Versuchung für ihn gewesen, da seine Mutter so viele Probleme dadurch gelöst habe. »Das Kind eines Selbstmörders denkt ganz natürlich an den Tod als logische Lösung jedes Problems, selbst einer einfachen Rechenaufgabe. Frage: Wenn Bauer A 300 Kartoffeln in der Stunde pflanzen kann, und Bauer B fünfzig Prozent schneller arbeitet, und Bauer C pro Stunde ein Drittel so viele Kartoffeln wie Bauer B pflanzen kann, wie viele Neunstundentage benötigen dann Bauer A, Bauer B und Bauer C, wenn sie gemeinsam 25 Morgen Land mit Kartoffeln anpflanzen sollen? Antwort: Ich glaube, ich jage mir eine Kugel durch den Kopf.«

Im Herbst 1944 wird Kurt Vonnegut von der Army nach Übersee geschickt. Soldat Vonnegut erlebt die größte Niederlage der amerikanischen Armee im Zweiten Weltkrieg. Die Ardennenoffensive am 16. Dezember 1944 reibt Vonneguts Bataillon restlos auf. Hinter den deutschen Linien gerät er in Kriegsgefangenschaft und wird nach Dresden geschickt, wo man ihn mit anderen Kriegsgefangenen zur Zwangsarbeit in einer Fabrik heranzieht, die Malzsirup für schwangere Frauen herstellt. Dresden ist die erste europäische Großstadt, die Vonnegut zu Gesicht bekommt, den Architektensohn beeindrucken die prächtigen Bauten und Parks. Der Name des Behelfsquartiers, in dem die amerikanischen Kriegsgefangenen untergebracht sind, wird 25 Jahre später zum Titel von Vonneguts berühmtesten Roman: Schlachthof 5.

In der Nacht vom 13. auf den 14. Februar 1945 fliegen britische, kanadische und amerikanische Bomberverbände einen militärisch sinnlosen Angriff auf das mit Flüchtlingen überfüllte Dresden. Am Ende des Flächenbombardements steht eine unvorstellbare Zahl von Opfern – die Schätzungen reichen von 60.000 bis zu über 135.000 Toten. 47 Jahre danach frage ich Vonnegut, wie ihn die Erfahrung des Dresdner Feuersturms verändert hat. »Damals war ich ungefähr zwanzig Jahre alt, und für mich war das bloß ein Abenteuer. Meine politische Einstellung wurde dadurch nicht verändert, und da ich von amerikanischen Freidenkern abstamme, die Atheisten waren, verlor ich auch nicht meinen Glauben an Gott. Ich hatte keinen Glauben, den ich verlieren konnte. Um zu verstehen, was meinen Charakter geprägt hat, müßten Sie wissen, welche Hunde in meiner Nachbarschaft gelebt haben, als ich acht Jahre alt war. Ich erinnere mich an alle, und ich wußte, welche man streicheln durfte und welche nicht. Für mich war Dresden also ein großes Abenteuer, und nicht nur das – auch ein gewinnträchtiges Abenteuer. Ich habe das schon öfters gesagt: Nur ein Mensch auf auf dieser Erde hat von dem Bombenangriff auf Dresden profitiert. Kein einziger wurde auch nur eine Mikrosekunde früher aus einem Konzentrationslager entlassen, kein einziger deutscher Soldat wich von seiner Stellung zurück und verkürzte dadurch den Krieg. Nur ein Mensch hat daraus Vorteil gezogen, und dieser Mensch bin ich, ein amerikanischer Gefreiter, der dabei war. Ich habe fünf Dollar an jedem Toten verdient, indem ich ein Buch darüber geschrieben habe. Außerdem darf ich in diesem Land sagen, was ich will, richtig unverschämte Sachen über die Regierung, den Kapitalismus oder sonstwas – und das alles nur, weil man glaubt, ich hätte gelitten, als ich den Dresdner Feuersturm überlebt habe, dabei war das für mich nur ungeheuer interessant. Und natürlich auch tragisch, natürlich auch schrecklich. Die Kriegsgefangenen durften ins Zentrum der Stadt. Man teilte uns dazu ein, die Leichen aus den Kellern zu holen. Auf diese Weise habe ich verdammt viele Leichen zu Gesicht bekommen. Später habe ich Fotos und Wochenschauen von den Wachmannschaften der Konzentrationslager gesehen, die ich wirklich für den Abschaum der Menschheit halte, furchtbare Menschen – die SS. Nach der Befreiung der Lager durch die Amerikaner, Russen, Briten oder Franzosen wurden diese Leute gezwungen, Leichen in Kalkgruben zu tragen. In alten Wochenschauen ist zu sehen, wie die SS-Leute das machen, während die Bevölkerung zusieht. Na ja, das habe ich auch gemacht.«

Wieder lacht Vonnegut schallend auf, und dieses Lachen ist wohl die einzig mögliche Reaktion auf das, was er in Dresden erlebt hat: das größte Massaker, das in Europa während des Zweiten Weltkriegs an der Zivilbevölkerung verübt wurde. Über zwanzig Jahre sollte Vonnegut brauchen, um über seine Erfahrung in Dresden schreiben zu können. Als er von der Roten Armee aus der Kriegsgefangenschaft befreit wird und nach Amerika zurückkehrt, kommt für ihn eine Fortsetzung seines Chemiestudiums nicht mehr in Frage. Ein Gesetz zur Wiedereingliederung der heimgekehrten GIs ermöglicht es ihm jedoch, an der Universität von Chicago ein neues Studium aufzunehmen - diesmal entscheidet er sich für Anthropologie. Nebenher arbeitet er als Polizeireporter beim Chicago City News Bureau, lernt dort die Feinheiten des Schreibens für den Tag.

Das journalistische Handwerk hat Vonneguts Stil nachhaltig beeinflußt. Er schreibe mit einer Kinderstimme, hat Vonnegut einmal gesagt. Die Wirkung dieses Stils beruht auf dem Kontrast zwischen den prägnanten, tatsächlich fast ›kindlichen‹ Sätzen und dem oft genug Unfaßbaren, was da beschrieben wird. Am Ende der Kurzkapitel stehen häufig belanglose Redensarten –»So geht das«, »Hi Ho«, »Und so fort« –, die den paradigmatischen Charakter des Erzählten betonen und gleichzeitig Distanz dazu schaffen.

Nach zwei Jahren gibt Vonnegut das Studium auf, weil das Prüfungskomitee seinen Vorschlag für eine Magisterarbeit ablehnt. Vonnegut will das Verhältnis von Gut und Böse in Volkssagen und moderner Trivialliteratur untersuchen, ihn interesserien die Strukturprinzipien der Kurzgeschichten in der *Saturday Evening Post* oder *Colliers*, den prestigeträchtigen und zahlungskräftigen Magazinen der damaligen Zeit. Dahinter steckt natürlich der Traum seiner Mutter, vom Schreiben leben zu können. Seinen Professoren erscheint dieses Thema jedoch zu unwissenschaftlich. Also verläßt Vonnegut ohne Abschluß die Universität von Chicago und nimmt 1947 eine Stelle in der Presseabteilung von General Electric in Schenectady an, dem größten Elektrokonzern der Welt. Er macht Public Relation für die Forschungsabteilung, das Glanzstück des Konzerns, dessen Werbeslogan lautet: »Fortschritt ist unser wichtigstes Produkt.«

Die Erfahrungen bei General Electric verdrängen zunächst Vonneguts Plan zu einem Roman über Dresden. Das Projekt kommt ohnehin trotz mehrerer Anläufe nicht recht vom Fleck, zu nah ist das Erlebnis noch, zu gegenwärtig die Bilder der Leichen, die Vonnegut aus den Dresdner Kellern bergen mußte. Statt dessen schreibt er mit *Player Piano* eine Antiutopie in der Tradition Orwells und Huxleys über die Fortschrittsgläubigkeit, die ihn im zukunftsorientierten Schenectady umgibt. Sein täglicher Umgang mit Wissenschaftlern läßt ihn die Handlung des Romans wie selbstverständlich in eine Zukunft verlegen, in der ganz Amerika den Vorstellungen der Planungsstrategen von General Electric gleicht.

Schon dieser erste, noch sehr konventionell geschriebene Roman veranschaulicht Vonneguts pessimistische Weltsicht, ist heute, über vierzig Jahre nach seinem ersten Erscheinen, aber kaum mehr als von historischem Interesse für die Entwicklung des Schriftstellers Vonnegut. Dies gilt auch für die zeitgleich mit *Player Piano* entstehenden Kurzgeschichten, die Vonnegut als stilistische Fingerübungen dienen. Er bringt sie fast alle bei den gutzahlenden Familienzeitschriften unter. Dies und die Annahme seines ersten Romans bei einem New Yorker Verlag bestärken ihn in dem Entschluß, 1951 den PR-Job an den Nagel zu hängen. Als freiberuflicher Schriftsteller möchte er endlich Zeit für sein Dresden-Buch finden, doch vorderhand müssen weitere Kurzgeschichten entstehen, um das tägliche Leben zu finanzieren.

Bis Ende der 50er Jahre folgen in Vonneguts Biographie noch drei kurze Episoden als Autohändler, Englischlehrer und Werbetexter, doch die den Schriftsteller prägenden Einflüsse liegen alle vor seinem dreißigsten Geburtstag. Fast scheint es, als hätte Vonnegut die folgenden Jahrzehnte damit verbracht, auf der Suche nach der richtigen Kombination die Mosaiksteine seiner bisherigen Lebenserfahrung in seinen Romanen immer wieder neu zu gruppieren. 1959 veröffentlicht er den Roman *Die Sirenen des Titan*. Für Vonnegut ist es ein Durchbruch zu der Schreibweise, die sein gesamtes folgendes Werk charakterisiert: auf zahlreichen ineinandergreifenden Erzählebenen wird eine Geschichte berichtet, deren kosmologische Dimensionen alles irdische Geschehen relativiert. Es geht um den Außerirdischen Salo, der in grauer Vorzeit von seinem Heimatplaneten Tralfamadore den Auftrag erhält, eine wichtige Botschaft an den Rand des Universums zu befördern. Wegen einer Panne mußte Salo vor Jahrhunderttausenden auf dem Saturnmond Titan notlanden, und im Lauf des Romans erweist sich, daß die gesamte menschliche Geschichte lediglich den einen Zweck hat, dem Gestrandeten ein Ersatzteil von der Größe eines Flaschenöffners zu besorgen. Vollends ins Irrwitzige schlägt die wildwuchernde Story um, als Salo seine ach so wichtige Botschaft bekannt gibt. Sie lautet: Schönen Gruß.

Tralfamadore liefert Vonnegut den Blick von außen, den er braucht, um jedweden Glauben an eine Zielgerichtetheit der menschlichen Geschichte ad absurdum zu führen. Es ist das gleiche erzählerische Verfahren, das der große Misanthrop Jonathan Swift in *Gullivers Reisen* benutzt. Diese phantastischen Elemente sind bei Vonnegut jedoch nie Selbstzweck; so utopisch oder bizarr der Handlungsrahmen, seine Geschichten sind fest im Hier und Jetzt verankert, Referenzebene ist stets die Lebenswirklichkeit von heute. Deshalb hat er sich auch immer dagegen gewehrt, als Science Fiction-Autor bezeichnet zu werden. Nur weil er Technik zur Kenntnis nehme, so Vonnegut in einem Essay von 1965, werde er in das Schubfach »Science Fiction« gesteckt, und da fühle er sich unwohl, zumal es manchen seriösen Kritikern als Pißbecken herhalten müsse.

»Ich habe eine naturwissenschaftliche Ausbildung erhalten«, erklärt Vonnegut sein zwiespältiges Verhältnis zur Science Fiction. »Literatur habe ich nie systematisch studiert. Als ich nach dem Zweiten Weltkrieg zu schreiben begann und meine Bücher als Science Fiction vermarktet wurden, störte mich das, weil die Science Fiction damals schlicht unter aller Kritik war. Der naturwissenschaftliche Hintergrund der meisten SF-Geschichten war lachhaft. Eine Ausnahme davon war der kürzlich verstorbene Isaac Asimov, der wie ich ursprünglich Biochemie studiert hatte. Bei Asimovs Geschichten konnte man sich darauf verlassen, daß sie wissenschaftlich Hand und Fuß hatten. Die frühen Science Fiction-Autoren schrieben alle auch Western-, Abenteuer- oder Liebesgeschichten, und ihre Science Fiction-Stories waren meist verkappte Piratengeschichten mit Raketen an Stelle von Schiffen. Sonderlich plausibel erschien mir das nicht.«

Für Vonnegut bedeutet die Einordnung in das Science Fiction-Genre ganz handfeste Nachteile: seine Romane erschienen lediglich als Taschenbücher, werden kaum besprochen und sind schon wenige Monate nach Erscheinen wieder vom Markt verschwunden. Solange Vonnegut seine Kurzgeschichten an die lukrativen Familienzeitschriften verkaufen kann, tröstet ihn sein vergleichsweise gutes Einkommen über die fehlende literarische Anerkennung hinweg. Doch als dieser Markt Mitte der 60er Jahre verschwindet und auch sein dritter Roman, *Mutter Nacht*, die Lebensbeichte eines vermeintlichen Nazi-Kollaborateurs, nur einen Taschenbuchverlag findet, ist Vonnegut am Tiefpunkt seiner Schriftstellerkarriere angelangt. Kein Zufall, daß in diese Zeit die Entstehung von Kilgore Trout fällt, Vonneguts berühmtester Romanfigur. Trout, Verfasser obskurer Science Fiction-Romane, taucht zum erstenmal in *Gott segne Sie, Mr. Rosewater* auf und steht für all das, was Vonnegut zu werden befürchtet: ein als Trivialautor abgestempelter, von seiner Frau verlassener Versager, dem als einziger Gesprächspartner sein Kanarienvogel bleibt. Doch in Gestalt von Kilgore Trout hat sich Vonnegut mehr als ein Alter ego geschaffen – Trouts fiktive Werke, die Vonnegut in vielen seiner folgenden Romanen zitiert, sind immer ein Spiegel des tatsächlichen Texts, dienen zur Kommentierung und Illustrierung der darin entwickelten Ideen.

So auch in *Schlachthof 5*, Vonneguts Antikriegs-Roman von 1969, der mit seinem vollen barocken Titel heißt:

> SCHLACHTHOF 5
> oder
> Der Kinderkreuzzug
> von
> Kurt Vonnegut jr.
> einem Deutsch-Amerikaner der vierten Generation,
> der jetzt in angenehmen Verhältnissen in Cape Cod lebt
> (und zuviel raucht), der vor langer Zeit
> als Angehöriger eines Infanterie-Spähtrupps kampf-
> unfähig als Kriegsgefangener Zeuge des Luftangriffs
> mit Brandbomben auf Dresden, »dem Elb-Florenz«,
> war und ihn überlebte, um die Geschichte zu erzählen.
> Dies ist ein Roman,
> ein wenig in der telegraphisch-schizophrenen Art
> von Geschichten auf dem Planeten Tralfamadore,
> von wo die Fliegenden Untertassen herkommen.
> Friede.

Endlich hatte sich Vonnegut das traumatische Kriegserlebnis in Dresden von der Seele schreiben können. Über 20 Jahre hatte es gedauert, bis ihm klar wurde, daß sich ein Massaker dieser Größe einer literarischen Verarbeitung entzieht, weil es eben auch psychologisch nicht verarbeitet werden kann. Im Vorwort schreibt er, sein Buch sei so kurz, wirr und schrill, weil sich über ein Blutbad nichts Gescheites sagen lasse.

Schlachthof 5 ist Vonneguts bekanntestes Werk, wohl weil darin seine antimilitaristische Einstellung am deutlichsten zum Ausdruck kommt und nicht so stark von der relativistischen, jede Ideologie als gleich lächerlich betrachtenden Haltung der späteren Romane überlagert wird. Erzählt wird von Billy Pilgrim, der an einer Art temporalen Spasmem leidet, was dazu führt, daß er sein Leben nicht wie gewöhnliche Sterbliche konsekutiv, von Augenblick zu Augenblick führt, sondern in der Zeit ständig vor- und zurückspringt. Genauso verzettelt und auseinandergerissen, wie dieser Antiheld seine subjektive Wirklichkeit wahrnimmt, erzählt Vonnegut seinen Antikriegsroman. Billy Pilgrim erlebt nicht nur als amerikanischer Kriegsgefangener den Dresdner Feuersturm, sondern wird später, als er längst wieder in seiner Heimatstadt Illium ein bürgerliches Leben als Optiker führt, von einer Fliegenden Untertasse gekidnappt und auf dem Planeten Tralfamadore in einem Zoo ausgestellt. Im Wechsel zwischen Kriegserinnerungen, der Zeit in Illium und den Erlebnissen auf Tralfamadore entsteht eine atemberaubende Collage, keineswegs beliebig, sondern adäquate Form der Wirklichkeitserfahrung in der zweiten Hälfte des 20. Jahrhunderts.

»Warum ich?« fragt Billy Pilgrim seine außerirdischen Entführer. Dies ist natürlich die Frage Hiobs und die des Josef K aus Kafkas *Prozeß*, und Vonneguts Antwort darauf ist in ihrer Konsequenz nicht minder entsetzlich wie die Kafkas: »Es gibt kein Warum.«

Doch Vonnegut hebt diese Absage an die Sinnfrage des

menschlichen Daseins durch seine abgründige Komik teilweise wieder auf. Dahinter steckt der Slapstick von Laurel und Hardy: Ja, es hat vermutlich keinen Zweck, aber versuchen wir es einfach weiter. Nur weil das Leben keinen immanenten Sinn hat, heißt das nicht, daß wir ihm keinen geben können – und sei es nur, sich vor fliegenden Sahnetorten in acht zu nehmen. »Unser Dasein hat keinen bestimmten Sinn, es sei denn, wir erfinden einen«, lautet ein Kernsatz in Vonneguts Roman *Slapstick*.

»Das glaube ich auch heute noch«, erklärt Vonnegut, als ich ihn danach frage. »Literatur versucht oft, unserem Leben einen Sinn zu geben – angefangen bei der Bibel. Einige Autoren haben versucht, die Bibel quasi zu ergänzen und auf einen neueren Stand zu bringen. Natürlich gilt das nicht für alle Schriftsteller, manche schreiben aus ganz anderen Gründen. Aber es trifft zum Beispiel auf Mark Twain und Herman Melville zu. Ich meine damit nicht, daß sie einen bewußten Entschluß dazu gefaßt haben, es war eher eine Art Berufung für sie. Christliche Fundamentalisten sind der Ansicht, daß in der Bibel bereits alles bereits enthalten ist, deshalb empfinden sie einen solchen Haß auf Schriftsteller. Dahinter steht das Gefühl, daß Schreiben ein Sakrileg ist, etwas, das großer Unverschämtheit bedarf.«

Wie Mark Twain, den er als »amerikanischen Heiligen« bezeichnet und nach dem er seinen Sohn nannte, ist Vonnegut im Alter immer pessimistischer geworden. »Er war Freidenker und Angloamerikaner, wie Thomas Jefferson und George Washington und andere Gründer dieses Landes, die religiöse Skeptiker waren«, erläutert Vonnegut seine Verhältnis zu Mark Twain. »Neulich habe ich ein Nietzsche-Zitat gefunden, das dies sehr schön ausdrückt. Nietzsche sagt, nur ein Mensch von starkem Glauben könne sich den Luxus des Skeptizismus erlauben. Das ist ein wundervoller Gedanke. Ich fühle mich hier auf der Erde so zu Hause, als hätte ich einen starken Glauben, bloß kann ich nicht beschreiben, worin dieser spirituelle Ballast besteht, der von meinem Vater auf meinen Bruder und mich übergegangen ist. Aber er ist jedenfalls vorhanden.«

Vonnegut zieht nachdenklich an seiner Zigarette und schließt diese Antwort zur Abwechslung einmal nicht mit einem Lachanfall ab. Krieg, Gewalt, Unmenschlichkeit, das sind Leitmotive im Gesamtwerk Vonneguts, der unserer Zeit immer dann am nächsten kommt, wenn er sich von ihr am weitesten zu entfernen scheint. Ich frage nach seinem Menschenbild und warum er trotz seiner immer düstereren Weltsicht unverdrossen weiterschreibt. »Ich halte uns für verabscheuungswürdige Tiere, das haben wir in unserer Zeit schon in zwei Weltkriegen bewiesen. Mein Gott, man muß nicht erst die Fotografien aus Auschwitz sehen, um zu merken, was für furchtbare Tiere wir sind. Nach den Schlachten im ersten Weltkrieg gab es riesige Schützengräben voller Leichen, so wurden die Toten begraben. Das waren Kinder, unsere Kinder, die da zu Hunderttausenden getötet wurden, aber das fanden alle anscheinend ganz normal. Und dann waren wir, die Menschheit, zu so etwas fähig wie Auschwitz, Birkenau und wie die Lager alle hießen. Wir sind einfach schreckliche Tiere. Letztes Jahr war ich in Palermo, dort wurde mir der Premio Mondello verliehen. Und da sprachen mich einige Leute an, weil durch die italienischen Zeitungen und das Fernsehen gerade bekannt geworden war, daß wir mit Panzern die Tunnel plattwalzten, in die wir die irakischen Soldaten mit Raketen und unserer Artillerie getrieben hatten. Dabei sind vermutlich Zehntausende unter den Erdmassen erstickt. Man hat mich gefragt, ob das wahr sei, und ich sagte nein, zu so etwas würden sich Amerikaner niemals hergeben. Das war ein Irrtum. Die Autoren der minimalistischen Schule reagieren auf solche Dinge, indem sie sagen, es gibt nichts, worüber zu reden wäre. Als ehemaliger Lehrer und Zeitungsreporter vertrete ich genau den entgegengesetzten Standpunkt – heute gibt es mehr denn je, worüber zu reden wäre. Also rede ich darüber, und ich finde ein Publikum dafür. Es ist schön, daß ich ein Stammpublikum habe, denn in gewissem Sinn bin ich ein politischer Mandatträger, meine Leser könnten mich ganz leicht abwählen. Aber mein Gott, es gibt so viel, über das ich reden möchte.«

Und so schreibt Vonnegut weiter, vor kurzem erschien ein dritter Band mit Essays und *Hokus Pokus*, sein dreizehnter Roman. Auch darin erscheint das Leben als stochastische Komödie, als zwar nicht sinn-, aber trostlose Aneinanderreihung blinder Zufälle. Inzwischen hat Vonnegut die Einzelfäden seiner Biographie und seiner literarischen Fiktionen so dicht miteinander verwoben, daß sich seine Romane und Essays wie Teile eines größeren Werks lesen. Längst ist offensichtlich, daß dieser Autor keine eskapistischen Weltraummärchen, sondern sehr wohl über das amerikanische Leben von heute schreibt.

1967 war Vonnegut mit einem Stipendium der Guggenheim-Stiftung wieder nach Dresden gereist, inzwischen hat er die Stadt noch mehrmals besucht. Ich frage ihn, was in ihm beim Wiedersehen mit Dresden vorging. »Da war ja nicht mehr viel übriggeblieben. Ich halte mich unter anderem deshalb für einen netten Kerl mit Sinn für Schönheit, Zärtlichkeit und all so was, weil ich Dresdner Porzellan abscheulich finde. Aber dieses Porzellan wird ja in Meißen hergestellt, und deshalb hätte man diese Stadt in Schutt und Asche legen sollen. Ich habe das restaurierte Schloß und die Oper und das alles gesehen, aber mich hat viel mehr interessiert, was in den Köpfen der Menschen vorging. Vor einigen Jahren war ich wieder in Dresden, ungefähr zwölf Monate vor dem Fall der Mauer. Ich war als eine Art Geheimagent des PEN-Clubs dort, wir sollten die Lage der Schriftsteller überprüfen, deshalb haben wir mit vielen ostdeutschen Autoren gesprochen. Nach dem, was mir diese Leute erzählt haben, hatte ich den Eindruck, sie könnten dafür sorgen, daß dieses verdammte System funktioniert, wenn man sie nur in Ruhe ließe. Und sie hatten ja einen beachtlichen Lebensstandard erreicht, der vergleichbar mit dem in Italien war. O ja, die Deutschen sind schon fleißige Leute. Aber ich habe nicht sehr viel Zeit dort verbracht, deshalb darf ich mir keine Meinung erlauben. Außerdem waren die Leute, die ich getroffen habe, Rebellen, angeblich Dissidenten. Da hieß es natürlich, wenn man in Ostdeutschland ein schlechtes Buch schreibe, müsse man es nur über die Mauer werfen.«

Was hält Vonnegut von Deutschland nach der Wiedervereinigung? »Für mich ist das eine Tragödie. Alles Liebenswerte an den Deutschen – die Sentimentalität gegenüber der Familie, Kaffeeklatsch, der ganze Weihnachtskitsch, die Musik und so weiter – kam aus zwanzig Deutschlands, nicht aus einem. Aber alles, was wir an Deutschen hassen, war das Produkt eines vereinigten Deutschlands. Ich begrüße das also nicht. Aber ich bin ja auch dafür, die Vereinigten Staaten zu balkanisieren. Freilich möchte ich nicht daran denken, was in diesem Fall mit den Schwarzen geschehen würde. Ich mag Deutschland nicht besonders, weil mir nicht gefiel, wie die Deutschen ihre Kriegsgefangenen behandelten. Was mich an den Deutschen dort störte, fand ich aber auch an meiner Familie widerwärtig, an meinem Vater und meinem Onkel, die jetzt tot sind. Die waren so sentimental und redeten dauernd von Nächstenliebe, dabei konnten sie Menschen in Wirklichkeit nicht ausstehen. Irgendwann gaben sie einfach auf und brachen den Stab über ihre Mitmenschen, auch über enge Verwandte.

Ich war gut mit Heinrich Böll befreundet und kenne Günter Grass, aber die gehören zu einer anderen Nation, der Nation der Schriftsteller. Böll hat mir mal erzählt, seine Nachbarn sprächen nicht mit ihm, weil er immer noch über die deutschen Kriegsschuld schreibe.«

Inzwischen hat Vonnegut seine literarische Auseinandersetzung mit seinem deutschen Erbe weitgehend abgeschlossen. Doch trotz der vielfältigen Bezüge in seinem Leben und Werk hat dieser Autor, wie es der Kritiker Jürgen Manthey einmal ausdrückte, in Deutschland zwar einen Namen, aber keine Leser. Dies mag daran liegen, daß Vonnegut erst mit gehöriger Verspätung Mitte der 60er Jahre nach Deutschland kam. Damals erschien seine Antiutopie *Player Piano* unter dem reißerischen Titel *Das höllische System* in Gestalt eines unansehnlichen Taschenbuchs in der Science Fiction-Reihe des Heyne Verlags – kein Ort für literarische Debüts. Die stark gekürzte und grotesk entstellende Übersetzung tat ein übriges, den neuen amerikanischen Autor Vonnegut erst gar nicht über Bahnhofskioske hinauskommen zu lassen. Auch später fand Vonnegut keinen deutschen Verlag, der diesen Autor angemessen pflegte. Inzwischen erscheinen die meisten von Vonneguts Romanen im Taschenbuch bei Goldmann.

Erstmals auf Deutsch zu lesen ist nun eine Auswahl von Vonneguts Essays, die unter dem Titel *Das Nudelwerk* bei einem Kleinverlag erschien. Stärker noch als in seinen Romanen steht in diesen Texten immer die Person Vonnegut im Vordergrund, er greift an und macht sich selbst angreifbar. Gleichzeitig mit Tom Wolfe entwickelte Vonnegut die Technik des New Journalism, das Berichten über sich selbst. In seinen Auseinandersetzungen mit Mode-Gurus und den Kennedys, der Zensur in Amerika und dem Handwerk des Schreibens wird deutlich, daß Vonnegut auch immer ein eminent politischer Autor war, der sich einmischte, ohne die

Chancen solchen Engagements zu überschätzen. Er vergleicht die Wirkung seiner Texte mit der »Sprengkraft einer großen Bananencremetorte von zwei Metern Durchmesser, zwanzig Zentimeter Dicke, abgeworfen aus zehn Metern Höhe oder mehr.«

Abschließend frage ich Vonnegut, ob er auf Computer schreibt. Seine Antwort verrät etwas über seine private Anleitung zum Glücklichsein. »Die Leute von Apple haben mir mal eine komplette Computer-Ausrüstung geschenkt – einen Computer mit Software und allem Pipapo. Keine 24 Stunden später tauchte ich als glücklicher Benutzer eines Apple-Computers in ihrer Firmenzeitschrift auf. Aber ich habe immer nur Schach damit gespielt, und als Schachspieler ist das Ding wirklich hinterfotzig. Der Computergegner heißt Sargon, und der Bursche ist ganz schön abgefeimt. Ich kann gut maschineschreiben. Wenn eine Seite fertig ist, will ich aber immer noch manches ändern, und das geschieht dann mit Füller oder Bleistift. Danach ist das Manuskript ziemlich unansehnlich, deshalb schicke ich es einer Frau, die auf dem Land wohnt und schon seit Jahren für mich tippt. Also gehe ich aus dem Haus zu einem Schreibwarenladen bei uns um die Ecke, der einem Hindu-Ehepaar gehört. Die Frau trägt einen Edelstein zwischen den Augen. Ich unterhalte mich mit den beiden eine Weile, kaufe einen Briefumschlag, vergewissere mich, daß er die richtige Größe hat, und dann gehe ich zur Post. Insgeheim bin ich nämlich in das Mädchen hinter dem Schalter verliebt, aber das weiß sie natürlich nicht und wird es auch nie erfahren. Ich stelle mich also in die Schlange vor ihrem Schalter und rede mit den anderen Leuten, bis ich schließlich dran bin. Das Mädchen wiegt den Brief für mich, wir schwatzen ein bißchen und so, und dann klebe ich die Briefmarken drauf und werfe den Brief in den Kasten vor der Post. Danach gehe ich wieder nach Hause. Wenn ich mir die Segnungen des Computerzeitalters zunutze machen würde, hätte ich überhaupt kein Leben mehr. Im Leben kommt es darauf an, sich zu amüsieren. Und viele Menschen wissen einfach nicht, wie man das macht.«

BIBLIOGRAPHIE

Player Piano, 1952, in der Übersetzung von Wulf H. Bergner als *Das höllische System* bei Heyne 1964.
The Sirens of Titan, 1959, in der Übersetzung von Harry Rowohlt als *Die Sirenen des Titan* bei Piper 1979.
Canary in a Cat House, 1961.
Mother Night, 1961, in der Übersetzung von Klaus Hoffer als *Mutter Nacht* bei Piper 1988.
Cat's Cradle, 1963, in der Übersetzung von Michael Schulte als *Katzenwiege* bei Piper 1965.
God Bless You, Mr. Rosewater, 1965, in der Übersetzung von Joachim Seyppel als *Gott segne Sie, Mr. Rosewater* bei Bertelsmann 1968.
Welcome to the Monkey House, 1968, in der Übersetzung von Kurt Wagenseil als *Geh zurück zu deiner lieben Frau und deinem Sohn* bei Hoffmann und Campe 1971.
Slaughterhouse Five or The Children's Crusade, 1969, in der Übers. v. Kurt Wagenseil als *Schlachthof 5* bei Hoffmann und Campe 1970.
Happy Birthday, Wanda June, 1971.
Between Time and Timbuktu, 1972.
Breakfast of Champions, 1973, in der Übers. v. Kurt Heinrich Hansen als *Frühstück für starke Männer* bei Hoffmann und Campe 1974.
Wampeters, Foma and Granfalloons, 1974, in der Übersetzung von Klaus Birkenhauer als *Das Nudelwerk* (Auswahl) bei Straelener Manuskripte Verlag 1992.
Slapstick, 1976, in der Übers. von Michael Schulte bei Piper 1977.
Jailbird, 1981, in der Übersetzung von Klaus Hoffer als *Galgenvogel* bei Piper 1980.
Sun Moon Star, 1980.
Palm Sunday, 1981, in der Übersetzung von Klaus Birkenhauer als *Das Nudelwerk* (Auswahl) bei Straelener Manuskripte Verlag 1992.
Deadeye Dick, 1982, in der Übersetzung von Lutz-W. Wolff als *Zielwasser* bei Goldmann 1987.
Galapagos, 1986, in der Übersetzung von Lutz-W. Wolff als *Galapagos* bei Bertelsmann 1987.
Bluebird, 1987, in der Übersetzung von Lutz-W. Wolff als *Blaubart* bei Bertelsmann 1989.
Hocus Pocus, 1991, in der Übersetzung von Lutz-W. Wolff als *Hokus Pokus* bei Goldmann 1992.
Fates Worse Than Death, in der Übersetzung von Klaus Birkenhauern als *Dann lieber gleich tot* bei Straelener Manuskripte Verlag 1993.

REGISTER

Allen, Fred 341
Allen, Woody 56
Anderson, Sherwood 97
Artaud, Antonin 308
Ashbery, John 43, 241
Asimov, Isaac 350
Astaire, Fred 307
Auster, Paul 95

Baker, Chet 310
Ball, Hugo 43
Balzacs, Honoré de 133
Barnes, Julian 31
Barthes, Roland 282
Barths, John 289
Bataille, Georges 25
Baudelaire, Charles 325
Baudisch, Paul 304
Baumgart, Reinhard 59
Beattie, Ann 151
Beckett, Samuel 31, 42, 44, 150
Bellow, Saul 334
Benny, Jack 341
Bergman, Ingmar 272
Bergner, Wulf H. 362
Bernhard, Thomas 274
Berry, Chuck 309
Birkenhauer, Klaus 362
Birnbaum, Derek 133
Bitter, Rudolf von 254
Blanchot, Maurice 31
Bly, Robert 240, 321
Böll, Heinrich 60, 358
Bombeck, Erma 170
Bonin, Werner F. 329
Bowie, Jim 103
Brando, Marlon 324
Brecht, Bertolt 61
Brinkmann, Rolf Dieter 13
Brockman, John 317
Brown, Jim 242
Brown, Joanna 75
Bundy, Ted 276
Bunyan, John 200
Burger, Gerd 122
Burroughs, William 316
Burroughs, William S. 18, 19, 20, 240
Bush, George 15, 128
Byron, George Gordon 322

Calvino, Italo 263
Carver, Raymond 151, 199
Castro, Fidel 284
Celan, Paul 43

Chandler, Raymond 32
Chapman, Mark David 156, 174
Chaucer, Geoffrey 187
Cheever, John 263
Cisneros, Henry 104
Conrad, Joseph 295
Coover, Robert 259
Creeley, Robert 15, 241, 269
Crichton, Michael 31
Crockett, Davy 103

Dahmer, Jeffrey 276
Dante, Alighieri 39, 166
Davies, Lydia 42
De Gaulle, Charles 298
Dean, James 324
DeLillo, Don 295
Dempewolf, Eva 329
Densmore, John 314
Determan, Wolfgang 178, 207
Dickinson, Angie 130
Dickinson, Emily 90, 250, 303
Diderot, Denis 61
Dietrich, Marlene 143
Doolittle, Hilda 243
Drechsler, Clara 178
Drewitz, Ingeborg 215
Dukakis, Michael 313
Duncan, Robert 15
Dürer, Albrecht 336

Eco, Umberto 151
Eisenhower, Dwight D. 246
Eliot, George 94
Eliot, T. S. 97
Ellis, Bret Easton 30, 94, 95, 275
Emerson, Ralph Waldo 248
Enzensberger, Hans Magnus 234, 236, 247, 254

Falkner, Gerhard 13
Faludi, Susan 220
Faulkner, William 16, 97, 186, 188, 198, 268, 276
Federman, Raymond 259
Fellini, Frederico 281
Feuchtwanger, Lion 61
Fielding, Henry 16
Fischer, Erica 229
Fisketjon, Gary 192
Foucault, Michel 24
Frank, Joachim A. 47
Frenzel, Herbert A. 69
Friedan, Betty 211

Frost, Robert 250

Garbo, Greta 24
Garcia, Cristina 115
Garland, Judy 79
Genet, Jean 14
Ginsberg, Allen 240, 269, 303
Gnade, Uschi 26
Goethe, Johann Wolfgang von 58, 91
Goland, Harald 207
Goldman, Albert 312
Gooch, Brad 243
Görtler, Dirk 26
Goyert, Georg 278
Graf, Karin 100
Graham, Billy 283
Grass, Günter 60, 62, 358
Greene, Graham 295
Gunsteren, Dirk van 100

Hamilton, Edith 308
Hammett, Dashiell 279
Hamsun, Knut 43
Hansen, Kurt Heinrich 362
Hansen, Nikolaus 304
Hardy, Oliver 341, 354
Hardy, Thomas 203
Harris, Thomas 166
Hasenclever, Walter 69
Hawthorne, Nathaniel 31, 303
Hedinger, Sabine 178
Hegel, Georg Wilhelm Friedrich 298
Helga, Pfetsch 69
Hell, Richard 13
Hellmann, Harald 178
Hemingway, Ernest 97, 192, 239, 268, 289, 298, 300
Hendrix, Jimmy 318
Hensley, Kristina 189
Hermann, Hans 207
Hielscher, Martin 207
Hijuelos, Oscar 115
Hinckley, John 174
Hinkley, John 156
Hitler, Adolf 246
Hobbes, Thomas 57
Hodges, Johnny 238
Hoffer, Klaus 362
Hoffman, Abbie 17
Holiday, Billie 238
Holzer, Jenny 133
Hopkins, Jerry 310, 317
Hopper, Edward 250
Horaz 272

Hughes, Howard 143
Hustvedt, Siri 34
Huxley, Aldous 348

James, Henry 91
Janowitz, Tama 18, 171
Jefferson, Thomas 354
Joans, Ted 269
Joplin, Janis 309, 318
Joubert, Joseph 31
Joyce, James 258, 268, 279, 283, 284
Jung, Barbara 26
Jung, C. G. 325

Kafka, Franz 31, 42, 43, 56, 353
Kalka, Joachim 285
Keaton, Buster 167, 341
Kennedy, John F. 154, 155
Kerouac, Jack 240, 303
Kesey, Ken 289, 301
King, Stephen 31, 166
Kline, Franz 240
Kooning, Willem de 240, 243, 244
Koons, Jeff 133
Körber Joachim 26
Koval, Alexander 69
Krantz, Judith 31
Krementz, Jill 334
Krieger, Robby 314

Laederach, Jörg 100
Laing, Ronald D. 18, 223
Laurel, Stan 341, 354
Lautréamont, Comte de 40
Lee, Spike 126
Leibniz, Gottfried Wilhelm von 45
Lennon, John 156, 174, 312
Levertov, Denise 241
Lewis, Sinclair 308
LeWitt, Sol 18
Lincoln, Abraham 137
Linklater, Richard 126
Lish, Gordon 82
Locke, John 57
Lockes, John 68
London, Jack 308
Lotringer, Sylvère 13
Lowell, Robert, 241

Madonna 327
Mailer, Norman 150, 165, 172, 173, 267, 335
Malamud, Bernard 56
Mallarmé, Maurice 31

REGISTER ▼▼▼

Mandelbaum, Allen 39
Manthey, Jürgen 359
Manzarek, Ray 314
Marcuse, Herbert 17
Marx, Karl 117
Matocza, Nora 26
Matthews, Harry 259
Matussek, Matthias 59, 78
McCarthy, Joseph 270
McInerney, Jay 94, 95, 171
Mehta, Sonny 165
Melville, Herman 91, 303, 338, 354
Merwin, W. S. 241
Miller, Ruth 53
Monroe, Marilyn 74, 324
Montale, Eugenio 39
Montesquieu, Charles 68
Morawetz, Silvia 111, 122
Morrison, Jim 307, 309
Mun, Sun Myong 145
Musil, Robert 91
Myles, Eileen 13

Nabokov, Vladimir 279
Newman, Paul 302
Nietzsche, Friedrich 257, 308, 323, 355

Oates, Joyce Carol 54
O'Brien, Flann 258, 279
O'Hara, Frank 241, 243, 270
O'Hara, John 92
Olson, Charles 15
Orwell, George 348
Oswald, Lee Harvey 144, 150, 154

Paglia, Camille 211
Pasolini, Pier Paolo 15
Percy, Walker 187
Pérec, Georges 275
Petit, Philip 40
Pfetsch, Helga 100, 122
Piltz, Thomas 100
Poe, Edgar Allan 91, 292
Pollock, Jackson 240, 243
Pop, Iggy 317
Pound, Ezra 16, 40, 243
Präsent, Angela 100
Presley, Elvis 154, 312
Proust, Marcel 82
Pynchon, Thomas 143, 295

Rademacher, Susanna 100
Reagan, Ronald 128, 156
Reichert, Carl 329

Reisz, Karel 302
Richard, Keith 310
Richardson, Samuel 16
Riding, Laura 43
Riemann, Harald 140
Rilke, Rainer Maria 91, 294
Rimbaud, Arthur 33, 325
Rinser, Luise 228
Robbins, Harold 23
Rockwell, Norman 333
Rolland, Romain 61
Rosenberg, Stuart 302
Roth, Philip 56, 82
Rousseau, Jean-Jacques 68
Rowohlt, Harry 100, 362
Ruth, Babe (George Herman) 148, 292

Salinger, Jerome D. 143, 145, 174, 317
Sarraute, Nathalie 32
Sassmann, Sabine 26
Schiffrin, André 272
Schlant, Ernestine 229
Schlüter, Herbert 229
Schmidt, Arno 117, 144, 248
Schmitz, Werner 47
Schnabel, Julian 337
Schnack, Elisabeth 100
Schulte, Michael 362
Schwarz, Benjamin 304
Selby, Hubert 269
Seyppel, Joachim 362
Shakespeare, William 184, 205
Shaw, George Bernhard 61
Smith, Adam 96
Snyder, Richard E. 164
Solschenizyn, Aleksandr 226
Sontag, Susan 138
Stalin, Josef 61, 62, 246
Steinbeck, John 198
Steinem, Gloria 211
Sterne, Lawrence 258, 263
Stevens, Wallace 90, 250, 303
Stone, Oliver 154, 310, 313, 323
Swift, Jonathan 31, 200, 338, 350

Talbot, Michael 318
Tan, Amy 170
Taylor, Elizabeth 324
Teichmann, Wulf 304
Thomas, Dylan 243
Thompson, Hunter S. 318
Thoreau, Henry 263
Tillman, Lynne 13
Trakl, Georg 240

Troller, Georg Stefan 88
Tschechow, Anton 198
Tucholsky, Kurt 278, 309
Twain, Mark 187, 303, 338, 354, 355

Ungaretti, Giuseppe 39
Updike, John 198
Utz, Ilse 229

Vergil 39
Vidal, Gore 335
Voltaire 61

Wagenseil, Kurt 362
Warhol, Andy 138
Washington, George 137, 355
Washington, Martha 137
Wegner, Matthias 59
Weintraub, Aaron Roy 75
Welch, Raquel 307
Wells, H. G. 61
Welty, Eudora 186

Whitman, Charles 126
Whitman, Walt 125, 244, 247, 249, 263, 303
Wilde, Oscar 322
Wilder, Billy 310
Williams, C. K. 201
Williams, William Carlos 243, 244, 265, 267
Wilson, Robert 76
Winkler, Willi 69
Wolfe, Tom 52, 182, 283, 289, 359
Wolff, Lutz-W. 362
Wolfson, Louis 43
Wollschläger, Hans 100
Wright, James 240

Yoshimura, Fumio 216
Young, Charles M. 319
Young, Lester 238

Zingg, Martin 47

INHALT
▼▼▼

Vorwort 7

Kathy Acker
Die Toten sind nicht tot : : : 11
Paul Auster
Blow-Job mit Leibniz : : : 27
Saul Bellow
Der Nächste Test – Amerika : : : 49
Harold Brodkey
Die Sprache der Metamorphose : : : 71
Sandra Cisneros
Die Kriege beginnen hier : : : 101
Douglas Coupland
Less Talk, more Rock : : : 123
Don DeLillo
Prophet der Paranoia : : : 141

▼▼▼   **INHALT**

Bret Easton Ellis
Schönheit und Geld   : : :   161
Richard Ford
Die Aura des Unausgesprochenen   : : :   179
Kate Millett
Des Kaisers neue Kleider   : : :   209
Charles Simic
Wissen, wer ich ist   : : :   231
Gilbert Sorrentino
Wir wollen unsere Monster erklärt haben   : : :   255
Robert Stone
Rothäute und Bleichgesichter   : : :   287
Danny Sugerman
Im Bann des Elektronischen Schamanen   : : :   305
Kurt Vonnegut
Es gibt kein Warum   : : :   331